西风落叶——海上教会机构寻踪 / 薛理勇著.
上海：同济大学出版社，2017.3
ISBN 978-7-5608-6709-0
Ⅰ. ①西… Ⅱ. ①薛… Ⅲ. ①基督教史－研究－上海
Ⅳ. ①B979.2
中国版本图书馆CIP数据核字(2016)第314869号
本书由上海市黄浦区档案局(馆)组织编写

西风落叶——海上教会机构寻踪

著　　作　　薛理勇
出版策划　　萧霏霏(xff66@aliyun.com)
责任编辑　　陈立群(clq8384@126.com)
视觉策划　　育德文传
封面设计　　陈益平
装帧设计　　昭　阳
电脑制作　　宋　玲　唐　斌
责任校对　　徐春莲

出版发行　　同济大学出版社 www.tongjipress.com.cn
(上海市四平路1239号　邮编　200092　电话021-65985622)
经　　销　　全国各地新华书店
印　　刷　　上海锦良印刷有限公司
成品规格　　170mm × 213mm　304面
字　　数　　316000
版　　次　　2017年3月第1版　2017年3月第1次印刷
书　　号　　ISBN 978-7-5608-6709-0
定　　价　　58.00元

西风落叶

——海上教会机构寻踪

薛理勇 著

基督教(Christianity)是世界上最大、传播范围最广的宗教。公元1世纪由巴勒斯坦境内拿撒勒人耶稣创立，现有信徒10亿人以上。基督教在发展过程中分为天主教、东正教、基督教新教(Protestantism，中国称之为“基督教”)三大主要派别，此外还有几个独立教派以及散见于世界各地的许多小教派。天主教、东正教、基督教新教因对《圣经》或教义的不同理解或解释，各自有不同的教派或团体，传播到世界各国后，同一种教派又有国别之分，尤其是基督教新教，宗派林立，界限明确，如圣公会是英国基督教的主要教派，也曾经被确定为英国的国教，其传播到其他国家后，在美国者就是美国基督教圣公会，在加拿大者就是加拿大圣公会，它们与英国圣公会没有隶属关系，各自为政，其他教派也大抵如此。所以，世界上的天主教、东正教、基督教新教除了有宗派之分，还有国别之分。

天主教是明朝中后期进入中国的，上海人徐光启接受意大利传教士利玛窦的洗礼而成为忠实的天主教徒，他也是把天主教带进上海的第一人，上海也成为天主教传播最广的地区之一。明朝，对天主教的合法地位有过争论，由于徐光启支持天主教，这场争论不久就平息了。清朝康熙、雍正、乾隆年间，关于天主教的合法地位发生更大的争论，最终，天主教被确定为“不合法宗教”而被取缔，传教士被逐出中国，教会在中国的教产被充公，教会称之为“教难”。

近代以后，1842年，清政府与英国签订了《南京条约》，宣布上海、宁波、福州、厦门、广州五口通商，英国的基督教进入中国，传入上海；1844年，清廷与法国签订了《黄埔条约》，规定法国人可以在通商口岸居住，并规定“佛兰西人亦一体可以建造礼拜堂、医人院、周急院、学房、坟地各项”，法国是天主教国家，所以，中法《黄埔条约》实际上就是清政府承认了天主教在中国的的合法地位，天主教重返中国，重返上海；当然，以后东正教也进入中国，进入上海。

西方国家的教会为了向他们所谓的“异教徒地区”传播耶稣的福音，许多教会设立海外传道部，差遣传教士到海外传教，建立教会机构，这种组织在中国称之为“差会”(Missions or Protestant missions)，当然，也有许多传教士不受任何组织的差遣，自己闯入中国传教。西方的教会有宗教、宗派之分，还有国别之分，所以很难统计，曾经有多少国家，多少教派在上海建立教会，设立传教机构，也就是说，上海历史上的基督教宗派可谓光怪陆离、五花八门；基督教进入中国、进入上海以后，外国传教士会对中国、对上海有一个直观的、重新的认识和了解。他们在传播耶稣福音，教化中国人的同时，也会被中国人同化，当然，更多的中国人在传教士影响下信奉了基督教，把西方文化异化，于是，进入上海的基督教慢慢出现了中国化、本土化的趋势。到了19世纪末，中国的一些城市，尤其是上海，一方面，西方传教士已在上海站稳脚跟，他们希望和争取摆脱自己母国差会约束的欲望越来越强烈，倡议在中国的基督教“中国化”、本土化，史称“本色运动”；同样，中国的传教士也有了更多自信，更要求摆脱外国教会的操纵，号召中国基督教的自传、自立、自养，早期，这种运动称之为基督教“自立运动”，后来发展成为“三自运动”。

上海是一个大城市，是中国的政治、经济、文化中心，上海也是教会势力最强的城市，许多全国性的教会机构总部设在上海，上海也是教会机构最集中的城市。当然，上海也是教堂最多的城市，估计，历史上的上海曾经有过的各种各样的教堂近百所。教会和教堂在上海创办了许多学校、医院、博物馆、图书馆等教育、文化、慈善机构，有的经消失了，而许多原来的教会学校现在仍然是上海的著名学校，有的教会医院现在仍然是著名医院，许多文化、慈善机海留下了深刻影响。可是，宗教，尤其是来自西方的基督教往往是中国人刻意违避的问题，而上海历史上的许多事情与有直接的或千丝万缕的关联，违避了基督教问题，实际上就是逃避对上海城市历史的认真研究。

人事上海历史研究，也花了时间和精力研究上海的教会和教堂。本书不是研究宗教的著作，取名为《西风落叶——海上教会机，不涉及基督教教义，不讲教派之间的争斗，也不讲西方教会与中国政治的关系，只讲各国教会进入上海的概况，以及教会在上教堂及其创办的各种教育文化机构，对于希望了解上海城市历史的朋友，可能会有一点小小的帮助。

同济大学出版社

前 言

基督教(Christianity)是世界上最大、传播范围最广的宗教。公元1世纪由巴勒斯坦境内拿撒勒人耶稣创立，现有信徒10亿人以上。基督教在发展过程中分为天主教、东正教、基督教新教(Protestantism，中国称之为“基督教”)三大主要派别，此外还有几个独立教派以及散见于世界各地的许多小教派。天主教、东正教、基督教新教因对《圣经》或教义的不同理解或解释，各自有不同的教派或团体，传播到世界各国后，同一种教派又有国别之分，尤其是基督教新教，宗派林立，界限明确，如圣公会是英国基督教的主要教派，也曾经被确定为英国的国教，其传播到其他国家后，在美国者就是美国基督教圣公会，在加拿大者就是加拿大圣公会，它们与英国圣公会没有隶属关系，各自为政，其他教派也大抵如此。所以，世界上的天主教、东正教、基督教新教除了有宗派之分，还有国别之分。

天主教是明朝中后期进人中国的，上海人徐光启接受意大利传教士利玛窦的洗礼而成为忠实的天主教徒，他也是把天主教带进上海的第一人，上海也成为天主教传播最广的地区之一。明朝，对天主教的合法地位有过争论，由于徐光启支持天主教，这场争论不久就平息了。清朝康熙、雍正、乾隆年间，关于天主教的合法地位发生更大的争论，最终，天主教被确定为“不合法宗教”而被取缔，传教士被逐出中国，教会在中国的教产被充公。

近代以后，1842年，清政府与英国签订了《南京条约》，宣布上海、宁波、福州、厦门、广州五口通商，英国的基督教进入中国，传入上海；1844年，清廷与法国签订了

《黄埔条约》，规定法国人可以在通商口岸居住，并规定“佛兰西人亦一体可以建造礼拜堂、医人院、周急院、学房、坟地各项”，法国是天主教国家，所以，中法《黄埔条约》实际上就是清政府承认了天主教在中国的的合法地位，天主教重返中国，重返上海；当然，以后东正教也进入中国，进入上海。

西方国家的教会为了向他们所谓的“异教徒地区”传播耶稣的福音，许多教会设立海外传道部，差遣传教士到海外传教，建立教会机构，这种组织在中国称之为“差会”(Missions or Protestant missions)，当然，也有许多传教士不受任何组织的差遣，自己闯入中国传教。西方的教会有宗教、宗派之分，还有国别之分，所以很难统计，曾经有多少国家，多少教派在上海建立教会，设立传教机构，也就是说，上海历史上的基督教宗派可谓光怪陆离、五花八门；基督教进入中国、进入上海以后，外国传教士会对中国、对上海有一个直观的、重新的认识和了解。他们在传播耶稣福音，教化中国人的同时，也会被中国人同化，当然，更多的中国人在传教士影响下信奉了基督教，把西方文化异化，于是，进入上海的基督教慢慢出现了中国化、本土化的趋势。到了19世纪末，中国的一些城市，尤其是上海，一方面，西方传教上已在上海站稳脚跟，他们希望和争取摆脱自己母国差会约束的欲望越来越强烈，倡议在中国的基督教“中国化”、本土化，史称“本色运动”；同样，中国的传教士也有了更多自信，更要求摆脱外国教会的操纵，号召中国基督教的自传、自立、自养，早期，这种运动称之为基督教“自立运动”，后来发展成为“三自运动”。

上海是一个大城市，是中国的政治、经济、文化中心，上海也是教会势力最强的城市，许多全国性的教会机构总部设在上海，上海也是教会机构最集中的城市。当然，上海也是教堂最多的城市，估计，历史上的上海曾经有过的各种各样的教堂近百所。教会和教堂在上海创办了许多学校、医院、博物馆、图书馆等教育、文化、慈善机构，有的已经消失了，而许多原来的教会学校现在仍然是上海的著名学校，有的教会医院现在仍然是著名医院，许多文化、慈善机构在上海留下了深刻影响。可是，宗教，尤其是来自西方的基督教往往是中国人刻意违避的问题，而上海历史上的许多事情与基督教有直接的或千丝万缕的关联，违避了基督教问题，实际上就是逃避对上海城市历史的认真研究。

我长期从事上海历史研究，也花了时间和精力研究上海的教会和教堂。本书不是研究宗教的著作，取名为《西风落叶——海上教会机构寻踪》，不涉及基督教教义，不讲教派之间的争斗，也不讲西方教会与中国政治的关系，只讲各国教会进入上海的概况，以及教会在上海建立的教堂及其创办的各种教育文化机构，对于希望了解上海城市历史的朋友，可能会有一点小小的帮助。

薛理勇

写于秋月枫舍

2016年12月16日

目 录

第一章 上海早期的天主教活动

一、两个重要人物

关于上海早期的天主教活动，不能不提利玛窦和徐光启两人。

利玛窦(Matteo Ricci，1552～1610)，字西泰，意大利人。21岁加入耶稣会，并在罗马学院受神职教育，后来又受耶稣会的训令在里斯本因布拉大学学习葡萄牙语，1578年就在葡萄牙保教权的庇护下到印度果阿传教，1580年升任神父。1582年，他又奉耶稣会远东巡阅使范礼安(Alex Valignani)之命去澳门，首要任务是学习中文，为进入中国大陆作准备。

1583年，罗明坚(曾于1558年获准进入广州)与利玛窦从澳门出发到了广州，他们虽然受到广州地方政府款待，但还是被告知，不准在当地逗留。恰巧罗明坚遇到了一位以前曾见过面的肇庆府官吏，这位官吏知道洋人手里有许多被中国人视为珍宝的奇器淫巧，可以用这些东西打通官府环节，于是，罗明坚与利玛窦备了许多西方工艺品拜访肇庆制台和太守。果然，肇庆府太守同意他们可以进入肇庆居住，并同意在肇庆划出一块土地，给传教士兴建教堂，肇庆的天主堂也是在中国大陆建造最早的天主教堂。

肇庆天主堂的建造是天主教进入大陆的第一步。明代的广东只是远离中央政府的南蛮之地。耶稣会深知，只有进京，得到皇帝恩准，天主教才有可能深入和渗透到内地。于是，罗明坚奉耶稣会之命到罗马，争取从罗马教廷得到特许文件，可是，当时罗马教廷发生了许多意外，此事很久没能办成，而罗明坚也在1607年逝世，此事就被耽搁了下来。

而利玛窦仍留广东肇庆。他的悟性很好，由于曾在澳门学过汉语，能写漂亮的文言文，讲一口广东话，同时还能使用中国官话。当时获准在中国居住的外国人实在很少，所以，利玛窦就成了人人都想“观瞻”的人物。当然，利玛窦还有许多从欧洲带来的中国人从未见过的东西，又吸引了更多的人争相到他家看“西洋镜”，而利玛窦又博学多才，可以从容应对中国官员、绅士提出的问题，于是他不仅与当地知识分子建立了良好关系，也得到了人们的尊重。

罗明坚去罗马争取教皇谕旨一直没有消息，于是利玛窦决定北上京城。直到1601年1月24日，他才历经千辛万苦，闯过层层难关抵达北京，并自己写了上中国皇帝疏托太监转交万历皇帝。

利玛窦在奏疏中讲，他在广东肇庆府、韶州府生活了15年，又在江西(南昌)和江苏南京生活了5年。颇有语言天赋的利玛窦广东话和中国官话一定讲得很好，他献给万历皇帝的《万国图志》实际上是欧洲人绘的世界地图，原图用西文标注。利玛窦在广东期间，为了向中国人介绍世界知识，花了很大心血将其译成中文，并刻印后赠送中国官吏和绅士，这对帮助中国人认识世界作用很大。

万历皇帝收到礼物和奏疏后，果然召见利玛窦，事后又命礼部以上宾待之，还把北京宣武门内东首的一幢住宅赐给利玛窦。此举实际上已承认天主教作为合法宗教进入中国。利玛窦对天主教在中国的传播，功莫大焉。

徐光启，引进西方自然科学的先驱，是中国16世纪末、17世纪初的伟大科学家，也是天主教进入上海的关键人物。

旧时沪谚有“徐一角，潘半城”之说。潘即指明代上海豫园主人潘允端宗族。潘允端的父亲潘恩和他的双胞胎哥哥潘允哲均是进士出身，这是上海历史上唯一的父子三人同为进士——“一门三进士”，潘恩官至南京吏部和工部尚书，而潘允端曾任淮河督漕司使，即负责皇粮北运的官，又任四川右布政使，相当于现在的四川省长。潘家在上海地区有良田千顷，仅占上海县中心地块的豫园占地就达七十余亩(今豫园占地仅35亩，是原来的一半)，所以潘家有“潘半城”——即潘家的财产占了上海城一半之说。而名望与财产可以与潘家匹敌的就是徐光启家族，只不过与“潘半城”相比，徐家的产业就小多了，所以叫“徐一角”。

明嘉靖四十一年(1562)，徐光启出生于上海县城的中等收入人家，有人说他的父亲是位教书先生。徐光启读书刻苦用功，但仕途并不顺利，直到万历二十五年(1597)，35岁的徐光启才以“乡试第一”考取举人(乡试相当于省一级的考试，考中者获举人资格，才可以参加中央一级考试——会试，会试考中者获进士资格，有机会走上仕途)。过了7年，42岁的徐光启才考取进士，并入翰林院为庶吉士，这只是朝廷闲职。明朝在永乐迁都北京后，在南京还保留一个小朝廷，徐光启则长期在南京，此时利玛窦也在南京，于是他就与利玛窦互相交流，并向他学习。

在徐光启之前，中国人始终遵循古训，以“日行一日为一度”，在计算圆周时，以地球绕太阳一周作圆周(古人误认为太阳环绕地球周转)，以地球一昼夜运转为一度，地球绕太阳一周约365 1/4日，所以圆周角约等于365 1/4°，这给计算带来极大困难。由于没有几何学，本来可以用几何学计算的天体运行轨迹和规律，只得靠算术方式计算，速度慢，差错多。公元15世纪后，随着西方天文学的进步，中国天文学逐渐落伍了。

《几何原本》是公元前约三百年古希腊数学家欧几里得的著作，直到千年之后，仍被视为几何学经典，为推进世界科学技术发展起了很大作用。徐光启是从利玛窦那里知道《几何原本》的，他也知道，《几何原本》将会对中国天文学的进步所起的作用。徐光启不识希腊文，利玛窦虽精通中文，但要把复杂而深奥的几何学译成中文，也是困难重重。于是该书由利玛窦口授，把书中涉及的名词、演算、分析像上课一样讲出来，而徐光启则根据其口授，再重新编译成书。几何学的英文为geometry，它是数学的一个分支，广泛应用于面积计算，高度测定，地图测绘等应用领域，徐光启把它译为“几何”，而汉语中“几何”就是多少的意思，这一译名形象而精准，并沿用至今。《几何原理》共18卷，前6卷是平面几何，后12卷是立体几何和函数，徐光启和利玛窦合译了前6卷，即平面几何卷。几何涉及许多专用名词，如平行、相交、直角、平角、锐角、钝角、圆周、相切等，这些都是由徐

1933年是徐光启逝世300周年纪念年，上海举行隆重纪念活动并发行徐光启纪念明信片一套

光启确定，直到今天，这些仍为几何学的名词。又如，几千年来中国始终遵循古训的“日行一日为一度”，在徐光启之后，中国才使用圆周360°的方法。梁启超在评价徐光启利玛窦合译的《几何原理》时讲：“字字精金美玉，为千古不朽之作”，此话一点不过分。《几何原理》后12卷直到近代以后，才由传教士伟力亚力与中国学者李善兰合作译成。

利玛窦利用西方科学技术打开了天主教通往中国的大门，而徐光启则在向利玛窦学习西方科学时皈依了天主教，并接受利玛窦洗礼，取教名“保罗”，成为天主教信徒。他在《辩学章疏》中认为佛教是空无之说，“东来千八百年，而世道人心未能改易”，如能将天主教“事天爱人之说，格物穷理之论，治国平天下之术，下及历算、医药、农田、水利等兴利除害之事，一一成书”，一定“可以补益王化，左右儒术，救正佛法”，使国家“久安长治”。徐光启确实身体力行，他著作等身，其中绝大部分是介绍西方科学的论著，无愧为中国引进西方科学技术的第一人。

他的另一大贡献是重修历法。中国是农业国，历法精准与否直接关系农业生产，所以古人十分重视历法；古人又深信“天人合一”，即地球及人类的社会活动会影响天体、气象的变化，同样，天体、气象有异常变化或现象，不仅是地球和人类社会将出现灾难的预兆，也会引起地球和人类社会的混乱；古人认为，在地球上，皇帝是一个国家的象征，而在宇宙中，太阳是对地球影响最大的天体，于是天上的太阳等同于地上的皇帝，天上的太阳一旦出现异样，地上的皇帝也将有不祥之兆，所以古人特别重视对太阳的观测。

日食和月食在古代被视为一种异常现象，人们误以为太阳或月亮被天体中更有威胁的某种东西吞食了，于是民间有“天狗吞日”、“天狗吞月”之说，后来人们知道，日食和月食是地球、太阳、月亮三者处于特定位置而形成的自然现象，并可通过观察天体运动和计算预知日食和月食的发生日期和时间。于是，人们又以推算日食或月食发生时间的正确与否来鉴定历法是否正确。

明代，负责气象观测和修订历法的机构叫“钦天监”。天启年间，熹宗皇帝发现钦天监推算出的日食和月食发生时间与实际有很大误差，十分恼火，决定惩治钦天监的官吏和责任人。此时，徐光启就上奏皇帝：本朝现在使用的历法还是元代郭守敬主修的《授时历》，至今已三百多年，当年郭守敬用《授时历》推算天象时常发生错误，有许多次日食和月食没有推算出来，如今我们还在沿用三百年前的《授时历》，不出差错才怪，这不能责怪

徐家汇徐光启墓

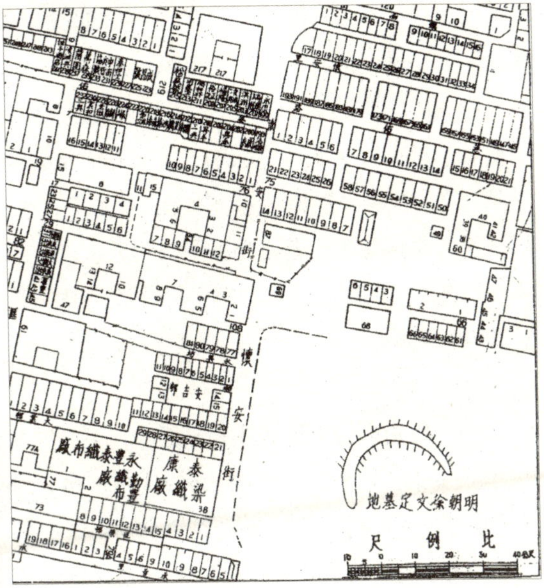

徐光启墓地块图

钦天监的官吏，应重修历法。皇帝同意了徐光启的观点，并责成徐光启负责新历的修订工作。徐光启留用了钦天监的官吏，并把精通历法的耶稣会传教士龙华民、邓玉函、罗亚各等人聘为钦天监官吏。修订历法是一个复杂而又庞大的工程，熹宗皇帝在朝仅7年，徐光启主修的新历直到崇祯年才完成，这就是《崇祯历书》，而崇祯是明朝的末代皇朝，《崇祯历书》还未推广使用，明朝就结束了，后来清代使用的历法基本上就是《崇祯历书》。

汉语中，几条河流相会的地方称“汇”，上海西南有肇嘉浜(今肇嘉浜路和漕溪北路。肇嘉浜是黄浦江支流，也是流经原上海县城最大的河流，西端与龙华港相通。清末先后被填平筑成马路，相当于今复兴东路、方斜路、徐家汇路、肇嘉浜路和漕溪北路)和蒲汇塘(蒲汇塘今仍在，但河道有变化，其东端，即与肇嘉浜相通的那段河即今蒲汇塘路)相汇，而此地又是徐家祖业所在，于是被叫作“徐家汇”。徐光启去世后，崇祯皇帝谥其“文定公”，以谥号规定的档次和礼遇，护送灵柩回上海，并以“正一品”礼制在家乡厚葬，墓址就选在徐家汇，今南丹路17号。徐家汇是一个片区地名，原指今漕溪北路与蒲汇塘路交叉路口附近一带，近代以后，“徐家汇”实指的地域发生了转移，指今漕溪北路、肇嘉浜路、衡山路、华山路、虹桥路相交，交通发达、人口稠密、商业繁华的地方。

二、徐光启与上海天主教遗迹

在豫园东面有一条叫梧桐路的小路，梧桐路137号以前是梧桐路小学，其前身则是天主教创办的“上智小学”。就在这个学校里保存了一幢明代建筑世春堂，这里也是上海保存最早的天主堂——敬一堂。多年前，笔者曾几次进入该堂，这里的宗教活动早已停止，建筑已被“童涵春”药号租用为仓库。在昏暗的灯光下，依然可以看清残留的贴金的“画栋雕梁”，感悟其昔日的金碧辉煌。

叶梦珠，字滨江，号梅亭，上海人。他在《阅世编》中讲“予生明季，旋遭鼎革”，可以判断其出生在明末。《阅世编•卷十•居第》：

> 世春堂，在北城安仁里(今安仁街一带)，潘方伯充庵所建也。方伯为尚书恭定公仲子，学宪衡斋之弟，奕叶簪缨，一时贵盛，故建第规模，甲于海上。面昭雕墙、宏开峻宇，重轩复道，几于朱邸，后楼悉以楠木为之，楼上皆施砖砌，登楼与平地无异；涂金染采，丹垩雕刻，极工作之巧。盖当时物力既易，工费不惜，势使然也。(天)启、(崇)祯之间，潘氏始衰，售于范比部香令。崇祯十一年(1638)甲戌夏，遭苍头之变，母子被弑，嗣君不能守，后楼先毁。旋为西洋教长潘用宾国光居之，改其堂曰“敬一”，重加修葺，与旧日无异。鼎革之际，宦家邸第，大半残毁于兵，独西洋一脉，有汤味道若望主持于内，专征文武，往往反为之护持，旅馆不惟无恙，而规制视昔有加，亦斯第之幸也。

世春堂是豫园主人潘允端的产业，明天启以后，潘氏家族中衰，就卖给了在刑部(即文中讲的“比部”)任官的范香令，没多久，范家家奴始闹事，范香令被杀，其后代又无能，于是世春堂又归外国传教士潘国光，并改为教堂，取名“敬一堂”。清灭明后，许多大户人家的住宅楼宇被毁，当时清廷还利用天主教，所以敬一堂不但未遭破坏，规模反而有所扩大。

清末敬一堂

《康熙上海县志·卷七》中收录了崇祯十四年(1641)松江府推事李瑞和写的《敬一堂记》，文字稍长，但这是研究上海早期天主教的重要史料，全文抄录如下：

天启中，长安中锄地，得唐建中二年(781)景教碑，士大夫习西学者，相矛今为吾学已显于唐之世。然抚碑版之文，不者见异人之迹，则信从之者犹少。唯利西学士，抱绝世之姿，一旦而入中国，其迹奇，其法大，中国览智之士多宗之。是时徐文定公光启假归里居，讲求经国实用之学，而西士郭仰凤、黎宁石二先生不远而来，文定与语契合，乃为建堂于居第之西。崇祯二年(1629)，文定公以礼部侍郎入朝，遂以龙华民、邓玉涵、罗亚谷、汤若望四先生荐修历法。朝廷谕钦天监正与西士以日食迟速多少验之，唯西学不爽毫黍，于是遂督同修历，有“钦褒天学”之额悬之各堂，而上海居最先。余奉简命，来莅是邦，于是有潘先生国光者，道风高峙，披面无由。适余至沪城，先生不鄙余而过存之。虬髯深目，炯炯有光。余叩以天主立教之意云何，则抗声而谈，曰：“儒家不曰畏天命乎？无主何由命！不曰敬天勤民乎？公有勤命之职，自源及流，非敬天何以勤民！”余悚然异其言，始知西学与吾儒本天之义为一揆也。今先生以旧堂卑隘，瞻礼者众，不足以容，乃市安仁里潘氏之故宅为堂，而以向所建者，奉供圣母。群公为之给帖改建，而余为之序。时崇祯十四年(1641)辛巳春日也。

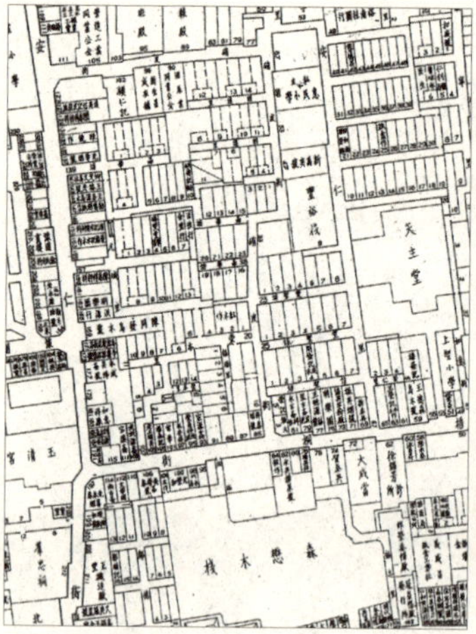

敬一堂地块图

上世纪五六十年代的敬一堂入口山墙

徐光启于万历三十一年(1603)受洗为天主教信徒，第二年就考取进士，并入翰林院为庶吉士。几年后，即万历三十五年，其父逝世。中国的封建礼制，遭父母之丧称“丁艰”或“丁忧”，其中父亲或祖父丧事称“丁外艰”，母亲或祖母之丧称“丁内艰”，礼制规定，父亲或母亲丧，子女须守丧三年，守丧期间不任官、不婚嫁、不宴席，不应考，在职官员必须暂时离职，回家乡守孝。丁艰规定三年，实际上以27个月为服满，才能重回原职。就在这一年，徐光启以丁艰回上海守制，他邀请耶稣会传教士，意大利人郭居静(仰凤)到了上海，《敬一堂记》中讲“文定与语契合，乃为建堂于居第之西”，从措词中似乎可以领会到，徐光启与郭居静原先并不熟悉，由于在守孝期间有较多接触机会，双方谈话很投缘，经郭居静建议，徐光启“乃为建堂于居第之西”的。法国人史式徽(J. de la Serviere)《江南传教史》(*Histoire de la Mission du Kiang-nan*)中讲：

> 徐光启，上海人，是他引进利玛窦的同会兄弟到其本城本乡，他城内的住宅便成了附近地区宗教信仰的发源地。不久，在这位著名阁老影响下，许多农民归化信奉了天主教。这就是我们上海许多美好会口的起源。

徐光启只是一位天主教信徒，而不是天主教传教士，但徐光启是当时上海官位最高，对地方影响最大的人物，在其影响下，上海成为全国天主教信徒最集中的地区。《江南传教史》中讲：清康熙二年(1663)，根据中国教务巡使德加马神父的手抄记录，江南省(注：明代的“江南”相当于宋代的“江南东西路”，辖境相当于今安徽、江苏二省。清顺治二年(1645)，将“江南”分别设置安徽省和江苏省，“安徽”取省内安庆和徽州两府之首字，“江苏”则取省内江宁、苏州两府之首字，省的最高行政长官为巡抚，并另设“两江总督”，“两江”则取原“江南”而分设的两个省)。那时有12座大教堂和许多会口，共计五万五千一百名教友，由六名耶稣会神父分担这些教务的重任。上海就有两座教堂、66所小学，共有四万名教友。徐光启的一个孙女许甘第大，是教区卓越的恩人，她曾给教区的发展以大量资助。

从1607年郭居静到上海传教，到1663年的不完全统计，仅上海就有信徒四万余人，发展很快，所以，“今先生以为旧堂卑隘，瞻礼者众，不足以容，乃市安仁里潘氏之故宅为堂，而以向所建者，奉供圣母”。应该在崇祯十四年(1641)，在徐光启孙女许甘第大资助下，潘国光购进安仁里原潘允端世春堂旧宅建为天主堂，这就是今梧桐路小学内的“敬一堂”，而原来郭居静的旧堂则专门供圣母玛利亚。这就是《江南教史》中讲的“上海有两座教堂”，不过，郭居静建的上海第一座天主堂早已毁了，我们只能从文献中知道，它在徐光启“居第之西”，而徐光启在上海的“居第”很多，这里的“居第”是指徐光启的哪一处“居第”，《敬一堂记》中并未讲清，所以后人对这座教堂的确切位置就不甚明了。

关于上海天主教的早期遗迹，《同治上海县志·卷三十一·杂记》中有这样一段记录：

> 圣母堂西士坟，前明特建。国朝(指清朝)康熙间，西士潘国光葬此。基约八亩，旧房所间。今已增建，内有徐光启奏疏，其孙尔觉等勒碑。案：光启为西士郭、黎等“建堂于居第之西”即此。盖东陆家浜有光启双园老宅地。

原来，《敬一堂记》中提到的徐光启为耶稣会传教士郭居静、黎宁石等在自己住宅的西面建一教堂，这个住宅并不是在城里的“九间楼”，而是南门外的“双园”，确实，在今桑园街西南有一“圣母堂”和天主教墓地。这里，我们还要引出上海早期信奉天主教的家族——艾家。

三、上海早期信奉天主教的艾氏家族

艾姓是一个稀姓，不过在江西抚州地区倒是大姓。据《上海艾氏宗谱》记载，明初，有一个叫艾舟里的人跟随一位姓颜的将军在南京任虎贲卫，也就是朱元璋的御林军，生活挺不错，于是他就把家属从江西抚州迁到南京。朱元璋去世后，燕王朱棣发动政变，夺取了侄子的皇位登基做了永乐皇帝，原来的御林军不但不被重用，也许还有被谋害的可能。于是，艾舟里带领家族逃离南京到了松江城，其中一个叫艾升的儿子又迁到上海浦东三林塘，算是入了上海籍。

艾升的第四代孙中出了个艾可久，字德征，号恒所，嘉靖四十一年(1562)进士，官至山西布政使、南京太常卿、通政使，在他的年代，其官衔仅低于徐光启。在艾可久当官后，他们就在上海城里“虹桥”(相当于今复兴东路光启路口一带)购买土地兴建住宅，南市有一条叫“艾家弄”的小路，“艾家弄”就是以艾家住宅所在而得名。

艾家与徐家靠得很近，而两家又是当时上海最显赫的家族，所以往来频繁。艾可久有两个儿子，长子艾大有，次子艾小有，艾大有的长子叫艾庭槐，字台符，他娶徐光启的孙女为妻，于是艾家也全部信奉了天主教。从现有资料分析，艾家是继徐光启之后上海第二个全家入天主教的家族。艾姓在上海是一个小姓，所以直到今天，凡是祖籍上海的艾姓，大多是天主教徒，原徐家汇天主堂神父艾祖章就是艾可久的第十五世孙。

艾家弄及虹桥街附近地图

艾家入天主教后，就在祖宅楼上设了一个供圣母的家庭教堂，这是私堂，平时只供家庭成员使用，遇重大节日时也对外开放。艾祖华是徐家汇天主堂艾祖章神父的哥哥，笔者与他是忘年交，他曾告诉我，在上世纪初，罗马教廷为褒奖艾家对上海天主教的贡献，特准震旦大学每年留出两个名额给艾家后人，并提供全额奖学金，其本人也是震旦大学毕业生。1996年秋，艾祖华先生还专程陪笔者参观了艾家弄的艾氏祖宅。艾家祖宅有老宅和新宅，老宅即当年艾可久宅，相当于虹桥街54弄和艾家弄2~68号，占地约三亩多。我们去时这里面临拆迁，绝大部分居民已搬走，建筑面目全非，倒是艾家祖宅的小教堂还在，只剩下一座祭台还能想象出它当时的规制外，其他早已一无所剩。

艾家弄、望云路口东望

行文至此，还得介绍一位中国最早赴罗马教廷，并被授神父的吴历与艾家的关系。

吴历，字渔山，号墨井道人，桃溪居士等。江苏常熟人。他师从陈瑚(字言夏，号确庵)、王时敏(字逊之，号烟客)、钱谦益(字受之，号牧斋)等。吴历擅长山水画，后来人们把吴历、恽寿平、王时敏、王鉴、王羽军、王原祁合称“清六家”，又称“四王吴恽”，可见吴历在中国绘画史上的地位。大概在康熙二十年(1681)，年已51岁的吴历告别了家人，随比利时传教士柏应理到了澳门，加入了天主教，后来他又赴罗马，成为最早到过罗马的中国籍天主教传教士，康熙二十七年(1688)，58岁高龄的吴历来到上海，并在上海担任神父。艾家是忠实的天主教徒，吴历在上海期间常住艾家，艾祖华先生曾给笔者看过一帧吴历绘赠艾可久的母亲——艾杜太夫人的画的印刷品(据艾祖华讲，原画在他弟弟艾祖章手中)，可见吴历与艾家交情之深了。

吴历是著名书画家，又是江苏常熟人，所以他主持上海教务后对天主教在上海的传播和发展作用很大。据《光绪上海县志》，敬一堂内种植了许多梧桐树(法国梧桐)，一到夏天，高大的梧桐参天遮日，整个教堂和附近街道都在梧桐树遮盖之下，这里既安静又清凉，而“梧桐街”就是以这里广植梧桐而得名。我们已无法确定这些梧桐树是何时引进的，但可以肯定，在清光绪以前，上海就已引种了梧桐树。潘国光还在敬一堂里竖了利用太阳光推算时间的日晷，吴历《三余集》有《石廷石晷》诗，这也许是古籍留下来的关于上海敬一堂石晷最详细的记录。诗云：

爱此日晷凿地成，楼前测验便且明。
石庭俯视球影午，厨下饭香钟自鸣。
膳后谈天步履热，踏破莓苔秋更绿。
较分节序在须臾，转脚光阴方寸促。
东西字样全填好，落叶绘侵常打扫。
老我天文学希能，徒羞髟丐发如霜草。
占测虽地犹可喜，不在钦天监局里。

这只石晷上刻有“东西字样”(中文和西文)，并用硃砂镶嵌，秋日的落叶会飘落到石晷上，所以经常要打扫。

清初，江南有天主教信徒五万余人，仅上海一县信徒就有四万余人，占80%以上，所以，耶稣会派往上海的传教士相对较多。约康熙二十九年(1690)，一位叫孟由义(Emmanuel Mendez)的耶稣会士被派到上海，并长期主持敬一堂工作，而吴历除了在上海外，还经常到上海县相邻的嘉定、青浦等地传教。

康熙五十七年(1718)，吴历在上海逝世，享年87岁，而吴历在上海没有家属，当时清政府“禁教”的风声此伏彼起，教会也没有足够能力为吴历举行符合礼制的葬礼，于是，

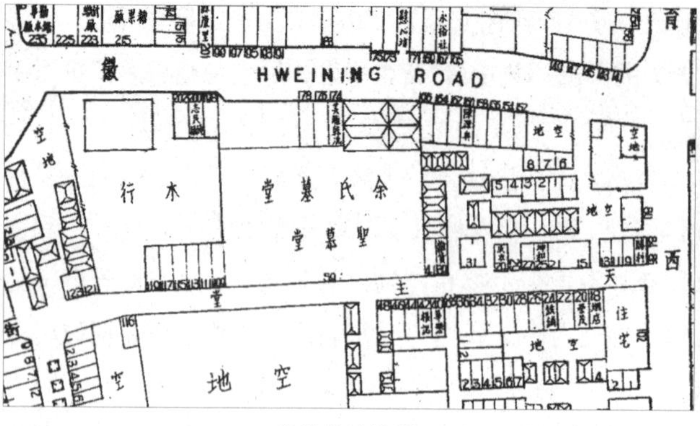

圣墓堂地块图

天主堂街59号圣墓堂

艾家就出资购进了原“圣母堂”相近的土地给吴历下葬，此后，潘国光等西洋传教士也葬在这里，这里就成了上海最早的一块天主教公墓——“圣墓”。1875年刊印王韬著《瀛壖杂志》中记录了这样一个事实，上海人徐渭仁(字文台，号紫珊、子山，？~1854)是著名书画家、篆刻家，金石收藏家、鉴赏家。他曾在陆家浜南的“圣墓”原址发现一块倾倒的墓碑，把它竖起来后才发现这是吴历的墓碑，背面用中文刻着：

> 公讳历，圣名西满。常熟人。康熙二十一年入耶稣会，二十七年登铎德，行教上海。疾卒圣玛第亚瞻礼日，寿八十七。康熙戊戌夏季，同会修士孟由义立碑。

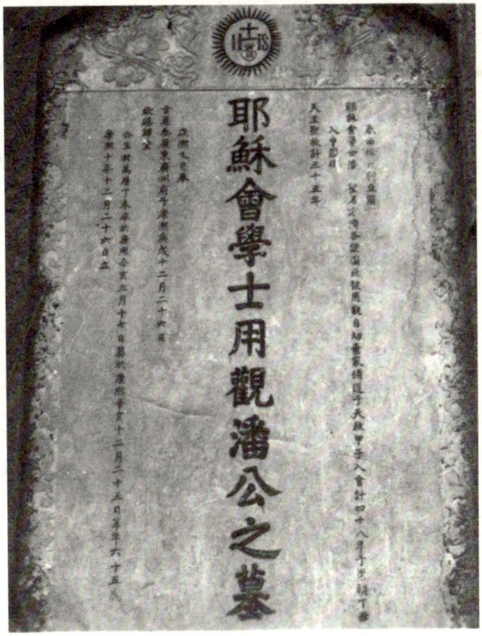

同葬的还有潘国光。

郭培声，号连城，教名伯多禄，清咸丰间经上海坐海船去意大利，著有《西游笔略》，实际上是作者的日记，在咸丰九年(1859)五月初二中记载：

> 五月初二，天晴，散步至圣母堂。圣母乃康熙皇帝所建。内设石祭石，上刻《五龙拱圣图》。堂侧有泰西耶稣会士潘国光等之墓……有碑文可读。外有古碑一座，高丈余，高丈余，上镌徐文定公《辨学流》。

圣母堂附近的“圣墓”里曾葬过多少耶稣会传教士或信徒，如今已搞不清楚了。上世纪30年代，柳亚子先生任馆长的上海通志馆的工作人员曾拓过吴历的墓碑，拓片今收藏在上海市历史博物馆内。1986年，同济大学园林专家陈从周携其博士生蔡达峰修建豫园东园时，笔者应邀写过一册关于豫园碑刻楹联的小书(后定名《豫园碑刻楹联赏析》由同济大学出版社出版，陈从周作序)，使我有机会对豫园收藏的石碑、楹联作一次全面调查，在豫园的一块草地上堆着许多残碑，其中不少是原城隍庙的旧碑，其中有一块即潘国光的墓碑，墓碑很大，约高150厘米，宽80厘米，厚30厘米，估计重800公斤，而被该碑所压的还有十几块碑，我曾叫人来移动石碑，由于没有起重设备，根本无法移动，只好作罢，我估计，当年包括吴历墓碑在内的原“圣墓”的碑大多就在这里。

四、礼仪之争与清朝的禁教

利玛窦去世后，非耶稣会传教士的势力有所增长，尤其是极端仇视异端的多明我会坚决反对信徒在“奉教”同时又“信迷信”。在中国，他们反对入教后的信徒再遵守中国的传统礼制，他们把除天主教以外的礼制和风俗习惯一律划为“迷信”，也就是讲，中国人只有放弃“迷信”才能“奉教”，而“奉教”的人就不能参加任何“迷信”活动。这就是天主教在中国的“礼仪之事”。争论焦点在中国，但争论的主要场所则在欧洲。这一争议经历了相当长时间，大约在康熙四十年(1701)前，罗马教廷作出决定，严格禁止已“奉教”的中国人再“信迷信”。据台湾罗光《教廷与中国使节史》中讲：在罗马教廷公布决定之前，就派一个叫铎罗的传教士作为教皇特使来到北京，康熙皇帝也接见了他，这位特使声称，此行目的是向皇帝表示“问安”，并感谢康熙皇帝“保护天主教”。当然，康熙毕竟是一位睿智的皇帝，此前他已打探到铎罗此行的目的，更听明白了铎罗的言下之意，于是对铎罗讲：“中国两千年来，奉行孔子之道。西洋人来中国者，自利玛窦以后，常受皇帝护佑，彼等也奉公守法。将来若是有人主张反对敬孔敬祖，西洋人就很难再留在中国。”康熙皇帝的谕旨通过邸报传了出来，于是在北京的所有西洋传教士，以及在各省的西洋传教士几乎全部被“奉旨恩养广东”，即他们只能在广州居住，在上海的西洋传教士潘国光和孟由义也被逐出上海，到了广州。

康熙五十九年(1720)，罗马教廷又派了一位特使到中国，并带来教廷拟定的关于禁止中国教徒“信迷信”的《禁约》，中国官吏深知此事可能产生的后果，就与在京的传教士一起将其译成中文，康熙皇帝读完《禁约》后当场御批：

览此告示，只可说得西洋人等小人，如何言得中国之大理！？况西洋人等，无一通汉书者，说言议论，令人可笑者多。今见来臣告示，竟是和尚道士异端小教相同。彼此乱言者，莫过如此。以后不必西洋人在中国传教，禁止可也，免得多事。钦此。

康熙皇帝对罗马教廷不尊重中国礼教和风俗习惯的傲慢态度十分恼火，他决定全面禁止天主教的决心已定。不过，也许由于此时的康熙已年迈，此后仅一年多就驾崩了，全面禁教一直到雍正皇帝继位后的第二年才正式实行。

促使康熙皇帝禁教的还有另外的原因，那就是钦天监里中国官吏与“客卿”间的斗争。

前已述及，明天启年间，皇帝已感到现行历法很不准，他准备严惩钦天监官吏，后经徐光启说情，并推荐龙华民、邓玉山、罗雅各、汤若望(Johann Adam Schall von Bell)等几位西洋传教士进钦天监任职，协助其修订《崇祯历法》。由于皇帝的支持和徐光启的举荐，中国官吏也奈何不了他们。清灭明后，汤若望立即上疏摄政王多尔衮，请求保护天文仪器和已刻好的《崇祯历书》印版，他立即被多尔衮留用并掌钦天监印信。不久，他将徐光启主修的《崇祯历书》137卷改订为103卷，改名《西洋新法历书》呈送朝廷，并由朝廷改名为《授时历》刊印和使用，汤若望因功被授太常寺少卿，掌钦天监印，清政府还特许他在北京建天主堂，皇帝还封他为“通玄教师”的封号，并为其教堂题书“通玄佳境”额。康熙登基后，鳌拜的势力很强，于是钦天监的杨光先参汤若望散布邪说，阴谋作乱，康熙三年(1664)汤若望被捕入狱，一年后大赦被释放，直到康熙八年(1669)，鳌拜集团被镇压后，汤若望才官复原职。

南怀仁(Ferdinand Verbiest)，字敦伯，比利时人。耶稣会传教士，他与汤若望一起在钦天监任职，后又与汤若望一起下狱。康熙八年被重新启用，任钦天监监副，十七年(1678)，他完成《康熙永年历法》32卷，因功被加授通政司通政使衔；二十年(1681)完成《神威图说》70卷，次年又加授工部右侍郎衔。二十三年(1684)晋监正。而南怀仁地位的上升，又加剧了钦天监内部争权夺利的斗争。尽管钦天监只是一个主管天文历法的机构，而不断发生的争斗，也迫使康熙考虑，如何对待这批“客卿”。

“上有所好，下必尤甚”，由于康熙皇帝对天主教态度的改变，全国反对天主教的活动也愈演愈烈。雍正登基后，来自各地奏请取缔天主教的奏疏不断，如闽浙总督获悉雍正皇帝决心禁教，立即上奏，称："西洋人杂处内地，在各省起天主堂，邪教偏行，闻见渐淆，人心渐被煽惑，请将各省西洋人除送京效力人员外，余俱安置澳门，其天主馆改为公廨；误入其教者，严行禁饬。"不久，雍正皇帝圣谕："远夷住居各省，已历年所，今会其迁移，可给限半年，委官照看，毋使地方扰累，沿途劳苦。"这段文字讲得很客气——从远方来到中国的天主教传士，在中国生活了很长时间，可以给他们半年时间迁移，搬不走的房产地产可以"委官照看"，这个"委官照看"实际上就是充公收归国有。

康熙、雍正朝禁止天主教，禁教以后，除在北京可以留用少量西洋传教士，全国各地的西洋传教士一律驱逐出境，凡属教会产业则一律充公收归国家或地方所有，严格禁止天主教的任何活动。

中国的天主教直到1846年才重新恢复它的合法地位，而这也是从上海开始的。

第二章 近代以后上海的天主教活动

一、中法《黄埔条约》与天主教合法化

1840年，英国政府以清国阻碍贸易为由，悍然向中国发动战争，这是因中国禁止鸦片贸易而爆发的战争，所以叫“鸦片战争”。1842年，英军兵舰进入长江，兵临南京，1842年8月29日(道光二十二年七月二十四日)，清廷被迫与英国签订中英《南京条约》。条约规定：“自今以来，大皇帝恩准英国人民带同所属家眷，寄居大清沿海之广州、福州、厦门、宁波、上海等五处港口，贸易通商无碍。”这就是所谓“五口通商”。《南京条约》是中英间签订的双边条约，不涉及任何第三国，此前，基督教没有真正进入中国，更未发生过任何教案和教难，所以《南京条约》也不涉及基督教问题，《南京条约》准许“英国人民带同所属家眷”进入中国的通商口岸，事实上就是承认英国的传教士可以进入中国的通商口岸。

1844年7月3日，中国与美国在澳门的望厦村签订《望厦条约》，条约第十七款规定：“合众国民人在五港口贸易，或久居，或暂住，均准其租赁民房，或租地自行建楼，并设立医馆、礼拜堂及殡葬处，必须由中国地方官会同领事等官，体察民情，择定基地。”英国是以基督教(新教)圣公会为国教的国家，而美国则是天主教和基督教并存的国家，中美《望厦条约》承认美国可以在中国通商口岸建立“礼拜堂”，实际上就是承认美国的天主教可以进入中国通商口岸。

鸦片战争后，法国看到英国、美国通过《南京条约》和《望厦条约》在中国获得重大利益，取得许多特权，于是也积极加入趁火打劫的行列。法国政府任命原驻希腊公使剌萼尼(Merie Melchior Joseph de Lagren’e)为特使，1844年率领7艘兵舰到了澳门，经过谈判，10月24日在广州黄埔签订了中法《黄埔条约》，条约共36款，其中第22款中规定：

> 凡佛兰西人按照第二款至五口地方居住，无论人数多寡，听其租赁房屋及行栈贮货，或租地自行建房、建行。佛兰西人亦一体可以建造礼拜堂、医人院、周急院、学房、坟地各项，地方官会同领事官，酌议定佛兰西人宜居住、宜建造之地……倘有中国人将佛兰西礼拜堂、坟地触犯毁坏，地方官照例严拘重惩。

法国是以天主教为主的国家，中法《黄埔条约》承认法国可以在通商口岸“建造礼拜

堂”，禁止中国人“触犯毁坏”礼拜堂，实际上就是承认法国天主教可以在中国通商口岸合法传教。但条约第23款又规定：

> 凡佛兰西人在五口地方居住或往来经游，听凭在附近处所散步，其日中动作一如内地民人无异，但不得越领事与地方官议定界址，以为营谋之事……佛兰西无论何人，如有犯此禁例，或越界，或远入内地，听凭中国官查拿，但应解送近口佛兰西领事官收管；中国官员均不得殴打、伤害、虐待所获佛兰西人，以伤两国和好。

这一条款既规定了任何法国人在中国通商口岸的行动，即不得超越法国领事和中国地方官议定的界址，如一旦越界活动，中国官捕可以采取行动拘捕，但拘捕后必须移交最近口岸的法国领事馆，由法国领事处理此事，条约中所称“佛兰西无论何人”，当然也包括天主教传教士。这就是所谓“领事裁判权”。

中法《黄埔条约》于1845年8月25日在澳门互换批准文件后就正式公布并生效。条约虽包含了“领事裁判权”内容，使传教士闯入非通商口岸的地方，中国官捕只能拘捕后交法国领事馆，使传教士被杀事件基本杜绝，但对教会和传教士来讲，离开通商口岸到内地传教仍为非法，这对天主教在中国的发展仍是障碍。所以当时天主教江南教区会长南格禄在一封写于1846年5月26日的信中讲：

> 四散在中国内地教区的洋人中，有些人称法国公使在这伟大帝国里是教会的救星；可是也有人对公使所办的事抱怨不满。在听不到英国大炮轰击声的遥远内地，对剌萼尼先生获得的弛禁上谕并不那么欢迎，因为反而引起人们对教友的注意。在此之前，内地的传教士尚可隐姓埋名求得太平，如今反而要受到一时的麻烦了，因此产生不满。若干传教士则要求剌萼尼公使向皇帝要求传教士有进入帝国内地的自由，并要求将皇谕在各省公布。可是这能否办到？是否应该从这点着手？至少我们希望公使的努力能逐渐见诸成效，而对天主教驰禁上谕的宣布，将能摧毁中国人头脑里的许多偏见(引自史式微《江南传教史》)。

不论剌萼尼是否读到过南格禄的信，剌格尼仍在为恢复天主教在中国的合法地位，争取法国在中国的更大权益努力着。当中法《黄埔条约》正式生效后，剌萼尼就到上海拜会了上海道台，希望其同意法国天主教收还在“教难”时被没收的教产，而上海道台不假思索地回答说：《黄埔条约》根本没提到过教产的任何内容，我根本无权处理这件事；还说，如果上海民众见到一百多年来已由皇帝敕令充公的产业归还洋人，他们也将会起来反对。

剌萼尼在上海碰壁后，即起身去澳门，他不断给在澳门的钦差大臣耆英解说和施加压力，于是，耆英也多次上奏皇帝，向皇帝讲，法国人已承认在各地发生的几次民众与教会的冲突“都是借宗教为名的坏人们干的坏事，与西洋各国信奉的宗教无关”；法国人要求，“仰恳天恩，嗣后无论中外民人，凡有学习信奉天主教而循规蹈矩者，毫无查禁，皆免惩治”。果然，没过多久，1846年，两广总督就在广州宣布了皇帝的上谕：

> 天主教教人为善，与别项邪教迥然不同，业已准免查禁。为此，皇上钦定，所有康熙年间各省旧建之天主堂，除改为庙宇民居者毋庸查办；其原旧房屋如勘明确实，准其是还该处奉教主人……其设立供奉处所，会同礼拜供十字架图像，诵经讲说，毋庸查禁。

这一上谕才真正满足了天主教会的要求，就是承认天主教是“劝人为善”的合法宗教，不仅可以在通商口岸活动，也可以在除此之外的任何地方活动；另一条就是宣布在“教难”中被充公的教产，已改用于“庙宇民居者”，就不再处理，如原教产现仍为空地，则可归还天主教。毫无疑问，教会和信徒们为这次胜利雀跃欢呼。

二、关于教产处置

在清康熙、雍正的禁教政策中，上海被充公的天主教产有据可查的共三处。一处即潘国光在原潘允端“世春堂”原址建立的“敬一堂”，也即所谓“老天主堂”；另一处则是上海最早的天主堂，即郭居静在徐光启“双园”之西建的“圣母堂”；再有一处即与“圣母堂”相近的天主教耶稣会传教士墓地，当时包括潘光国、吴历等传教士的墓碑还在那里，足以证明这里曾是天主教的产业。教会首先考虑的是索还“老天主堂”产业。当时上海开埠仅几年，上海道台不希望、也不愿意洋人们住在县城里，而是希望参照中英《虎门条约》规定的——“中华地方官必须与英国管事官各就地方民情，议定于何地方、用何房屋或基地，系准英人租赁”，即上海道计划在县城以外划出一块土地，专供洋人居住和经商——这样，上海地方政府可以避免“华洋杂居”而发生华人与洋人的龃龉和冲突，从而引发外交冲突，所以上海道根本不想把“老天主堂”还给教会。

《同治上海县志·卷三十一》载：“天主堂，初在县治北。西士潘国光建。康熙四年，众西士奉旨恩养广东。雍正二年，上允浙闽督臣之请，部议处分，除在京办事人员外，不许外省私留。是堂改为关帝庙，即敬业书院。”

根据上谕，“老天主堂”在充公后不久即已改建为关帝庙和敬业书院，已不属于可归还的教产。但法国天主教还是要了把戏，迫使上海道台作了让步。史式微《江南传教史》中收录了南格录写于1846年12月3日的信，信以一个叫卡尔代的与上海道台对话的形式记叙谈判的过程：

> 卡尔代先生那天早上伴同领事及其译员去会见道台，一手拿着申请书，一手拿着皇帝的上谕。他要求发还已改为庙宇的老天主堂。“你是在给我谈去年我和法国公使谈了十天，而我们实在无能为力的事。”“正是因为你无能为力，法国公使回到广州后，才给阁下送来这份皇帝的上谕。”“这份上谕，你和我都知道，上谕明明指出，凡教堂改为庙宇的概不能归还。”“改为庙宇，算了吧！但庙后面还有一个大花园，上谕上没有说是例外呀。”“这是真的？”“庙旁还有一座大房子并不曾作为民用，所以也应列入钦命发还之例。”“这座房屋我不能归还，否则必将引起民众反对。”“这是一个公道问题，做官当权者正该做出榜样来。假如这事发生在英国，明天就能完全解决。现在一位法国舰长司令即将到来，在他逗留上海的日子里，坚持要为他的国王陛下干下几件辉煌的大事以表达他对国王陛下的忠诚。假如他到上海，得知阁下对法国政府全权大臣签订的条约熟视无睹，他将怎样对待你呢？总之，我们在这些事情上原来毫无利益可图，我们的宗教信仰也不同。”“这倒是件严重事件，我需要足够的时间加以考虑。”“考虑吧，那对你是很值得的。”

在法国人软硬兼施，威逼引诱之下，上海道台完全处于劣势，但他无权对此作出决定，于是立即赶到苏州，江苏巡抚无可奈何之下作出批示："旧传教士的墓地毫无困难地即可归还给教徒，至于附属关帝庙的那座房屋，由于许多重大原因不能发还，但可以另拨一方合适土地作为补偿。"而这一批复正符合教会的意愿，因为"老天主堂"所剩空地实在很小，而旁边的那座房屋根本不知可以怎样使用。于是，教会开始与上海道台继续谈判，讨论上海道台用什么地方的土地作为"补偿"。

经过一段时间协商和谈判，双方达成协议，上海道台同意划出三块土地作为"老天主堂"教产的补偿。一块在城里肇嘉浜(今复兴东路)北岸，曲尺湾(今四牌楼路)东面，后来教会在这里建了一座小教堂；另两块均在城外，每块面积约15亩左右，一块在小南门外董家渡，教会在这里兴建了"董家渡天主堂"，另一块在新北门外洋泾浜(今延安东路)畔，教会在这里兴建了"洋泾浜天主堂"。

三、上海董家渡天主堂

董家渡天主堂是天主教江南教区的主教堂和主教公署机关所在地。

清康熙、雍正及后来乾隆朝的禁教中并未将在中国的天主教传教士全部驱逐出境，而是"除在京办事人员外，不许外省私留"。清代，北京是京畿，是首都，南京是陪都，所以北京和南京的教堂依然为天主教产业，天主教传教士也可在北京和南京于规定范围内开展教务，所以天主教仍把北京和南京称为"北京主教区"和"南京主教区"。

北京的主教堂即"南堂"，现在仍为中国天主教北京教区主教座堂。它就是在明万历皇帝赐给利玛窦宣武门的住宅土地上兴建的，当年，徐光启、杨廷筠、李之藻、叶向高等人常在这里相聚，与利玛窦切磋学问；清顺治七年(1650)，因德国籍传教士汤若望修订历法有功，清廷赐黄金千两，在这里兴建大堂；后来汤若望被参下狱，教堂一度被毁。汤若望案平反后，康熙四十二年(1703)，皇帝又赐银10万两，饬令重建，乾隆四十年(1775)，教堂毁于火灾，皇帝又赐银万两重建。同时，北京主教堂的主教人员也从未间断，一直延续到道光十八年(1838)葡萄牙传教士毕学源去世。南京主教区则没有北京那么"风光"，由于这里难以发展教务，主教往往由北京主教兼任，或由住在澳门圣约瑟神学院的神父兼任。

还在1833年时，不断传出北京主教兼南京主教的耶稣会葡萄牙籍传教士毕学源年迈体

“八一三”淞沪战争董家渡天主堂遭毁

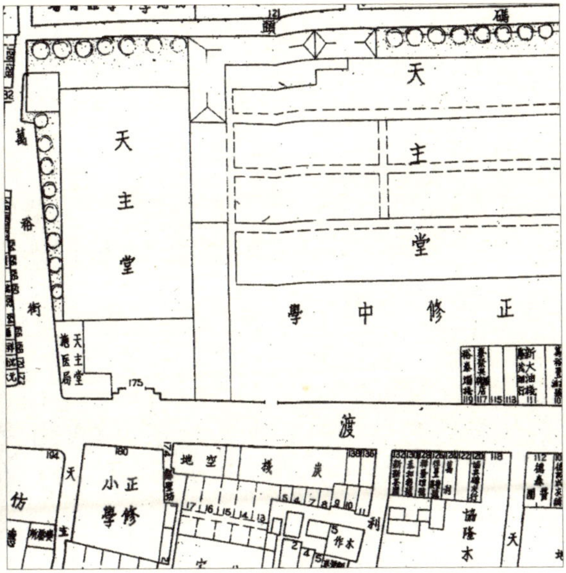

董家渡教堂地块图

弱，随时可能去世的消息，罗马教皇额我略十六世就派其意大利同乡罗伯济(类思，Besi, Louis de)去中国，并给他随身带了一份罗马教廷传信部的指令，指令中说：“我们擢升伯爵罗伯济为代权治理南京教区，并宣布他享有主教的一切职权。”此事引起了葡萄牙不满，因为根据“保教权”规定，在北京和南京主教一职空缺时，澳门的耶稣会主教有权指定和任命新的主教。所以，罗伯济还未踏上中国土地就已经与澳门的耶稣会有了矛盾和冲突。

1833年，罗伯济从法国波尔多登船起程，第二年到了澳门，原计划马上到北京与毕学源主教会晤，但传信部驻澳门的账房(这是英文procuration的旧译，它是传信部下辖对派外传教士给予经济资助和教务指导的机构，相当于现代语中的“办事处”)告诉他，毕学源主教是因为葡萄牙的关系才被清朝廷准许留在北京的，如果没有得到葡萄牙许可，你作为罗马教廷传信部任命的传教士，可能会遭到清廷反对而遭迫害。于是罗伯济也不敢私闯北京，就秘密潜入传信部司铎传教的湖广地区，任该地区代牧区代权主教，并在那里住了三年。

1838年11月，毕学源主教在北京逝世，此前，罗伯济就收到了毕学源主教托人送来的由其签发的委任罗伯济为南京主教区大代权职位的委任书。南京主教实际管辖区域相当于江苏、山东、安徽、河南四省。这样一来，罗伯济与葡萄牙天主教耶稣会的冲突已难以避免。

罗伯济在接任南京主教后就立刻离开湖北，首先到了上海，这当然与上海有众多信徒，有良好的天主教传教基础有关。罗伯济到上海是1840年，当时鸦片战争还未爆发，天主教的禁教还没取消，所以他只在上海县城里呆了几天后就潜到离城市较远的松江佘山张朴桥和横塘一带，以原已奉教的乡民作掩护，在那里开展传教活动，后来又到浦东的金家巷(今金桥一带)等地活动。他们除了一般的传教外，主要目的是创办修道院，培养中国籍神父，并通过他们将耶稣的福音传到内地，传到中国各地。1843年5月6日，松江佘山张朴桥的“圣母无玷圣心修道院”就正式成立了，第一期的修生就有二十余人，这也是上海出现最早的天主教修道院。

虽然中英《南京条约》并未涉及英国教会与传教士的内容，更未涉及天主教的内容，但战败后的大清官吏们已对洋人们有一种恐惧心理，他们再也不敢贸然对洋人采取行动了。于是，天主教传教士的行动也不必像以前那样鬼鬼祟祟、躲躲闪闪，他们逐渐进到上海县城里公开和半公开活动，如史式微《江南传教史》中所讲：

> 当年天主教是那么兴旺的(上海)城内，但在1844年南格禄给教友开“四规”(“四规”是当时天主教规定的教徒必须遵守实践的四条规则，即，一，凡主日暨诸瞻礼之日望弥撒；二，遵守圣教规定的斋期；三，至少一年一次解罪；四，至少每年一次领圣体)时只剩下近百名教友了。教友们没有一座公共圣堂，只有陆、艾、施三家教友私堂内会集祈祷。陆、艾两家的小堂至今还保存着，为了纪念其在教难时曾为教会服务，堂主人享有许多特恩，有神父经常去举行弥撒。施家的小堂则在可怕的叛乱战争(指1853年上海爆发的小刀会起义)中被毁。

而当1844年10月24日中法《黄埔条约》签订后，条约承认“佛兰西人亦一体可以建造礼拜堂”，实际上已承认天主教在中国的合法权，天主教可以在上海公开活动了。

1846年，上海道台同意划出三块土地作为原城里老天主堂的“补偿”后，罗伯济就选中小南门外董家渡的那块土地兴建主教堂和主教公署。关于这个教堂的兴建也颇多故事和传说。

首先，当年罗伯济是由罗马教廷传信部任命为南京教区主教的，这使他从进入中国后就与葡萄牙的关系很紧张，使他在中国开展教务出现了来自教会内部的阻力和困难，他决定离开这块是非之地。所以，当他确定了赵方济主教(Maresca F. Xavier)为其接班人后就打算离开中国。1847年11月21日，他给即将动工的董家渡天主堂放上奠基石后宣布："因圣教会现有许多问题需要本主教亲自去欧洲觐见教宗"，就离开上海回到欧洲。

董家渡教堂的兴建则落到了赵方济主教身上。赵主教并不懂建筑，于是聘请辅理修士马义谷承担教堂的设计和监造。但是，马义谷刚接手后不久就因教务上的原因离开上海，只得另请方济会神父芒吉里担任监造，而这位神父也根本不懂建筑，当时召募来的中国泥水匠根本看不懂建筑图纸，也无法理解这座与中国建筑完全不同的西方教堂该如何施工，这座教堂刚建了一半就倒塌了。于是赵方济主教只得再另请曾负责徐家汇天主堂监造的罗礼思来负责监造。由于此时距天主教解禁只有一年多时间，教会拿不出足够的钱，还在于教堂在建造中出过一次事故，已经浪费了不少钱，于是教会希望向法国皇帝和欧洲教会申请追加费用，而当时的法国也处于"二月革命"和"六月革命"中，无法提供资金，教堂工程被迫停工。后来由罗礼思提议，将马义谷的图纸进行修改后再行建设，赵方济主教也被迫同意了。最后，教堂取消了上层的一排玻璃窗口和中央的大穹顶，建筑高度降低了三分之一，建筑成本大大降低。董家渡天主堂于1853年3月20日落成并正式开光，为纪念天主教耶稣会创始人圣方济各•沙勿略，这个教堂正式名称叫作"圣•沙勿略堂"(St.Francis Xavier' s Church)。由于董家渡天主堂的建筑图纸被修改，其建筑高度降低了三分之一，而且放弃了原图纸上最具特色的穹顶，其建筑平面和宽度并未变动，所以这座教堂的外观存在着严重的比例失调，与正规的教堂建筑相比，显得扁平、矮胖和臃肿，谈不上是中规中矩的建筑；同时，董家渡天主堂在建筑装饰上还带有中国元素，在室内的柱子和室外的门侧设计有固定在墙上的中国对联。据圣约翰大学校长卜舫济《上海简史》中讲：

董家渡天主堂

“教堂内有一座法国神父手制的风琴，以竹为管，状极殊奇，全世界迨无其匹，至今前往参观者，堂中人犹特为之示，目为奇物。”这是一架独一无二的竹制管风琴，现在早已不知去向。

董家渡天主堂已被公布为保护建筑。

四、洋泾浜的圣若瑟天主堂

补偿给天主教的另一块地在新北门外洋泾浜畔。洋泾浜是上海县城北城墙外的黄浦江支流，在1843年上海开埠前，一出北门就是郊区了，这里阡陌纵横，河渠密布，星散分布着一些自然村落。1845年，英租界在洋泾浜北岸建立，1849年，法租界在洋泾浜南岸与上海城墙之间的狭长地块上建立，于是洋泾浜就成了上海英法租界的界河。租界的城市建设和人口增长较快，几年后“洋泾浜”就作为上海租界的代名词被广为使用。王韬在《蘅华馆日记》咸丰八年(1858)十二月二日中记：

> 洋泾者，上海县之北郊也。今为西洋通商马(码)头……见夫巨桥峻关，华楼彩辂，天魔赌艳，海马扬尘，琪花弄妍，翠鸟啼暮，以及假手制造工具，悦耳药曼之音，淫思巧构，靡物不奇。

在上海开埠前，上海县城的北城墙只有一座城门——北门，即位于今河南路人民路口的老北门，天主教得到的那块赔偿土地交通十分不便，城里的人可以出小东门沿黄浦滩到那里，或者出北门沿洋泾浜到那里，所以天主教只在这块土地上建造了一个传教士宿舍和一个简易小教堂，城里的信徒们大多愿意出小南门到董家渡天主堂做礼拜。1849年法租界建立后，租界的市面逐渐兴旺，1853年9月，上海爆发小刀会起义，虽然小刀会没有向教堂发动攻击，但到董家渡天主堂去做礼拜已经不安全了，于是不少人宁可走远路到洋泾浜天主堂做礼拜。1855年初，租界当局与上海道台达成协议，决定联合镇压小刀会，法军的大炮就在洋泾浜天主堂向城墙开炮，仅几炮就将城墙轰开了一个大缺口，联军就从这个缺口冲进城里，小刀会起义被镇压了。战争结束后，上海道台又将这个缺口堵塞了。但仅过了几年，1860年，太平天国为了摆脱清军“江北”、“江南”大营对南京的围攻，派忠王李秀成率领军东进。李秀成很会打仗，不到半年时间，一路攻陷镇江、常州、无锡、苏州、杭州、宁波等苏南浙北的主要城邑，并一直打到上海，上海的局势又紧张起来。于是，上海租界当局又一次与清政府达成协议，决定联合起来抗击太平军。有一部分“洋枪队”驻扎在上海县城里，由于北城墙只有一扇北门，军队行动十分不便，于是上海道报江苏巡抚李鸿章批准，又将原已被堵上的北城墙缺口打开，改建为城门。李鸿章给新门取名为“障川门”，“障川”就是屏障洪水的意思，而这些北城墙新开的城门，老百姓就叫作“新北门”，而原来的北门也改叫“老北门”了。新北门增开后，上海城里到洋泾浜天主堂方便多了，于是，许多人就到洋泾浜天主堂做礼拜。

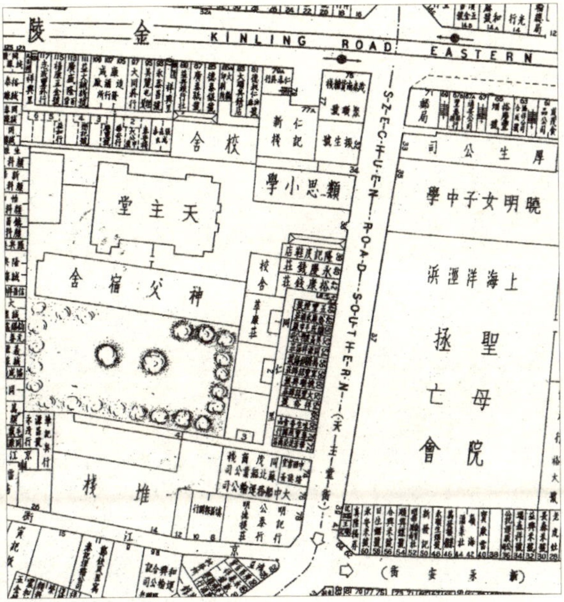

洋泾浜天主堂地块图

太平军东进使苏南浙北的难民大量进入上海租界避难，据估计在1860年到1861年间，至少有30万以上难民进入上海。1862年东进军被镇压后，有一部分人就留在上海定居，一部分人则返回原籍。据租界统计，1860年前，上海租界全部人口不足二万，而1865年有20万人，几年中常住人口增长10倍以上。当然，原洋泾浜天主堂就显得太小了，此时更是天主教发展的一个好机会。据《同治上海县志》记载：“洋泾浜天主堂(基四十二亩五分)。咸丰十年建。”1929年出版的法国人梅朋和傅立德合著的《上海法租界史》中有更明确的记录：

应当指出，在这个时期，法租界耸立起第一座公共建筑：洋泾浜天主堂。教堂的奠基礼于1860年4月15日举行，一个月前到达上海的孟斗班将军担任教堂的教父，法国公使的妻子，布尔布隆夫人担任教母。教堂在1861年6月29日落成。

洋泾浜天主堂

孟斗班(Charles Guillaume Marie Cousin de Montauban)是法国陆军少将，当1859年江南形势紧张的时刻，他被任命为法国远征军总司令，率领一支七千余人的部队赶往中国，并于1860年3月12日抵达上海，此行的目的就是镇压太平天国，保卫法租界。上海法租界的法国侨民十分感激不远万里从法国赶到上海的孟斗班将军，教会尊他为洋泾浜天主堂的教父，公董局也将洋泾浜天主堂所在的马路以其名字命名为“孟斗班路”(Montauban, Rue)，不过，更多的人还是以天主堂所在而称为“天主堂街”。直到1943年，这条路才改名为“天台路”，就是今天的四川南路。

洋泾浜天主堂与董家渡天主堂一样，均是以教堂所在地名而得名的俗名，其正式名称叫“圣若瑟天主堂”(St.Joseph’s Church)，与澳门天主教的圣若瑟神学院有关。

明代，葡萄牙从明政府那里得到对澳门的租借使用权后，急于闯入中国的天主教耶稣会就在葡萄牙政府支持下在澳门建造了“圣保罗天主堂”(即“大三巴”，“三巴”是“圣保罗”的粤语音译)，准备进入中国内地的传教士大多先到澳门，在这里学习中文、中国礼仪和习俗，为登陆中国内地作准备。于是澳门又建立了“圣若瑟神学院”，为了培养中国籍神职人员，神学院附设“圣若瑟公学”，进入内地传教和发展教务是需要费用的，所以，神学院还专门设立了“账房”，不仅负责进入内地的传教士的预算和结算，实际上主要负责指导中国内地的教务。

早在上海开埠前，一位叫杜保禄的圣约瑟公学毕业生就负责江南教区与澳门的联络工作，负责将江南教区的工作情况和进度报告给澳门的教会，同时将澳门教会提供的经济援助送到江南教区。当1837年罗伯济主教以秘密身份进入上海后，杜保禄就与罗伯济主教有过接触，并已猜到罗伯济的身份。所以，尽管葡萄牙方面对罗马教廷传信部秘密任命罗伯济为南京主教的方式很不满，但在杜保禄的撮合下，澳门教会与罗伯济之间的矛盾最终没有发生大的冲突。当然，罗伯济要在江南开展教务还须得到澳门方面的支持和资助。所以，当1846年上海地方政府同意划出三块土地作为城里“老天主堂”的补偿后，杜保禄也代表澳门圣若瑟神学院账房获得了其中的一块，并在这里建立了澳门圣若瑟神学院的下院。1860年，洋泾浜天主堂兴建后，这个教堂就被叫作“圣若瑟天主堂”。

洋泾浜天主堂为砖木石混合结构，总高50米，上海开埠之初的租界建筑大多是三层以下建筑，所以在许多地方远眺，就能见到洋泾浜教堂黑色的尖顶，建筑正立面朝东，面

在洋泾浜天主堂举行的宗教活动

向“天主堂街”，样式与欧洲不少乡村教堂相近，以中间的正大门为纵轴线，两侧形成对称；顶层设四个小尖塔钟楼，中间则是一主尖塔，主立面的二层处设计有腰线，在腰线与顶层之间设计一圆形彩绘玻璃窗，既是建筑外立面装饰，又是礼堂的采光来源。教堂的礼堂，正中是大祭台，左右和一小祭台，均绘有巨幅圣母玛利亚和耶稣像；后面有唱经楼。教堂对外开放。

历史上的洋泾浜天主堂四周没有太高的建筑，洋泾浜天主堂也是上海的一道风景线，同治十三年(1874)《申报》载《春申浦竹枝词》中咏：

楼阁崔巍天主堂，耶稣高供烛辉煌。每逢礼拜清晨候，侬与檀郎跪两旁。

到了20世纪以后，洋泾浜天主堂的四周被林立的高楼大厦相围，站在马路上已很难看到教堂和高耸的尖顶，所以，尽管洋泾浜天主堂位于闹市中心，而知道它的人确实已不多了。

前几年，笔者协助上海墨丘利商务咨询服务公司(Mercury Consulting Co.)在金茂大厦展厅里举办一个“老上海时尚”的展览会，会标的主图就选用清代《吴友如墨宝》中的一幅画：几位时髦女子用望远镜在远望，远处隐约可见教堂的尖顶。几乎所有的参观者都认为这是一幅虚构的画，他们认为上海没有这样的景观，倒是一位外国人——希腊驻上海总领事蒂米特斯•阿尼诺斯(Demetris Anninos)来问我：“这个教堂是不是当车子在延安路高架向东行驶，在近外滩处可以看到的教堂？”我告诉他“是的”，他很高兴。我告诉他这座教堂的历史和故事，还告诉他，画中女子所站的地方曾是历史上很有名的“丽水台”茶楼，旧址已在上世纪20年代建为上海纱布交易所大楼，后来很长一段时间用作上海自然博物馆的馆舍。

五、徐家汇天主堂

当1840年鸦片战争打响后，欧洲的天主教会已经感到，英国人为首的侵华战争会给天主教在中国的传播打开一条道路，而英国在中国的胜利更使他们兴奋不已。于是他们不断向中国派出传教士，在1842~1846年的几年中，就有四批共19名耶稣会传教士抵达上海。

南格禄(Claude Gotteland)是意大利撒丁岛人，1803年出生于法国尚贝里主教区的巴瑟，19岁时入蒙特鲁热的耶稣会初学院，主修数学和物理学，从耶稣会会士晋为神父，1839年后又入昂诺内的阿伊圣母堂深造，卒业时，欧洲的耶稣会总会计划和决定向中国派送更多传教士。1840年，他就被耶稣会总会任命为中国江南新教区的第一任会长。1842年7月12日，他和艾方济神父(Francois Estève)搭乘法国“埃里戈纳”号军舰进入上海港，当时对天主教的禁教尚未取消，他们不敢贸然进入上海县城，即从吴淞口下船，在法国士兵保护下直奔浦东金家巷教堂，拜会已经在那里的天主教耶稣会南京主教罗伯济。他在一封致会长的信中叙述了罗伯济会见他们的过程：

主教为了避免引起教友间的妒忌，又为了让我们有充分时间学习语言，明智地拒绝了各方面的请求。主教希望我们袭用本会前辈著名会士的中国姓氏，给我取姓为南，就是南怀仁神父的南，艾方济神父的姓是艾儒略神父的艾，李秀芳

(Brueyre, Benjamin)神父则和利玛窦神父同姓。

前已述及，在康熙、雍正禁教前，整个江南省有信徒五万余人，仅上海就有四万余人，占80%以上。禁教以后，上海县城里的公共性教堂被关闭，教产充公，但远离城市的乡下信徒自发的宗教活动并未停止，所以在乡下还保存了不少小型宗教活动场所。于是，罗伯济主教除了要求他们积极学习中文外，还带其巡视了分散各地的教堂，最后又分配他们分头负责各堂口的工作。李秀芳被派往松江佘山的张朴桥，罗伯济希望他能在这里创办一所修道院，1843年5月6日，佘山圣母无玷圣心修道院正式宣告成立。

罗伯济是耶稣会南京教区主教，南格禄是新任命的江南教区第一任主教，在南格禄的信中可以感觉到，南格禄怀着对罗伯济主教极大的尊敬，但罗伯济并不希望南格禄主教插手太多事情，两人之间已经生成了龃龉和矛盾。1846年，上海同意让出位于城外的两块土地作为“老天主堂”的补偿，罗伯济以老资格的南京主教获得了其中的一块，在那里兴建董家渡天主堂，而位于洋泾浜的另一块则被耶稣会澳门圣若瑟神学院捷足先登，南格禄则一无所获，于是只能另谋出路了。

徐家汇位于上海县城西南约8公里处，肇嘉浜是黄浦江浦西的支流，也是流经上海县城的最大河流，最后流入龙华港。在今漕溪北路和蒲汇塘处，一条叫蒲汇塘的河流与肇嘉浜相汇。明代文渊阁大学士、礼部尚书徐光启的墓就在这里，不少徐氏后人也居住在这里，于是这里就叫“徐家汇”。《江南传教史》中讲：徐光启“坟墓附近，住有他的几户子孙，他们虽已贫穷落泊，但仍自豪地追念其伟大的祖先，有几户还是教友人家，他们在河浜旁边建了一间小屋，作为他们的小堂”。

肇嘉浜是沟通上海县城与徐家汇的河道，而蒲汇塘则是沟通徐家汇与松江的河道。在农耕时代，上海人去松江府城，或府城松江人到上海，这是捷径，也是最主要的选择。于是南格禄在不得已之下，决定在徐家汇兴建他的江南教区主教堂。

南格禄委派梅德尔神父(Mathurin Lemaitre)负责在徐家汇兴建教堂，于是，梅德尔通过徐光启的后裔在原“小堂”处兴建。1847年3月，工程无声无息地开工了。高龙鞶的《江南传教史》中收录了梅德尔神父的笔记，其中讲：

开始，靠近小圣堂先搭一二间房间，为接待远道而来的神父们，而这也不是没有困难的。11月11日，向北延伸又造了一埭房屋。以后在不同时期，又增添盖造了几间。就这样，这座会院就是在事先无计划的情况下，神父们相应地作出适当部署后建造的。

清末《图画日报》绘徐家汇天主堂

看来，南格禄神父没有筹到足够的费用，所以徐家汇教会的建设是在无计划，无部署情况下兴建的。不过，这种情况在几年后得到改善，徐家汇教会的产业和占地面积越来越大。1910年，上海环球社出版《图画日报·上海之建筑·徐家汇天主堂》的配画文中讲：

徐家汇天主堂，旧建在西门外肇嘉浜徐文定公光启墓之东北，为教中人瞻礼之所。初时不甚宽敞。和约后大加建葺，有房至数百间之多，中设公学及天文台等，又南首土山湾造育婴堂，计堂基之在二十八保六图者，计田二十七亩一分二厘九毫；在六图育婴堂处，田三十七亩一分三厘六毫；又公喜收户田七十六亩七厘二毫；二十七保四图田一顷(应为“亩”之误)四分一厘一毫。

这里涉及古代行政区划和地名知识。明代和清代，县以下设乡，乡以下为保，保以下为图(有些地方写作“都”)，县的行政长官为知县，乡为乡长，保为保长，图为图正，今徐家汇地区旧属“上海县高昌乡”的二十七保和二十八保。引文中提到的“和约”通常指1842年中英《南京条约》。从这段引文中也可以知道，在鸦片战争前，徐家汇已经有一小教堂，和约后到1910年，天主教在这里相继购进了四块土地，总面积约140亩。

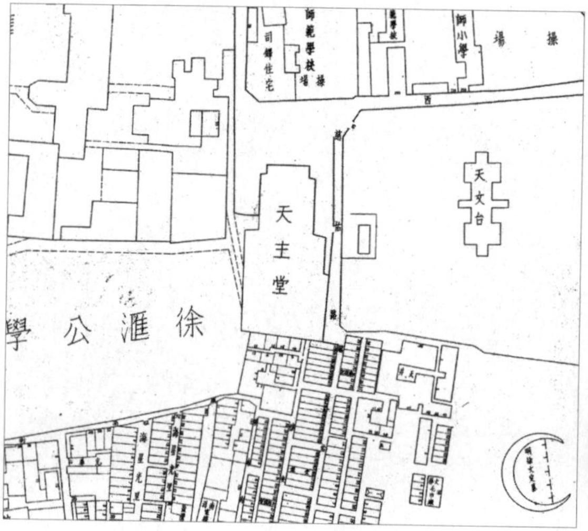

徐家汇天主堂地块图

徐家汇天主教堂

徐家汇天主堂大弥撒

徐家汇位于肇嘉浜与蒲汇塘相汇处，水路交通十分方便，但是，徐家汇离开上海县城有8公里，当时没有任何道路使上海县城与徐家汇相通，要吸引上海县城的人赴徐家汇做礼拜很困难，这一情况直到1860年后才得到改善。

1860年后，以忠王李秀成率领的太平军东进军一路势如破竹，攻克苏南浙北的大部分城市后一路东进，一直攻到上海郊区。上海租界当局同意与清军组建“洋枪队”，联合镇压太平军。上海地方政府同意租界当局在租界以外的地方“辟筑马路，以利军行”，租界当局在租界以外的地方修建马路就被叫作“越界筑路”。1861年，租界当局修筑了两条通往徐家汇的马路，一条以斜桥为起点，沿肇嘉浜北岸通徐家汇，这条路是由法租界修筑的，就被叫作“法徐家汇路”。上世纪初，今打浦桥以东的肇嘉浜被填平筑成马路，与原徐家汇路平行的肇嘉浜填平后也并入徐家汇路，于是，肇嘉浜打浦桥以西段就成了无源头的“死河浜”，河水发臭成了“臭水浜”，1949年后又将“臭水浜”填平，与北岸的徐家汇路合并成今天的“肇嘉浜路”。于是，那条以通徐家汇而得名的徐家汇路就不通徐家汇了。

另一条则从静安寺为起点，向西南通徐家汇，这是由英租界修建的，被叫作“英徐家汇路”。第一次世界大战结束后，英国人为纪念在战争中作出卓越贡献的英国远征军总司令、陆军元帅海格(Haig, Douglas Haig, Ist EarL。今多译作“黑格”)，正式将原英徐家汇路重新命名为“海格路”，就是今天的华山路。

有了这两条可以从市区通往徐家汇的路，到徐家汇做礼拜的人越来越多了。在徐家汇东面有一条叫“天钥桥路”的马路，对上海人来讲，总感到“天钥桥路”这个路名有点古怪，原来，教会为方便肇嘉浜北岸的人到礼拜堂做礼拜，就在肇嘉浜上架起一座木桥，教内嬉称之为key to paradise，即“开启通往天堂之路”的意思，后取汉名“天钥桥”，天钥桥路则是以“天钥桥”得名。

上海的天主堂大多会敬一位圣人为主保，徐家汇天主堂的主保是天主教耶稣会创始人依纳爵，所以徐家汇天主堂正名叫“圣•依纳爵天主堂”(St. lgnacio church)，每年7月31日是“圣依纳爵瞻礼日”，这一天都要举行特别的瞻礼活动。

到了19世纪末20世纪初，随着上海城市面积的不断扩大和城市人口的快速增长，徐家汇地区已成为城郊接合部，到徐家汇天主堂做礼拜的人越来越多，旧教堂已无法容纳众多信徒，于是教会决定扩建会院，再建一个规模更大的天主堂。新教堂委托一位叫道适尔陶特凡尔(Dodwall)建筑师设计，一家叫作“汇广公司”(Shanghai Building & Investment Co. Ltd)的建筑公司承建，于1904年破土动工，直到1910年10月22日落成并举行开光典礼，前后耗时6年之久。

徐家汇天主堂新堂占地6700平方米，建筑面积2690平方米，主建筑东西长79米，南北宽28米，正祭台处宽44米，堂脊高28米，建筑主立面朝东，设计两座南北对峙钟楼，其中尖顶高31米，使教堂的总高度达到60米，这在当时是上海最高的建筑。教堂的礼堂中有64根用金山石精雕的柱子，体现出建筑的宏伟规划，教堂中央是天主教堂最重要的部分——祭台，据说，初建时这个祭台的规制一般，约1919年时，一位被教内人尊为“宋太太”的信徒捐巨款从巴黎定制了一更精美的祭台，也使徐家汇天主堂增色不少。

徐家汇教堂是天主教耶稣会江南教区的主教堂，尊耶稣会创始人圣依纳爵为主保，所以，新教堂建成后尊圣依纳爵为主保而被叫作“圣依纳爵天主堂”，而原来的教堂则“始孕无玷圣母”为主保。1960年，徐家汇天主堂又改奉“天主圣母”为主保，“圣依纳爵天主堂”就成了历史名词。

六、上海县城里的老天主堂

1846年，上海道台同意划出城里一块、城外两块土地作为原来城里“老天主堂”产业的补偿，按理，关于“老天主堂”产权归属问题已经解决了。

1856年10月，清军水师在广东珠江海面搜查一艘叫“亚罗”号的未标明国籍的走私船，带走了12名有嫌疑的水手，这完全是行使主权，与英国毫不相干。但英国却以“亚罗”号曾在香港注册，属英国商船为由，不断扩大事态，挑起第二次鸦片战争。

1854年，一个叫马赖(Auguste Chapdelaine)的法国天主教神父未经中国政府许可，非法闯入广西西林地区，在那里开展传教活动。1856年2月，被新上任的西林知县判处死刑，史称“西林事件”，法国也以要解决“西林事件”为由加入第二次鸦片战争，战争以清军战败而告结束。此后，清廷被迫与英、法、美、俄等国分别签订《天津条约》，其中中法《天津条约》第十三款再次重申：“天主教原以劝人行善为本，凡奉教之人，皆全获保佑身家，其会同礼拜诵经等事概听其便；凡按第八款备有盖印执照安然入内地传教之人，地方官务必厚待保护。”这是对“西林事件”作出的一个评判。1860年10月25日，中法又签订

大境关帝庙

关帝庙地块图

《续订条约》，其中第六款中讲：

> 应如道光二十六年正月二十五日上谕，即晓示天下黎民，任各处军民人等传习天主教、会合讲道、建堂礼拜，且将滥行查拿者，予以应得处分。又将前谋害天主教者之时所充之天主堂、学堂、坟茔、田土、房廊等件应赔还，交法国驻扎京师之钦差大臣，转交该处奉教之人，并任法国传教士在各省租买田地，建造自便。

战败后的大清皇帝连最起码的脸面也顾不上了，竟承认自已祖上皇帝的“禁教”为“前课害天主教者”，还得同意将禁教时充公的天主教教产全部归还，并由法国公使全权处置。于是早已结案的关于“老天主堂”产权之事又被重新提起。史式微《江南传教史》讲到了“老天主堂”归还天主教的过程：

> 当时的上海道台原是梅德尔会长及其他传教士的好朋友，他经过再三考虑，乃决定归还教产。战神塑像决定搬运到西门附近的另一所庙里。搬运前人们谨慎小心地把红纸条封住了塑像的双眼，说是为了掩住他的眼泪，也有人说这是象征他流的泪是血泪。

1861年2月19日，老天主堂还给当时法国驻上海的署理领事爱棠(Benoit Edan，又译作“伊担”，今沪西余庆路旧名“爱棠路”，即以其名命名)先生，由他转交传教士。2月20日，年文思主教(Borniet, Andre)任命一位中国神父余伯禄为老天主堂本堂。余神父就在圣堂附近开办了一所小学，邻近的教外儿童便纷纷前来上学。1861年4月7日耶稣复活瞻礼后的第一个主日(星期日)，选定为老天主堂隆重举行恢复宗教活动的复堂仪式。余伯禄创办的小学即“上智小学”，也就是今天梧桐路51号的梧桐路小学。

上世纪50年代敬一堂成为梧桐路小学

《同治上海县志》卷三十一“杂记”中讲：

> 天主堂，初在县治北。西士潘国光建……雍正二年，上允浙闽督臣之请部议处分：除在京办事人员外，不许外省和留。是堂改为关帝庙及敬业书院。

“老天主堂”在雍正二年的禁教中被充公，旧址分别建为关帝庙和敬业书院。《江南传教史》中讲的“战神”就是手持“青龙月偃大刀”的关云长——关公。关公是中国人最崇敬的神道，如今他要被迁出自己的庙宇，中国人真的很担心，威镇四海，名扬天下的关公眼睁睁地看着自己被“还出庙门”，兴许真的会发火而给民间带来灾难，于是人们就用红纸蒙住了他的双眼，来一个眼不见为净。

而凭国家武力收回了老天主堂的神父们也得意忘形，甚至忘记了神父应该以慈悲为怀的胸襟，年文思主教在答谢法国军队时讲：

> 老堂的归还，说明了外教人的战神已被教友的保护神战败，迫使他不得不归还这不义之财。

这是近代中国之悲剧，中国的大刀长矛确实挡不住西洋的洋枪利炮，中国的“战神”

也难以抵挡西方文化的渗透。但是，一切都会改变。

以前，上海县是松江府辖下的一个县。明嘉靖年间，为了抗御倭寇而在上海设立了一个叫“海防道”的机构，当倭患平息后，这个海防道也就撤销了。1843年，上海开埠后，上海的兵防又显得十分重要，于是清廷又在上海设立一个叫作“松江府海防同知”的军事性官署，协同上海道署处理外交和军事。刚上任的海防同知沈炳垣就购进西门内李姓人家的宅基建立海防厅，海防厅于1844年10月动工，次年5月建成。在1853年的小刀会起义中，这个海防厅被小刀会义军捣毁了，这里成了废墟，于是当1861年要搬迁原建在老天主堂的关帝庙时，就决定将关帝庙移到这里。这座关帝庙毁于1937年的八一三淞沪战争，1910年出版的《图画日报》中绘有这座关帝庙，配图文中讲：

上海武庙(即关帝庙)，本在城隍庙东，雍正八年，嘉、道间屡新之。同治元年(1862)巡道(即上海道)吴煦捐资，移建于西门内前海防厅署旧址。计正殿三楹，后殿楼五楹，再后为园池岸船。其东为万寿宫，东北有斗阁三间，每年五月十三日，由官府致祭……

1911年上海光复后，上海都督府将关帝庙卖给了佛教，佛教将它改为“护国禅寺”，不过民间仍把这里叫作“关帝庙”，佛教还在这里建立一所“护国义务小学”和一所“护国诊所”，1956年后，护国义务小学改名为复兴东路第三小学，而护国诊所则改为地段医院，原址在原复兴东路955号一带，如今，这里已找不到任何与关帝庙相关的遗迹了。

老天主堂奉“始孕无玷圣母”为主保，余伯禄任本堂神父后，以后历任神父均为中国神父。天主教收回老天主堂后略有修葺和扩建，但规模并不大。这里还保存康熙时潘国光建的教堂祭台，可以讲是上海市中心区保存最好的清代早期建筑。

七、佘山天主堂

在上海西部的松江、青浦境内星散分布一些高度不足百米的小山峰，据地质学家们讲，这是浙江天目山的余脉。上海属苏南平原，这里一畴平川，所以这些小山峰就显得尤为特出，这些山峰中有9座比较突出，它们是凤凰山、厍山、佘山、辰山、薛山、机山、

沪江大学学生游览佘山(1946.10.14)

横山、天马山、小昆山，合称“九峰”，古人又将九峰之名编为“凤厍佘辰薛，机横天马昆”，主要便于记忆；古代的松江地区有分别叫大泖、长泖和圆泖的河流，合称“三泖”，于是“九峰”或“三泖九峰”经常见于古文的诗章，也成为古人对上海的别称。

“九峰”中以佘山最高，它有东西两峰，东佘山海拔68米，西佘山海拔92米，东佘山是个荒山，而西佘山林木葱郁，所以古人赞美的佘山一般指西佘山。

徐光启有一个孙女嫁到松江许家，她的教名叫“甘第大”，所以被教内叫作“许甘第大”，她是一位忠于教会事业的人。民国徐宗泽著《中国天主教传教史概论》讲：

太夫人圣名甘第大，生于一六〇八年，适松江许氏。长子缵曾年十六登乙榜，旋出任江西副使，太夫人随赴任所，在南昌购巨室改建圣堂；其子继迁湖广，太夫人又请穆迪我同铎，前往开教建圣堂，越四年得信友二千二百人；已而缵曾作官四川、河南，太夫人又嘱其子在成都、开封修圣堂，共计在他省建立大堂九十，小堂四十五，至于在本省得太夫人之资助，而建立之大堂三十，小堂不可以数计。徐文定公为上海开始进教之第一人，其宣传圣教之热忱，得孙女而更扬溢于外省。

许甘第大是一位忠实的天主教信徒，在清康熙年间，全国由她兴建或资助兴建的天主堂就有“大堂九十，小堂四十五”；清代，松江府属江苏省，而由许甘第大在江苏省内兴建的教堂更是“大堂三十，小堂不可以数计”，而许甘第大的祖父徐光启是上海人，她又下嫁松江许家，她在松江和上海建的教堂就更多了。《江南传教史》中讲：“佘山小村子原来一名教友也没有，但一两公里外的张朴桥却是一个兴旺发达的会口。”这里的天主教当然与当年许甘第大打下的基础有密切关系，于是早在上海开埠之前，潜入上海的李秀芳神父奉天主教耶稣会江南主教南格禄之命就潜入佘山脚下的张朴桥建立了修道院，1843年5月6日，这个修道院正式取名“圣母无玷圣心修道院”。当时上海还没有开埠，对天主教的禁教令还未解除，显然这是非法建立的教堂，传教士也只能秘密开展教务。1858年中法《天津条约》中的第十三款中对在此之前的天主教作出了规定：

凡中国人愿意信仰天主教而循规蹈矩者，毫无查禁，皆免惩治；向来所有或写、或刻奉禁天主教各明文，无论何处，概行宽免。

于是这个设在佘山脚下的天主教修道院就成了合法的修道院，他们的活动也从秘密活动到公开传教了。

1860年，太平军发动东进，一直打到上海，租界当局考虑到自己的利益，就与清廷联防，于是与上海相邻的松江就成了清军与太平军之间的主战场之一，《江南传教史》中收录了一位叫施宣三的修士写于1861年4月14日的报告：

清兵在破坏和纵火方面比太平军更厉害。抢、砸、焚烧似乎就是这次内战的主要特征。事实上，叛军撤离张朴桥后，几个清兵立即进村，侵入我们的公所，这座在教区中算得上最美、最大的圣堂之一的建筑，立刻火焰熊熊，成了灰烬。

佘山教堂近景(1966.1.21)

负责公所的神父说，损失达八万法郎。

早在1846年之前，江南教区主教南格禄到松江时，见到松江一带群山起伏，就有计划在佘山建一所传教士疗养院，由于多方面因素，这个计划一直无法实现，如今这个机会来了。当战争结束后，传教士们又开始与清政府为在战争中被毁的张朴桥教堂赔偿讨价还价，时任江南主教的鄂尔璧(Gonnet, Joseph)在“洋枪队”队长戈登(Charles George Gordon，今上海江宁路旧名“戈登路”，即以其名命名，后被英国政府调任苏丹殖民地总督，1885年后在苏州被起义军击毙)帮助下，轻而易举获得了佘山南坡的一大块山地，在这里建造了一所传教士疗养院。同时，为了让在此疗养的传教士过宗教生活，还在疗养院辟建了一个小教堂，在半山腰建了一供圣母像的小亭子。

1870年6月，天津发生冲击教堂，打死传教士的事件，史称“天津教案”，引起全国传教士的恐慌。当时主持江南教区的是耶稣会会长谷振声(Corte, Della)，就从徐家汇赶到松江佘山，连续多天跪在佘山半山腰的那个圣母亭前，祈祷圣母保佑。“天津教案”发生后，清廷立即派直隶总督曾国藩赶赴天津，又派李鸿章去协办，没过多久，教案就平息了。当然，“天津教案”也没有波及上海。于是谷振声神父开始借题发挥，不断宣称是圣母保佑了江南和教区的安全，为表示对圣母的感激，决定在佘山顶上建造一座圣母堂，并在信徒中募捐。

1871年，谷振声委派耶稣会助理修士马历耀(Mariot, leo)负责教堂的设计和监造。佘山是松江府境内最高的山，山上、山下有不少被人们崇敬的寺庙和名胜古迹，元朝华亭诗人凌岩《九峰》诗写道：“九峰高远翠光浓，右列仙宫左梵宫。月落轩空人不见，野花山鸟自春风。”于是，人们对在佘山顶上建天主堂怀有极大恐惧，柏立德(Palatre, Gabriel)《佘山圣母朝圣记》中有这样一段话：

地方上教外人对造堂工程造了许多谣言，说什么新堂的每根柱子底下需要活埋一个儿童，大堂下面躲着一条巨龙，只等大堂完工就要把堂冲毁；土地菩萨和水神菩萨都被大堂压得不能动弹，因此将要降灾于邻近地区……

信徒在跪拜

蔑视中国传统礼教的天主教是不会把中国人的情感当一回事的，在松江知府的帮助下，1871年5月24日，新教堂举行了奠基礼，据记载，郎怀仁主教面对六千名从各地赶来的信徒主持了大礼弥撒，这是上海历史上规模空前的大弥撒。尽管佘山的高度不足百米，但要将从各地购来的建筑材料运到佘山顶上并不容易，于是在建教堂的同时，就在山坡下向上筑了一条路，沿路塑介绍耶稣受难过程的“苦路十四处”(Stations of the Gross)。

建堂工程进展还算顺利，并于1873年4月15举行开光典礼。建筑平面呈拉丁十字，为中西合璧建筑。

这个远离市区的佘山天主堂的“客流量”比市区的教堂还大。20世纪初以后，教会就有重建新大堂的打算和决心，但1914~1918年欧洲爆发了第一次世界大战，在华侨民的注意力大多集中到这场战争上，更多的侨民则在观望这次战争谁胜谁负，以确定自己未卜的前途，佘山天主堂的新堂建设也被耽搁下来了。直到战争结束，以英、法为主的“协约国”战胜了以德、意为主的“轴心国”，法国的天主教才重新考虑佘山天主堂的重建。教

佘山脚下的稻田(吴四一 摄)

堂委托美商中国营业公司(China Realty Co.)承建，公司则委派一位叫叶肇昌(Diniz)的葡萄牙籍建筑师设计。据说，这位建筑师很有个性，十分认真和负责，他不仅长期在现场监工，而且所有的建筑材料须经他验审认可后才能使用。

这座建在佘山顶上的大教堂选择1928年“圣母进教之佑瞻礼日”前一个月，即4月24日奠基，历时10年才告完工。教堂主立面向西，东西长56米，南北宽25米，背高17米。大门南侧设计一总高38米的钟塔。建筑为砖石混合结构，外墙统一使用清水红砖墙，两层堂背铺以绿色琉璃瓦，使整体为西洋风格的建筑打上了中国传统建筑的痕迹，在很远的地方就能看到耸立在山巅的教堂和太阳光折射出来的琉璃瓦的光彩，礼堂内部使用以整块巨石雕凿出来的一根根柱子，这些石柱既有建筑功能，支撑起这庞大的建筑，同时有极佳的装饰效果，使信徒或观礼者不得不产生对天国的敬畏和对“圣母进教之佑”神的崇敬。钟塔尖顶上安装了一高4.8米，重达1.8吨的“圣母抱小耶稣”铜像，更为新教堂增添了神彩。佘山新堂建成后，佘山天主堂立即由原来的本堂区升为总本堂区，它控管的范围涉及松江和青浦。抗日战争爆发后，日本与意大利和罗马教廷保持密切关系，不久，法国维希政府也与日本建立关系，所以教堂不但没遭破坏，1942年9月12日，罗马教皇庇护十二还特别敕封佘山为“圣殿”，使佘山的“圣母进教之佑天主堂”成为上海乃至全国级别最高的天主堂。

八、浦东的天主堂

历史上，上海县只是松江府下的一个县，清代的上海县范围约相当于包括闵行区在内的市区和今浦东新区，宽阔的黄浦江把上海分割为浦西和浦东两大块，由于县城在浦西，所以浦西经济相对发达，而一江之隔的浦东则交通闭塞，经济落后。明末武英殿大学士、礼部尚书徐光启在浦东拥有许多土地和佃农，许多佃农也追随徐光启信奉了天主教，当清康熙、雍正禁教之后，城里和浦西的天主教受到很大冲击，而浦东的天主教受冲击程度就轻得多，他们仍可以公开或半公开活动，这种情况一直继续了很长时间。

1843年上海开埠前，欧洲的耶稣会分几次派传教士到上海，由于禁教尚未被解除，天主教仍为非法宗教而不能公开活动，于是他们大多先在浦东的一些堂口安居，然后再设法发展教务。史式微《江南传教史》引用1854年一位叫费都尔的神父写的关于浦东教务的信中说：

> 这个广阔的总铎区有七十所会口和一万二千多名教友，可是只分为南北两个本堂区。谷振声神父担任浦东南部的本堂有18年之久，而浦东北部则在1853年以后才由费都尔和罗礼思二神父相继负责。浦东南部本堂区的中心在汤家巷，浦东北部的中心是唐墓桥。当时在浦东，学校事业办得特别发达。

由于历史原因，直到今天，浦东仍是天主堂和信徒人数最集中的地区。

1. 唐墓桥露德圣母堂

唐墓桥原是一座石桥的名称，在今浦东新区南面的唐镇乡，据说始建于明天启二年(1622)，以后多次重建，因桥侧有唐氏宗族祖茔，就被叫作唐墓桥，约清初形成镇市，称“唐墓桥镇”，即今浦东新区唐镇。清康熙、雍正禁教后，这里比较僻远，于是附近的信徒会按时在这里活动。大约1842年，一位叫鄂尔璧(Gonnet, Joseph)的法国耶稣会修士就被南格禄主教派到唐墓桥，负责浦东北部的教务(黄浦江东岸的范围都叫“浦东”，清代中期，浦东分属4个县，沿江一带属上海县，南面属南汇县，略同于今浦东新区的原南汇区，南汇以北，高桥以南属川沙厅，即后来的川沙县，而高桥以北的地方属宝山县，这里讲的“浦东北部”大致上相当于今“浦东新区”)。鄂尔璧到任后工作颇有起色，1851年，一位叫郎怀仁(Languillat, Adrien)的主教巡视唐墓桥后写道：

> 我们逢每月的第一个主日集会一次，这很令人感动。比如今天是阴历六月的第一个主日，到会会员五百多人，有的隔夜已来，有的大清早冒雨赶到，每组集合在各组会旗下，有的还带着捐献礼物，加上非会员的一般教友，我的听众竟达两千人之多。

他还写道：

> 当我回忆起七年前初到中国时的情况，在同一堂口，把当年的教友和今天的相比，简直相差太大了。

中国的重男轻女，男尊女卑思想极为严重，对妇女在道德行为上的约束也很严厉，在浦东开展教务不久，就有一些丧夫而又没有子女的年轻寡妇不能忍受夫家的约束而信奉了天主教，并矢志表示愿意作为贞女，为教会服务。有了那些贞女的帮助，教会就建立了一个孤儿院，专门收留被家庭抛弃的女孩，许多女孩长大后又矢志为教会服务，后来徐家汇圣母院的育婴堂就是从唐墓桥搬迁过来的。

约1868年，已在唐墓桥工作多年的鄂劳修士(Gourand)得到远在法国的家人帮助，在孤儿院边上建造了一个教堂，于是，唐墓桥天主堂的名气大振，成为名符其实的浦东北部中心堂口。

到了19世纪后期，唐墓桥天主堂本堂已成为浦东最主要的堂口，唐墓桥方圆3公里的地方估计有30个小教堂，信徒人数已达好几千人，平时的主日这个教堂已经人满为患，如遇重要的宗教节日，四面八方涌来的信徒们根本无法进入教堂，只能在教堂外的空场上礼拜、祈祷，这使鄂劳神父十分不安。于是他一方面向教会申请资金，另一方面则向他远在法国的母亲求援，他的母亲为儿子的敬业和献身精神骄傲和感动，于是决心资助儿子在浦东建一座更大更漂亮的教堂。新教堂于1894年4月20日奠基，1896年1月2日建成开光，新教堂正名为“露德圣母堂”。

露德是法国的一个地名，天主教称，圣母曾经18次在法国的露德显身，并被尊称为“露德圣母”。她不仅是俗世的“救世主”，供奉“露德圣母”可以为俗人解罪，同时又是一位“良医”，能救治人们的病痛。在法国有不少供奉“圣母露德”的教堂，浦东的“露德圣母堂”是仿法国的露德山圣母堂建造的。教堂主立面朝西，面对曹家沟；主立面的中轴线是一总高30余米的尖塔钟楼，以钟楼为轴线，两侧形成对称，中门设为跨层的尖拱券门，两侧为圆拱门；教堂平面呈拉丁十字形，与正大门相对应的东端为祭台，供奉“露德圣母像”；建筑两侧设计为由众多簇柱支撑的壁墙，上面设计为成排的玻璃窗，均饰以徐家汇土山湾制作的彩绘玻璃，礼堂的采光效果十分良好。当时人讲，露德圣母堂“结构尽依西式，规模宏敞，廊宇宽大，可容数千人之多”，教堂开光那天，“浦东全体神父及上海神父数人”，“法国驻上海代理领事高禄德(Cland)与海军军官数人”，以及中国地方官员与教内外人士六千余人出席。

不论从规制、体态和规模来讲，露德圣母天主堂均难以与市区的几座教堂相匹敌，但是，市区的教堂大多被邻近的建筑相围，难以显出它的英姿，而建在一畴平川上的露德圣母堂附近没有太大的建筑，它高达30余米的钟楼立即成为当地的标志，吸引了四周信徒争向朝拜。于是，唐墓桥成了继佘山之后的第二个朝圣地，朝圣日期与佘山相同，均定5月为“朝圣月”。同时，露德圣母堂建成后，它不仅成为浦东最大的天主堂，也成为浦东天主教的中心。

2. 浦东张家楼圣心堂

张家楼是今浦东新区的一个历史地名，旧属川沙县，后曾属黄浦区，今属浦东新区。由于浦东新区建设很快，约十几年前这里已形成闹市，“张家楼”以及邻近的许多村落地名已经消失了，它大致在今源深路以西，张杨路两侧一带地方，今天的张扬路就是以连接原杨家渡和张家楼而得名。

关于“张家楼”地名只见于传闻而未见诸可靠史料。据传，明末徐光启因“丁艰”回上海老家守制，一户张姓人家也随徐光启从北京迁居上海，帮徐光启管理浦东的农田，随着张姓人家家族的繁衍，这一带就形成一个以张姓为主的自然村，叫作“张家宅”。后来张姓人家在这里建造了一排两层楼房，而浦东地区的民宅大多是一层平房，于是这里又被叫作“张家楼”。张姓祖先随徐光启信奉了天主教，他们的后代也大都奉教，于是在张姓迁入张家楼时，他们就在这里建了一小教堂，当雍正禁教时，由于禁止天主教活动的风声很紧，小教堂的活动暂时转入地下，而到了乾隆九年(1744)，严厉的禁教风声稍有松懈，一位叫张宇敬的张氏后人又在这里兴建了一座教堂，也许是对耶稣苦难历程的敬畏，也许是对天主教在中国艰难传播历程的敬畏，这个教堂被叫作“寻获十字架天主堂”。尽管如此，由于对天主教的禁令并未解除，这里的宗教活动始终处于地下，半公开进行。

前已述及，罗伯济主教在1838年接到南京教区主教的正式任命后就赶到了上海，当时，鸦片战争尚未开始，清廷对外国人，尤其是外国传教士控管十分严厉，罗伯济根本无法在上海县城藏身并活动，于是只得潜入离上海县城较远，地处浦东洋泾乡的金家巷(今民生路杨高路一带)。这里是金姓家族集中居住的地方，早在明代末年，世居此地的金姓在这里建了一座“无原罪始胎堂”，这里有较好的天主教基础。此后欧洲派往中国的传教士南格禄、艾方济、李秀芳等人都是坐海轮在吴淞口下船后，再秘密潜入金家巷的，南格禄把金家巷视为天主教在上海乃至江南的基地，在这里设立了修道院。当董家渡天主堂建成后，修道院迁往董家渡，而此时清廷对天主教的禁令早已解除，天主教的活动中心和基地已向上海市区转移，金家巷天主堂的地位开始下降，而张家楼的天主教则得到较快发展。1847年，在张家楼重建天主堂，尊“圣盎博罗削”为主保，正名为“圣盎博罗削堂”，但人们习惯叫它“张家楼天主堂”，并在这里成立了培养中国修士的大、小修道院，旧时上海的天主教神职人员中张姓占了一定比例，这与“张家楼”的教堂与教会有密切关系。

开埠后，上海逐渐发展成为中国最主要的对外贸易口岸，黄浦江两岸被充分利用建成码头堆栈，仓库工厂，人口也迅速增长，离黄浦江岸很近的张家楼天主堂的信徒也与日俱增，原来的教堂太小了，难以容纳前来做礼拜的信徒。1865年，教会出资重建新教堂，取名“圣心堂”(Sacred Heart Church)。“圣心”是一个天主教专用名词，指作为崇拜对象的耶稣肉身的心脏。圣心崇拜起源于17世纪，1856年教皇庇护九世正式宣布设立“圣心节”，时间定在“圣灵降临节”后第三周的星期五。这个节日的纪念活动包括祝福和敬拜圣心像，圣心像大多为一只带伤痕的心脏，四周饰以荆棘冠冕和光芒。

西方的许多节日与宗教有关系。“圣灵降临节”(Pertecost)也称“圣神降灵瞻礼”，又称“五旬节”。据《圣经》记载，耶稣复活后第40日升天，第50日(即“五旬”)差遣“圣灵”降临；门徒领受圣灵后开始向世界各地传教，所以“圣灵降临节”是“复活节”后的第50天，即第五旬。耶稣是被钉上十字架死后第三日复活的，这一天就是“耶稣复活节”或“复活节”(Easter)，开始规定在犹太教历的尼撒月14日，公元325年的尼西亚公会上又规定为每年春分月第一个月圆后的第一个主日(星期日)为复活节，“春分”是一个阳历概念，一般固定在今公元历的3月21日。公元1582年，西欧一些国家改用公元历，而东方的教会仍沿用原来的儒略历，由于“复活节”本来就是阴历和阳历并用，所以不可能是一个固定日期，如以“春分月第一个月圆的第一个主日”计算，“春分是3月21日”，这一天可能是3月的任何一天，同时，东、西欧教会使用不同的历法，其间又会产生误差。但一般讲，“圣心节”在复活节后的第50天，一般就在公历的4月中旬到5月下旬之间。

也许在1856年罗马教皇才正式宣布设立“圣心节”，于是在此不久建成的张家楼天主堂就取名为“圣心堂”。

张家楼圣心堂旧址在张家楼326号，占地约20000平方米，两层砖木结构，建筑面积约2400平方米。教堂坐北朝南，初建时只有一个可容六七百人的礼堂，一直到1896年在大堂北端增建两对称的耳房，使建筑平面形成“拉丁十字”形。1911年在礼堂后面增建钟楼。据说，钟楼上挂有一只重达3000斤的含金大铜钟，钟声洪亮，可以传到10里外的地方；在礼堂前增建三层圆顶钟楼，钟楼高15米，当时浦东大多是平房，这15米高的钟楼就成为教堂附近的最高建筑。

张家楼圣心堂在1951年就结束宗教活动，旧址被多家单位占用。“文革”结束后由教会收还，1983年开始大修，并于1985年11月29日举行开光仪式。

改革开放后的浦东建设发展飞快，在浦东陆家嘴的规划和建设中，考虑到张家楼一带已有多处天主堂，而建于前一个世纪的“圣心堂”几经磨难而破旧不堪，遂决定将其迁到金桥开发区的红枫路重建，而原址则被建为香榭丽花园，位置相当于今源深路西侧，维坊路与浦电路之间的地方。

3. 傅家玫瑰天主堂

该堂是上海最早的天主堂之一，在浦东新区浦东大道1115号(源深路东)。据说是徐光启的儿子徐骥和孙女许甘第大捐资创建。此地原名“傅家宅”，以傅姓集中居住而得名，教堂建成后，附近傅姓大多入了天主教，故被叫作“傅家天主堂”。

“玫瑰”一词并不源于rose，而是Rosary，译文可作《玫瑰经》或念珠祈祷。这是基督教很古老的礼俗，就是信徒一手持165颗相串的念珠，一边拨念珠，一边念圣经。1540年，依纳爵•罗耀拉创建耶稣会后，为了方便传教而对《玫瑰经》的形式作了改动和规定，即信徒一边拨动念珠，一边不断重复念唱“圣母玛利亚”。耶稣会会士利玛窦及其后来者就将《玫瑰经》的礼俗传进中国，而这种礼俗与中国佛教中的“佛珠”很像，而所颂之经仅“圣母玛利亚”一句，便于记忆，又便于唱颂，很快被中国信徒接受，直到今天，上海郊区的老年信徒在诵唱经文时仍使用念珠，市中心区的信徒也有使用念珠，不过，一串念珠没有固定的165颗，有的仅十几颗而已。

玫瑰为落叶灌木，属蔷薇科植物，中国的“月季花”即玫瑰的一种，欧洲的玫瑰种植较普遍，花朵大小适中，色彩艳丽，也许就在耶稣会对《玫瑰经》进行改动和规定后，西方人就把玫瑰花当作赠送给至爱女性(如母亲、情人)的高尚礼品；同样，西方的宗教艺术中也出现了以玫瑰花作装饰的圣母像，这种像就叫作“玫瑰圣母”，傅家玫瑰天主堂即以礼堂祭台上方供奉玫瑰圣母像而得名。

清康熙、雍正禁教后，教堂的宗教活动基本终止，只有少数傅姓信徒偶尔在此集会，秘密进行活动，直到禁教令解除后，才重新公开恢复宗教活动。由于傅家玫瑰天主堂距离张家楼圣心堂仅一公里多，而张家楼圣心堂又是浦东地区的本堂，所以玫瑰堂的重建直到19世纪末才得以实现。

约1890年，中国神父龚柴(古愚)聚资在原堂附近兴建了一可容纳百人的西式教堂；进入20世纪后，这一带的浦东岸线大部分已被建为码头堆栈，这里也形成浦东的人口稠密区和商业区，这座小教堂已无法接纳日益增加的信徒礼拜。1918年，法籍神父祁如云在傅姓信徒捐赠的十几亩土地又重建新堂。新堂占地约12亩，设教堂、钟楼、建筑面积约七百余平方米。

教堂平面呈长方形，主立面朝东，钟楼为三层，上面为尖锥形钟楼；以钟楼为中轴线，二侧形成对称；教堂内部设白色祭台，祭台上供玫瑰圣母像；两侧为耳厅，各设一小祭台；教堂内部天花设计为穹顶，声响效果颇佳。由于与其相近的张家楼圣心堂已迁金桥重建，傅家玫瑰天主堂就成了该地区最主要的天主堂。

九、虹口圣心堂

苏州河外白渡桥以北的地方叫“虹口”，以境内一条叫虹口港的河流得名。苏州河是一条很宽的河流，近代以前，苏州河上没有桥梁，过河依靠摆渡。于是，在城里作奸犯科者只要越过苏州河逃到虹口，官捕也只能鞭长莫及，奈何不了他们了，所以旧志提到“虹口”往往以“奸宄之地”形容。1848年，美国基督教圣公会传教士文惠廉从上海道手中获得“沿江三里之地”建立“虹口美租界”，对虹口的经济发展和人口增长起了很大作用(本书会在后面详细介绍)。虹口南面临黄浦江和苏州河，有很长的岸线，沿江一带很快被建为码头堆栈，进出上海的外国货轮大多泊在虹口临江的码头。西班牙和葡萄牙都是天主教势力很强的国家，西班牙和葡萄牙也是早期海上航运最发达的国家，在西班牙占领和统治吕宋(即今菲律宾)时期，许多马尼拉人就改行当了海上航运的水手，直到今天，水手仍是马尼拉人的重要职业。同样，16世纪初葡萄牙占领印度德干半岛建立“葡属印度”后，也有许多印度人追随葡萄牙人入了天主教，并选择了水手这个职业，他们则被叫作“加非尔人”。在上海开埠后的若干年中，进出上海的外轮中马尼拉人和“加非尔人”水手占了很大比例，而他们踏上上海后，完全失去了政权和宗教约束，酗酒闹事，嫖妓宿娼，胡作非为，甚至无视宗教礼制约束，在上海另娶非教徒的中国女子建立家庭，生育子女，这对正在努力开展上海和中国天主教事业的教会来讲是一种玷污，也将给天主教在上海的发展带阻碍。于是，天主教决心在虹口建造一座教堂，并由浦东张家楼圣心堂具体负责此事。

虹口的丹徒路旧名“邓脱路”，英文路名为Dent Road，是以最早进入上海的英国鸦片巨商颠地•兰士禄(Lancelot Dent)的名字命名。约1830年，颠地・兰士禄在广州创办Dent & Co. 华名“颠地洋行”，是中国最老的洋行之一，在1843年11月17日上海正式开埠前，Dent & Co.即已在外滩14号设立分公司，上海行的名称为“宝顺洋行”，成为最早进入上海的洋行之一，主要经营鸦片及航运业务，在虹口沿江拥有码头和堆栈，在虹口的其他地方有仓库和分包工场。他的船上就有许多马尼拉和“加非尔人”水手，为了使上岸的水手有一个做礼拜的场所，他就把一幢坐落在虹口南浔路的仓库无偿提供给天主教会使用，张家楼圣心堂则定期派牧师到这里主持宗教活动；颠地还参与证券交易，在19世纪六七十年代的世界资本主义危机中，颠地的证券业务受到重挫，他在华的相当一部分产业被一位叫叶蕴仕(J.H.Evans)的葡萄牙驻汉口领事所有，而原颠地位于虹口南浔路的仓库则由接管上海宝顺洋行的葡萄牙主管西尔伟亚捐给了天主教，并指定作为建造天主教堂用地。

1875年1月6日，教区会长高若天神父(Foucault, Auguste)为这座教堂奠基(这一天是农历1874年11月29日，不少论著以农历的这一天为奠基日)，一年半以后，即1876年6月1日，该教堂命名为“耶稣圣心堂”正式开光。为了与浦东张家楼圣心堂区分，这座教堂最常用的名称就被叫作“虹口圣心堂”，它也是天主教在沪东地区最大和最主要的教堂。1951年，该教堂的多名神职人员涉及参与反革命活动，教堂一度被禁止举行宗教活动。“文革”初，教堂房产和地产被上海浦光电表上占用，旋被拆除后建为多层厂房和仓库。“文革”结束后，为落实宗教政策，工厂将南侧的一幢旧房归还天主教，教会就在这块地基上重建圣心堂，并于1980年恢复宗教活动。

十、仁爱会与广慈医院

广慈医院是法国天主教在华创办的规模最大、设施齐备的医院。在1914年前，法租界西界的最远端在现在的重庆中路，但是，法租界公董局通过“越界筑路”的方式，使租界的管辖区域不断向西扩大；1914年，法租界再一次扩张成功，其西界延伸到了现在的华山路，南界伸到了肇嘉浜路。

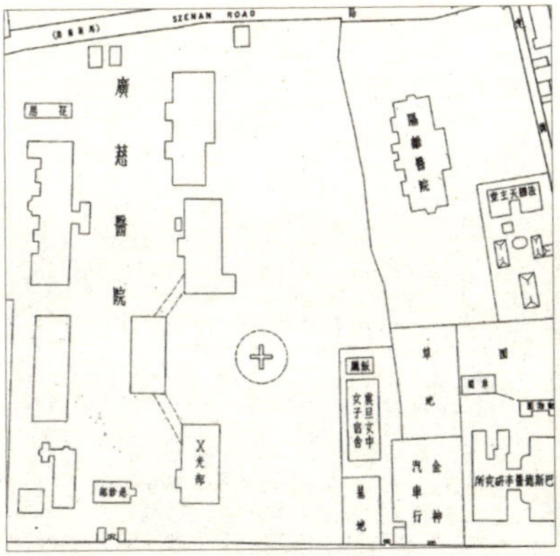

广慈医院地块图

圣玛丽医院

仁爱会(Sisters Charity)是天主教女修会，由法兰西人，天主教遣使会创始人味增爵(St. Vincent de Paul，1581～1864)和法国女修士罗伊斯(Louise de Marillac)于1833年共同创建于法国巴黎，因主要从事慈善事业，故称“仁爱会”。一般认为，天主教女修会修女走出修道院的高墙深院，走向社会，服务人民，就是从“仁爱会”开始的。仁爱会很快随天主教向世界的发展而传到世界各地，建立了许多育婴堂、养老院、医院等慈善机构。1847年进入澳门，翌年，进入中国大陆浙江一带，1863年进入上海。针对中国丢弃、溺杀女婴情况严重的现象，在上海以及多地建立育婴堂、孤儿院、护理院，并从婴儿、孤儿中培养出一批修女、护士和志愿者。1907年，仁爱会帕里斯(Paris)主教在“越界筑路”地区圈地160余亩建立医院，10月13日，举行医院开幕典礼，医院的西文名St. Mary’s Hospital(圣玛利亚医院)，因为这是仁爱会创办的教会医院，接纳任何病人，中文名为“广慈医院”。

广慈医院初创时，医院在“越界筑路”区域，这里还属于农村地区，人迹稀少，但是，医院还在建设中，仁爱会的8位修女，15名仁爱会的职工，以及2位法国医学博士——柏赉(Fresson)和李固(Ricou)已经先期到达。当医院开张后，由于医院偏离市区，几乎没有中国病人，这使医院很着急。不久发生了一件事，才逐步改变了这个现象。当时，徐家汇天主教堂正在建设中，一个工人不慎从脚手架上掉了下来，伤势严重，工人们也以为他要死了。他被抬到广慈医院后，立即被送上手术台，柏赉医生给他做了手术，使他奇迹般地活了下来，还恢复了健康和工作能力，那个工人逢人便说：“我是一个死去的人，广慈医院

圣玛丽医院(李圣恺提供)

的大医生给我开了刀，救了我的命。”工人们也异口同声称赞广慈医院的仁慈，外国医生的医德和精湛技术，消息不胫而走，传遍上海，医院的病人与日俱增。

仁爱会在世界各地创办了许多医院。救死扶伤是医院和医生的基本道德和崇高目标，但是，医院的开支则来自医院治病救人的收入，所以，广慈医院把病房划分为头等、二等和普通病房，医院通过病房收费的差价，收取不同费用，提供不同的服务，如清宣统二年(1910)版《上海指南·卷三·公共事业·医院》:“广慈医院。在金神父路(今瑞金二路)。住院：头等病房，每日六元；二等，三元；三等，六角。四等，现造(在建设中)。有看护妇。”《指南》中所说的“四等，现造”，实际上是指当时正在建设中的可容纳90个病人的穷人病房。1910年，根据法租界公董局的提议，广慈医院还建造了专门为法租界巡捕房看守所在押人犯看病的小病房。据统计，1910－1911年间，广慈医院共收住院病人2798人；1913年超过3000人，当然，至少90%以上是中国人。

1921年，广慈医院增设放射科；1922年，在法租界公董局的资助下增设两间女病房，其中一间是妇产科病房，后来陆续添置了化验室等，成为上海科目比较齐全的综合性医院。1923年版《上海指南》记载：

广慈医院。法租界金神父路东九七号。电话：中央二一一号。医为法人(医生是法国人)。传染病不收。住院：每日头等，独居，银六两；二等，两人同居，四两；三等，三人同居，二元；四等，八九人同居，一元；五等，十人同居，六角；普通，四角，楼上(就是上铺)二角。均有看护妇。如带人，每日膳费六角。另有产妇室，贫妇亦可在院分娩。爱克斯光诊断肺病，每次洋十元，时间：每星期一三五午后一时半至三时。

以前，中国实行“银本位制”，以白银作为货币，银子直接用于货币，称重计价，以“两”为单位，称之为“银两”，民间通常使用银元，论枚计算，一枚就是“一元”；一元相当于“银两”的七钱三分。广慈医院的头等病房每人每天收费六两，而普通病房每人每天收费四角，差价约20倍以上，医院就是利用收费的差价，满足不同病人的需要，通过不同的服务，收取不同费用，用从富人那里获得的利润，填补普通病房的亏损。而这种经营方式，后来被鼓吹或习惯于“平均主义”者误解和攻击。

陶成章(1878～1912)，浙江会稽(绍兴)人，字焕卿。1900年，赴东北各地考察形势，密谋起义。1902年赴日本。1904年，与章太炎等在上海组织爱国学社；与蔡元培等组织光复会。翌年，与徐锡麟等在绍兴创办大通学堂。1906年，在日本加入同盟会，任《民报》编辑。回国后密谋起义未遂，后来因徐锡麟、秋瑾案被清廷通缉。1910年，又在日本东京组织成立光复会总会，推章太炎为会长，自任副会长。1911年武昌起义爆发后，在上海、浙江等地策动光复军响应起义。1912年1月14日，陶成章在广慈医院病房里遇刺身亡，据说是沪军都督府都督陈其美指使蒋介石干的。这件事也使广慈医院名声大噪。

教会的主要职能就是传播耶稣的福音，教会建立的慈善机构是传播福音的主要和有效手段之一。当然，不少中国人在广慈医院得到治疗后信奉了天主教，我们不能否定，包括广慈医院在内的许多教会医院为中国人服务的事实。

1951年9月，上海市军事管制委员会宣布接管广慈医院。1952年11月划归上海第二医学院。1967年，改称“上海市东方红医院”。1972年，又改称“上海市瑞金医院”，是上海和全国的著名医院。地址为瑞金二路197号。

十一、和平之后天主堂

史式微《江南传教史》对虹口圣心堂的兴建有一句话评述——“与其说是为了目前，不如说是着眼于将来”，确实正确道出了天主教的目的。原来，法租界在洋泾浜(今延安东路)以南，而英、美租界则在洋泾浜以北；法国是以天主教为主的国家，而英、美则是以基督教为主的国家，法国的天主教要到英、美租界开展教务是有一定阻力的，所以，虹口圣心堂的建成，就是为天主教在沪东地区的发展打下了基础。

1899年，英、美租界再一次扩张成功，并正式称“公共租界”，其东界一直伸到了杨树浦底，而19世纪末20世纪初，也是上海近代工业起步的时期，沪东的杨树浦则成了上海近代工业的发祥地和摇篮，不仅与市政配套的自来水、煤气、发电厂集中在此地，上海早期创办的棉纺、毛纺、印染厂，以及如卷烟厂、食品加工厂等多集中在杨树浦一带，于是虹口圣心堂也将杨树浦的教务纳入其范围。1927年，虹口圣心堂出资20万元在海州路创建了“圣心医院”(Sacrad Heart Hospital)，服务对象for Chinese and Foreigners，也就是在杨树浦企业任职的侨民和更多的中国人。1950年，圣心医院由上海市卫生局接管，1954年与坐落在波阳路130号的“上海第二劳工医院”合并后改组为杨浦区中心医院。

天主教在杨树浦劳工中的教务开展很顺利，而信徒中纺织厂和卷烟厂的女工们占了很大比例。平凉路与通北路一带旧称“八埭头”，是杨树浦人口最密集的地段，从“八埭头”到虹口圣心堂估计有5公里以上路程，当时虽有有轨电车从杨树浦底开到十六铺，坐电车可以到达虹口圣心堂，但是，坐电车毕竟要花钱，所以很少有人会从杨树浦到虹口去做礼拜。1926年，虹口圣心堂出资购进了八埭头北侧一块已废弃的河浜头，填平后建为教堂，并于1928年9月1日开光。这座教堂的英文名称为Church of Our Lady,“Our Lady”是专用名词，指圣母玛利亚，其对应中文名称应该是“圣母玛利亚天主堂”或“圣母堂”，但教会另取中文名为“和平之后堂”，这个“和平”可以理解为peace，即“战争”的反义词，而古汉语中的“和平”多指心平气和，或和睦平安，所以“和平之后”更直接的意思应该是“保佑和睦平安女神”。

和平之后堂曾创办过“圣心小学”和“启明女子小学”，即今通北路第一小学和平凉路第一小学，吸收杨树浦地区的职工子弟入学。“文革”初停止宗教活动，80年代初由教会收还，建筑破损严重，1990年在惠民路694号原址重建，今仍为沪东地区主要的天主教堂。

第三章 徐家汇的天主教中心

徐家汇是上海一个知名度很高的区片地名，指沪西华山路、虹桥路、肇嘉浜路、衡山路相交处及附近区域，今“徐汇区”初名“徐家汇区”，即以“徐家汇”得名。

肇嘉浜在历史上是上海一条很重要的河流，大致从今龙华港发源，向北沿今漕溪路、漕溪北路改向东流，再沿肇嘉浜路、徐家汇路在斜桥处改向东北流，沿方斜路进旧上海县城，再沿复兴东路横贯上海县城后注入黄浦江。在今徐家汇附近，有一条叫“蒲汇塘”的河流与肇嘉浜相通，是上海去七宝、泗泾、松江的必由之路。在吴方言中，两条或几条河流相汇处往常被叫作“汇”，徐家汇之“汇”即得名于河流相汇。

徐光启世居上海城里，以前上海流传有“潘半城，徐一角”的谚语，“潘”指现在上海豫园的原主人，明朝工部尚书潘恩，四川右布政使潘允端(潘恩子)家族，“徐”即指徐光启家族。徐光启的家产远不及有“潘半城”之称的潘氏家族，但他毕竟在诺大的上海占据“一角”，有人估算徐家仅地产一项约三千余亩。徐光启官至武英殿大学士兼礼部尚书，是“一人之下，万人之上”的宰相之位，明崇祯六年(1633)在北京逝世，皇帝下令厚葬，并派一支护丧队伍扶灵柩到上海，灵柩暂厝上海南门外徐氏“双园”内，接下来就在肇嘉浜西侧的徐氏产业里筑坟。徐光启墓占地18亩(估计原墓址远不止18亩)，仅墓就建了6年，直到1641年才正式下葬。徐家汇就以徐光启墓所在而得名。

徐光启是天主教徒，也是将天主教引入上海的第一人，在他的感召下，不仅徐氏族人加入了天主教，还有更多上海人加入了天主教，而徐家汇一带也是天主教徒比较集中的地区，这种局面维持了很长时间。

一、耶稣会住院与徐家汇天主堂

中英《南京条约》签订后，上海作为“通商五口”之一对外开放了，与鸦片战争和《南京条约》并无关系的天主教也趁机潜入上海。由于在清康熙、雍正年间已被取缔的天主教并未恢复其在中国的合法地位，所以传教士们不敢进入上海城里，只能在远离城市的松江、浦东等天主教基础尚在的僻远农村活动。梅德尔神父一到中国，也主张先在上海郊区寻觅一块地方，在这里建立一个中心站。不久，他们就得到松江佘山脚下横塘地方教友的捐助，在那里有了一块土地以及房舍，一批早期进入上海的传教士就有了一个歇脚地。早期进入上海的南格禄神父在1844年的一封信中讲：

1930年代靳以和友人在教堂前合影

罗主教也对我们关怀备至，把教友们奉献的一所房屋划出一部分给我们，我们又用一位和耶稣会极友好的中国神父赠予的一大笔哀矜修理和布置了房屋……在官吏和小偷们不来搅扰的情况下，我们在那里可以说一直享受着极大的宁静。但愿仁慈的天主继续保佑我们。

这些曾被中国官府追逐的传教士们，深深体会到没有官吏和小偷干扰的日子是多么幸福。

但没过多久，情况就发生了变化，1844年10月24日中法签订《黄埔条约》，事实上承认了天主教在中国的合法地位。1846年，两广总督在广州宣布了大清皇帝的上谕，除了重申天主教是“教人为善”的宗教外，还同意有条件归还在“教难”中被中国政府充公的天主教教产。在上海，上海地方政府同意划出小南门外董家渡的一块土地作为被充公的老天主堂土地的补偿，后来天主教则利用这块土地兴建了董家渡圣•沙勿略天主堂。而颇有远见的梅德尔神父认为，已在松江佘山横塘建立的教区距离上海太远，不利于教区工作顺利开展，而董家

渡已经是一个人口稠密的地区，教会很难有机会扩展其土地，建立更多的教会机构，他希望觅一方距市中心稍近的近郊土地，并在那里建立教区，最终他们选择了徐家汇。法国人史式微《江南传教史》抄录了当时的教会档案，讲到了选择徐家汇的理由：

> 在离上海城八公里地有一个小村庄，那是伟大的阁老徐光启的出生地；他的坟墓也在那里，墓前还排列着纪念他功勋的石人石马。坟墓附近，住有他的几户子孙，他们虽都已贫穷落泊，但仍自豪地追念他们伟大的祖先；有几户还是教友人家，他们在河浜旁边建了一间小屋，作为他们的小堂；其他几家则在教难和无人照料时已背弃了信仰，他们顽强地抗拒圣宠，过去以至目前还是徐家汇教士们的一桩棘手事。盛神父在1842年曾来村上巡视，他被这些姓徐的教友的信仰和诚朴深深感动。

南会长决定要在徐家汇创办一所会院，表示对引进我们旧耶稣会神父们到上海的这位大

1924年6月12日徐家汇天主堂的一场弥撒

宰相的缅怀，这些怀念又似在邀请他们的后继者。该村又正靠肇嘉浜，去上海和松江交通都很便利，能在这里建立一所中心会院真是适得其所。

1847年3月，梅德尔神父在原徐光启后人的“小堂”附近买了一块土地，教会就在这里造了一些简易房子。7月，教会就把原建在松江佘山脚下横塘的会院搬迁到了徐家汇，这为以后徐家汇发展成为上海乃至全国的天主教中心奠定了基础。

会院搬到徐家汇后，标志着上海的天主教中心开始向徐家汇转移。这里没有一个与会院相称的教堂将是一个很大的缺憾，但教会已经拿不出钱去搞建设，所以只能利用徐氏后人的“小堂”做礼拜。不久，教会得到常熟一位刘姓教徒的“献仪”，在与会院相邻的地方买下了一块土地，决定在这里按西方建筑样式建造一座教堂，这一任务就落到了一位叫范廷佐的修士身上。

范廷佐(1817~1856，Joannes Ferrer)，字孟臣。西班牙人，1842年入耶稣会，任助理修士，1847年10月，随年文思神父等来到徐家汇教区。他是一位艺术家、雕塑家、建筑师，这次奉命到教区主持徐家汇天主堂的设计。根据天主教惯例，新建教堂应取一教会历史上的圣人作为“主保”，并以其名字命名该教堂，梅德尔神父就决定以耶稣会创始人圣·依纳爵为徐家汇天主堂的“主保”，这个教堂的正名就叫“圣·依纳爵天主堂”(St. Ignacio Church)，坐落在上海徐家汇，俗称“徐家汇天主堂”(Zi-ka-wei Church)，实际使用中，“徐家汇天主堂”比“圣·依纳爵天主堂”知名度大得多。

徐家汇天主堂于1851年3月23日按宗教仪式举行了奠基礼，还用一块封存的铅板作为奠基，铅板上铸拉丁文：“奉圣·依纳爵为主保的耶稣会圣堂——天主降生一千八百五十一年，清咸丰十年。在位教宗庇护九世。”教堂建设很顺利，仅几个月就完工了，1851年7月31日是圣·依纳爵的瞻礼日，徐家汇天主堂举行了盛大的祝圣典礼。史式徽在《江南传教史》中有这样一段评述：

> 这座圣·依纳爵堂是中国第一座按西方建筑学建造的教堂。这就要求罗礼思神父具有非凡的技巧和毅力，才能训练和督导他的泥水木工。这座秀丽的希腊式教堂加上中国宫灯的装饰，在很长一个时期被认为是上海的一个奇观。

施工前做的模型

修缮施工现场

徐家汇的耶稣会会院是天主教江南传教区的领导中心，而徐家汇天主堂建成后，许多重大宗教节日瞻礼和宗教活动就在徐家汇举行，这使徐家汇的地位迅速提升。除了附近信徒外，上海其他地区的信徒也经常不辞劳苦赶到徐家汇做礼拜。

19世纪后期，到徐家汇做礼拜的人越来越多，只能容纳200人的教堂已难以适应信徒们礼拜的要求，教会决定再增建一个教堂，但这项工作进展并不顺利，仅筹款工作就长达十几年。新教堂的土地由徐氏后人捐赠，位于旧堂边上，即今蒲西路158号。由英商道达洋行(Dowdall, W.M.)老板，英国皇家建筑师学会会员及土木工程师学会准会员道达(W.M.Dowdall)设计，上海汇广公司(Shanghai Building Co.)承建，1904年破土动工，历时6年，直到1910年10月22日举行新堂落成祝圣典礼。新堂仍尊圣·依纳爵为主保，称“圣·依纳爵天主堂”，于是旧堂改奉“始孕无玷圣母”为主保，习称“旧堂”，归徐汇公学使用。

新堂占地约70亩，主建筑坐西朝东，面临今漕溪北路，属法国中世纪哥特式双尖顶教堂建筑，与许多教堂相似，建筑平面呈拉丁十字分布，大堂进深79米，宽28米，拉丁十字两翼宽44米，可容纳2500人，教堂为砖木结构，层高5层，建筑面积6670平方米；教堂按纵向分为前、中、后厅，前厅设祭台，后厅的二层为唱诗班，祭台设计极为精致和华丽；教堂中间设计为多根柱头相捆的“束柱”支撑的尖拱券，既起建筑的承重、支撑作用，又极具装饰效果。室内众多尖拱券与外墙的尖拱窗形成格调和风格的统一，其精致和豪华足以使人眼花了乱，对信徒来讲，进入教堂立即产生一种进入“天国”的感觉。教堂“束柱”之间设计为通道，使用西班牙瓷砖铺地，与整个教堂形成对应的气氛；“束柱”二侧与墙相接处设计为信徒礼拜长坐凳，则使用大方砖地坪；地坪与顶脊的最大距离为25米，高敞的空间更给人以遐想。

教堂主立面为清水红砖墙体，以正中的大门为中轴线，二侧形成对称，大门设计为层叠的向内收缩的尖拱券，尖拱券上端以三角门楣作装饰，极具立体效果，中轴线正大门以上向内收缩，设计一通层的大玫瑰窗，这是西方教堂最常见的装饰性构件；二侧的顶层即高达57米的双尖塔，在大尖塔基座四角各设计一小尖塔，这种建筑样式后来被基督教圣公会教堂广为使用。

“文革”初，徐家汇天主堂停止宗教活动，建筑归某果品公司仓库使用，双尖顶被拆，教堂内的装饰性物件破坏殆尽。1979年归还宗教系统使用，当年恢复宗教活动，1982年修复钟楼，该教堂已被列为上海市近现代优秀保护建筑。

“住院”即residence，最初只是指耶稣会会长的住舍，后来改称The Ceneral Countyard of the Society of Jesus，其对应的汉名就是“耶稣会总院”，也就是耶稣会驻华总部机构，它凌驾于耶稣会江南教区之上。1847年梅德尔建的住院很小，随着徐家汇天主教事业的发展，大约在清同治中年，谷振声神父在原址重建，据说，营造费用主要来自上海道台的一笔补偿款。新住院的建筑为四层普通西洋住宅建筑，并无特别之处，但是，在住院东侧建有两层的藏书楼，严格地讲，它是耶稣会住院的一个图书馆或阅览室，教会把从海外带进来的书籍，以及从中国各地收集来的图书、报刊和各种印刷品统一集中在这里。也许由于清朝中国没有官方的藏书机构或公共性图书馆，即使民间有不少图书爱好者建立自己的藏书楼，但一方面受财力、人力诸方面影响，另一方面藏家大多根据自己的兴趣和爱好收集

徐家汇藏书楼(张人凤 摄)

书籍，藏书品种较单一。徐家汇藏书楼的藏书也以宗教书籍为主，但也珍藏近代以后在中国出版的书籍、报刊，其中就有上海字林洋行出版的整套《字林西报》(*The North-China Daily News*，1850年8月3日创刊，1951年3月31日终刊，是中国发行最早和出刊时间最长的英文报纸)，全套的《申报》(1872年4月30日创刊，1949年5月终刊，是中国创刊最早和发行时间最长的中文报纸)等。传教士们还把从中国各地收集来的民间年画、宗教印刷品送到藏书楼。据称，该藏书楼收藏的经遴选的中国近代木版印刷年画就数以万计，没有一家机构可与之相匹。所以，直到今天，徐家汇藏书楼仍在中国的图书馆中占有特殊地位。

藏书楼为两层砖木结构，双坡顶，外立面设计简洁，几乎没有非功能性装饰，南、北立面设计为长圆拱百叶窗。楼层为外文书库，靠墙设计为从地面至天花的书架共12格，为便于取书，在书架腰部设计了有护栏的通道，并设计有3部扶梯与通道相连，阅览者通过扶梯走入通道，便于提取书架上部的书籍；靠两侧墙壁书架之间原来放的是长桌，是阅读的地方，如今长桌已被拆除，这里就成了一个很宽的通道。底层为中文书库，也是12格通层书架，上面的9格稍低，下面的3格稍高，便于放置不同规格的书籍，在上、下书架之间设计为长平台，便于查书、放书使用。不过，根据中国书籍装帧之特点，中国传统书籍多为用宣纸印刷的线装书、书骨子较软，不易直立，所以，线装书一般只能平放，所以中国传统书架大多为“箱框式”，估计，这一层的书架是在民国以后改造的。

徐家汇藏书楼及全部藏书现已划归上海图书馆。上海图书馆已经计划并实施将部分藏书做成负片或光盘对外提供服务。

二、徐汇公学和启明女校

耶稣会住院在徐家汇建立后，即建立了一个叫“Bureau Sinologique”的汉学研究所，并以徐光启之名取华名为“光启社”，这是一家为天主教服务的汉学研究机构。江南是水乡，但水灾也很严重，每遇水灾，就会有难民进入上海，1849年江南又遇水灾，许多难民流入徐家汇一带，徐家汇天主堂传教士晁德莅(Ange Zottoli)就借“光启社”的房屋设立了一个收容所，安置难民中流离失所的孤儿，还设立读经班。翌年，晁德莅就从读经班中挑选出12名成绩优秀的学生另组成一个班，希望把他们培养成为传教士。教会办校的事情很快被附近的百姓知道了，于是附近许多信徒家庭希望把适龄子女送到学校读书。这样一来晁德莅改变了初衷，将学校改为公共性学校，并取名“圣·依纳爵公学”(Zi-ka-wai St.

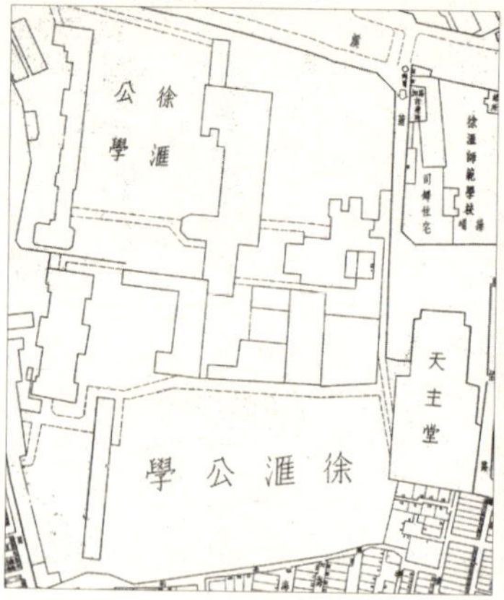

徐汇公学地块图

徐汇公学

徐汇中学的篮球赛

Ignatius College)，这是一所由教会办的免收学费的学校，于是中文校名为“徐汇公学”。1852年，晁德莅被正式任命为校长，他任校长计15年，1866年离任后这个学校的校长职位一直空缺着，直到1871年，他的学生，著名教育家马相伯继承了这个位子。史式徽在《江南传教史》中讲：

> 徐汇公学创办时的形势虽不如意，可是仍有了一定发展。据校长晁德莅神父1857年的报告，公学有82名住宿生，分为三院；九名中国教师多数是教外人，因为教友中有科举学位的不多，不能弥补教师的空缺。中文一个学科几乎占去了青年学生绝大部分时间；只有进步最快的学生才加上其他学科，例如法文、唱歌、音乐、图画等；学生们对这些学科的爱好与吸收能力，使教师们感到惊奇。晁德莅神父记述道：“尤可注意的是，这些中国儿童对一切都能一蹴而发；尽管他们学习的时间不多，而且我们教师们的教学方式和教学工具也不能尽如人意。可是我

徐汇中学生的足球比赛

们已看到，他们定是大有前途的。”

引文中讲的“三院”是学校管理上分的上、中、下三个院，上院是指教徒的住宿生院，中院是非教徒的住宿生院，下院则是走读生院，其中上院的教徒住宿生就是从学校中遴选出来的优等生，其培养目标就是传教士，所以“上院”又被叫作scholasticate(经学院)，学生不但要学习中文、法文，还要学习拉丁文，中国早期天主教杰出人物马相伯、沈容斋、沈礼门、李问渔等均是徐汇公学上院的毕业生。

徐汇公学是一所天主教会创办的吸收中国人子弟的学校，早期教育以中文为主，在中国科举制度被废除前，设置中国传统的“四书五经”课程，准许学生参加科举考试，直到19世纪末，才将法文纳入正式课程，后来又增设英文课程，所以毕业生有机会进入法租界公董局或公共租界工部局及下属机关供职，这里的毕业生也是以后天主教创办的震旦大学的主要生源。1931年，该校正式向上海市教育局立案，次年改称“上海私立徐汇中学”，并根据教育部颁布的学制规定，将初中四年制改为初、高中三三制，1934年增设拉丁院，凡是在高中时期已选读拉丁文的学生，申请后可以转入拉丁院，这也是上海唯一一所特设拉丁院的中学。1953年改名“徐汇中学”，是徐汇区重点中学，今校址为虹桥路6号。

徐汇中学是天主教在上海最早创办的学校，经过长期的发展，已经成为上海知名度很高的学校，培养出了一大批优秀的学生。据1948年《上海市中等教育概况·徐汇中学》载：徐汇中学“校舍自建西式楼房，占地约十亩，教室大小共二十五间，办公室十间，宿舍四十余间；运动场占地廿亩，划分为大小足球场、篮球场、排球场等；图书馆藏书，中文二万六千册，西方四千余册；物理化学实验室各一；校园农场占地八亩余，其他有浴室、盥洗室等卫生设备”。现在徐汇中学占地38.6亩，建筑面积24,882平方米。其中“崇思楼”是该校最主要的历史建筑，已被列为上海市近现代优秀保护建筑，徐汇区文物保护单位。

据说，一位法国耶稣会传教士在20世纪初来到上海，在参观了徐汇公学后兴奋不已，他对自己的同志们在中国和上海取得的成就表示赞赏，也愿意为徐汇公学作出奉献，于是，他向上海的教会捐赠了一大笔款子，并声明用于扩建徐汇公学。扩建的名为“崇思楼”由一位叫作第斯尼的比利时建筑师设计和监造，他也是一位天主教神父。1917年1月8日举行奠基仪式，上海县知事沈宝昌出席了奠基仪式；1918年6月20日大楼落成并交付使用。

崇思楼主立面朝南，建筑平面呈“亚”字形，东西长约63米，南北宽约23米，以正中的大门为中轴线，二侧形成对称，假四层砖木结构。正门及二侧平面略向外突出，门楣有华丽的红砖雕花装饰，一层设计为红砖与斩毛的白色花岗石相间的柱子，二层与三层则设计为通层的红砖圆柱；东、西两端的立面设计与中间相似，而主立面中轴线二侧的“腰”部则使用传统的“簇柱”；通层柱头均使用白色花岗石变形的科林斯柱头，这幢通体外墙为清水红砖的建筑在少量白色花岗石点缀下，色彩对比强烈，显出勃勃生机；由于这是一幢教学楼，所以每层柱与柱之间设两扇很高的长窗，这也大大提升了建筑的立体效果。尽管上海还保存了不少19世纪末20世纪初的清水红砖墙建筑，而这一幢体态较大、设计独特，备受人们关注。在崇思楼建成的同时，徐汇公学又划出约二十余亩土地兴建体育场，这也是当时上海所罕见的。

根据惯例，教会学校实行男、女分校制度，徐汇公学是一所男校，所以，教会应该或必须在徐家汇地区建立女校。

前已述及，在1844年10月中法《黄埔条约》签订前，天主教还属非法宗教，天主教的活动会遭取缔和打击。如史式徽《江南传教史》中讲：

> 李秀芳在他的书信里给我们作了生动描绘，叙述他创办时的艰难情况。不久，张朴桥教友感到，大批青年的汇集很可能引起邻近地方官吏以调查为名进行敲诈勒索，因此害怕起来。1843年7月起，教员和学生就搬到了横塘，横塘教友畏怕情绪较小，他们也懂得修道院的存在对他们是大有裨益的。

横塘在今青浦区境内。横塘修道院建立后，耶稣会传教士薛孔昭(Louis Sica)就在那里建立了一个专门在妇女中传教并培养贞女的组织，到1855年时正式取名“圣母院”(Holy Mother’s Garden)。当中法《黄埔条约》生效，以及1846年道光皇帝上谕颁布后，天主教成为合法宗教可以开展活动，教会就决定将圣母院迁到离上海县城很近的徐家汇，1869年，圣母院就搬迁到徐家汇刚造好的房屋里。

还在1856年，一位叫欧仁·斯梅(Eugenie Smet)的法国修女在耶稣会支持和帮助下成立了一个叫作“拯亡会”(Helpers of The Holy Souls)的女修会，其组织形式和会规均模仿耶稣会，所以也被叫作“女耶稣会”。当天主教在中国恢复合法身份后，天主教本身就存在比较严格的性别制度，而中国封建社会也禁止或限制女子参与社会活动，不能随便与男性接触。于是，已经来到上海的传教士们就想到了“拯亡会”，希望由她们在上海妇女中开展工作。1867年秋，拯亡会派遣的“定姆姆”和“南姆姆”就应邀奉命到达上海，她们在上海的法国领事馆中休息了几天后即前往横塘圣母院，以后又有几位姆姆奉命住进了圣母院。由于拯亡会是类似于耶稣会的国际性天主教组织，他们进入上海后，就行使了自己的权力，在配合耶稣会的工作中起了很重要作用。《江南传教史》中有这样一段话：

> 圣心玛利亚姆姆给总会长姆姆写了许多生动的信件，信上也列出了徐家汇圣母院在成立后的第一年年底已完成的善举：“我们这个如我去年所称的大村子，目前已觉得太小了；许多人似乎已在展翅高飞，飞向天堂，去汇合圣神降临前夕与我们永别的人……1869年，有九十五名女生，六十四名孤女，三十二名献堂会初学，外学堂有二十二名小女孩；每主日，通常有一百多名妇女来集合；有十九

名女青年在周内来圣母院学习经言，有三四名教外妇女在会客室学道培训，人们正期待着开一所望教妇女的保守间。”

拯亡会和圣母院合作正式办了一所女校，学生全部是原来圣母院收养的女孩，法国人把这所学校叫作“寄宿学校”(boarding school)，一直到1898年才取了一个中文校名——“崇德女校”，学生大多是上海及附近的富家女儿，1903年法国出版的《中国通讯》杂志登了一位徐家汇圣母院院长姆姆的《圣母院》的文章，文章中提到了这所学校：

这所学校的校舍同其他房屋是分开的。它有自己的场地、花园和菜园。学校专收富裕家庭的女孩子。她们在那里求学深造。特别是接受教会方面的教育。这些女学生大都是很聪明的，她们读完了书，回到家里，对教会有很大贡献。我们各修会主要在她们中间招收修女。她们有的成为圣衣会修女，有的成为仁爱会修女，有的成为拯亡会修女和献堂会修女。

1934年，该学校正式向上海市教育局备案，由于在上海虹口也有一所基督教的“崇德女校”(后迁陕西北路，即今七一中学)，于是该校重新注册时更名为“上海市私立徐汇女子中学”

“女子无才便是德”，在中国的封建社会里妇女是不接受教育的，即使名门豪富之家，也很少有女子读书。近代以后，尤其是像上海这样的开放城市里，教会创办的女子学校不断出现，教会希望通过培养妇女，再通过妇女的特殊身份——母亲来影响下一代，这不能不引起国人的深思。同时，清末的上海，妇女走上社会，参加社会性劳动的人数日益增加，接受过良好教育的女子可以获得很好的工作机会。1902年，南洋公学(即今上海交通大学的前身)师范科毕业生就在上海创办了“务本女塾”(即今上海市第二中学前身，校址初在小南门，后迁今址)，已经改变了观念的上海人也希望自己的女孩与男孩一样享受读书的机会，于是，办女校成为一种时尚，一种商机。据记载，1904年2月，务本女塾的30名学生在老师带领下参观了崇德女校，其中几名学生还到圣母院学习图画、音乐、手工，她们对教会女校的课程很感兴趣。若干天后，有几位务本女塾的学生在家长陪同下，希望转入崇德

启明女中地块图

徐家汇天主教创办的启明女校。今市四中学

女校读书，于是，拯亡会决定再办一所收费的寄宿女校，并于1904年正式开学，取校名为“启明女校”(Morning Star Girl’s School)。这个“启明”的校名很有意思，所谓启明星就是太阳系九大行星中的金星，在天空中，它是亮度仅次于月亮的一颗明亮的星，《诗经·小雅·大东》中讲：“东有启明，西有长庚。”《毛传》：“日旦出，谓明星为启明；日既入，谓明星为长庚，庚，续也。”“启明”和“长庚”都是金星的别名，它是地内行星，清晨，当太阳即将升起，几乎所有的星因晨曦的散射光而失色，但人们依然能见到那颗闪烁的金星，她似乎在开启黑暗的夜幕，于是被叫作“启明星”，而到了黄昏，这颗金星又到了西边，落日的余晖遮盖了所有星星的光辉，也只有金星的亮度可以穿透太阳的余晖，于是它又被叫作“长庚星”，当“长庚”出现在西方时，大地即将进入漫长的黑夜。徐家汇以明朝伟大的科学家徐光启而得名，徐光启是一位天主教徒，也是一位天文学家，而“启明”在汉字上又与“光启”同义，所以,“启明”一定寓意缅怀和纪念徐光启之义；金星英文名为Venus，而Venus就是在西方神话中被尊为“生育之母”、“司爱之神”以及爱的化身的维纳斯，以“启明”命名一所西方教会办的女校更是贴切。

初创时期的启明女校为寄宿制学校，收费很贵。据记载，该校的寄宿、学费、伙食等一年50元银洋，学习外文、西洋乐器、绘画等每门每年加收20元，学习用品等由学生自费购买，这样，一个学生仅在学校开支的费用每年至少100元，而当时一个男性强劳力的月收入大约为5元，所以，启明女校是一所贵族女校，这里的学生都是富家“千金”。

尽管“启明”收费很贵，但仍有许多富裕家庭愿意将 “千金”送来读书。到1914年，该校在册学生已超过160人，原来的校舍不敷使用了，于是拯亡会决定增建校舍，新校舍于1916年6月14日奠基，1917年2月11日举行落成典礼，4月，学生就搬入新校舍上课了。

与崇德女校相比，启明女校只是天主教创办的“以普通及高深之学问，教授一般青年女子，养成优美德性、以植家庭贤淑女子之基础”，于是新大楼被取名为“崇德楼”。1920年，时任大总统的黎元洪还为启明女校题赠“砥德砺行”匾。大楼为假四层砖木结构，整幢建筑具有法国文艺复兴时期建筑艺术特征。大楼坐北朝南，东、西呈长条状，建筑占地约1569平方米，建筑面积5228平方米；以正中为中轴线，二侧形成对称；底层的南面设计为装饰效果极佳的廊柱，二层和三层则为内廊，此便于学生们在课间有较大室内活动空间，也便于成群的同学同时进出教室。

启明女校初创时就是为上海的富裕天主教家庭服务的，所以学校对学生管制甚严，绝对禁止男人闯入学校，如必须由男教师上的课，学校也会派姆姆监课；课程设置与一般教会女校相似，但另设英文、法文课程。1931年，向上海市教育局注册改称“上海市私立启明女子中学”，1951年，相邻的崇德女校和启明女校合并为“汇明女子中学”，1952年改组为“上海市第四女子中学”，“文革”中取消女子中学，即改称“上海市第四中学”，简称“市四中学”。

三、天主教修道院

根据《圣经·新约》和古代教会传统文献的记录，实行主教制的教会以主教(或称监督、会督)、长老(或称司祭、司铎、会长)和执事(或称助祭、会吏)三级职位构成，是自古以来教会管理体制中最根本的三级神品职位，其中长老一般指一个教堂的负责人，其正式品位为司铎或司祭，在汉语中，“司”即负责、主管的意思，如司机即管理机器、机车的人，司炉即管理大炉的人，“铎”是古代的一种铃，中间有舌，摇动后会发出铃响，多用于提醒和禁示作用。司铎就是掌管“铎”的人，司祭即祭祀中的首领。通常人们把一个教堂的长老叫作“神父”或“神甫”(Father)，在天主教中，神父似乎就成了介于神与人之间的“中介”，他代表神向世人传达神的旨意，他又可以代表神，接受世人忏悔；而在宗教生活中，又必须在神父的指点、带领下望弥撒、领圣体、告罪恶、领终傅等，如果缺少了神父这一“中介”，神与人就不能交流，任何宗教活动就无法进行——可见神父在天主教中的作用和地位了。而修道院就是培养神父的地方，其作用非常重要。

明末清初，进入中国的天主教为了发展天主教，也曾培养了一些中国神父作为其助手，但是，在当时的历史背景下，他们不可能在中国建立一个比较正规的修道院，所以，中国的修道院是从近代以后开始出现的，而上海徐家汇天主教修道院就是中国出现最早，也是影响最大的修道院。

修道院(Seminary)也称“修院”，是天主教培养神父的学院，一般分为备修院、小修院(Minor Seminary)和大修院(Major Seminary)三个等级。备修院相当于后来的大学预科，主要学习高中课程，选学拉丁文；小修院则相当于本科，一般学期为三年，毕业后可以担任教堂的执事，也即助理司祭或会吏；而大修院相当于研究生院，学期一般为六年，设置课程除拉丁文、古典文学外，还有经院哲学、圣经学、教会法典、宗教礼仪、神修学、伦理学、社会学、教义神学等，所以大修院也被译作“神学院”，毕业生可直接指派到地方的教堂担任神父之职。

早在1843年，李秀芳神父就潜入松江佘山脚下的张朴桥创办了一个修道院，并于2月3日正式开学，共有学生22名，其中4名来自山东，一年后，学生就增加到了32名。当时，天主教的合法地位尚未恢复，教会也对修道院设在车来人往密集的佘山脚下感到担心和害怕，7月，他们就把修道院迁到了很偏僻的横塘，两年后，他们就在横塘造了修院的校舍。李秀芳神父致友人信中讲：

> 这所修院，在欧洲不算漂亮，但在这里，见到的人都惊讶赞赏。事实上这所修院是我们自己制图、自己监工造起来的，所以布置适宜，尺度开阔，可以很舒畅地容纳五十名修生。这是一座四合院，内院有庭心，四周围有隐修院式的回廊，屋外还有一片场地，孩子们可在那里自由地游戏、蹦蹦跳跳。小圣堂收拾得很整洁，护壁板涂了中国的上等漆，一套来自巴黎的十四处苦路像更使小堂生辉不少。

当横塘修道院建成后，中法《黄埔条约》已经生效，接下来又公布了道光皇帝的上谕，恢复了天主教的合法地位，而对教会来讲，要去领导那个设在穷乡僻壤之地的修道院就太不方便了，于是在1850年又将修道院迁到离上海市中心稍近，又有天主教势力的浦东张家楼。到了1853年，在南格禄主教任院长时，他又将修道院从张家楼搬到了上海老城厢的董家渡天主堂相邻的地方。到1858年，在佘山修道院初创时即入院的三名修士，娄县(即今松江)人顾思恭、南汇人曹廷桂、海门人熊臣尧在田嘉璧主教(Delaplace)的祝圣下完成了修道院长达15年的培养，成为上海修道院培养出来的第一代中国籍神父。

当天主教成为合法宗教后，江南教区的天主堂数量不断增加，而天主教在中国的发展又必须依赖更多中国神父，而培养一个合格神父至少需要备院6年，小修院3年，大修院6年，共计15年的培养，而设在徐家汇的徐汇公学“上院”实际上已是一所“备院”，合格的学生大多成为修道院的预备生。于是在1877年，教区决定将修道院迁到徐家汇，并正式将修道院分为小院和大院。当年佘山修道院创建时，就尊“圣母无玷之心”为“主保”，当修道院搬迁到徐家汇后，“圣母无玷之心”被大修院尊为“主保”，所以大修院的正式名称是“圣母无玷之心修道院”，简称“母心修道院”。这样，徐家汇形成了培养神职人员的摇篮，徐汇公学“大院”属于预备班，合格的毕业生就成了小修院的学生；小修院的毕业生，一部分被派遣到各个堂口或教堂，成为那里神父的助理或担任其他神职，另一部分则被送入大修院深造，而大修院合格的毕业生则被派往各个教堂，成为职掌一方神职的神父。

徐家汇小修道院最初设在天文台内，由于当初学员人数不多，还可以勉强使用，1913年后，小修道院的学员人数不断增加，校舍不敷使用了。1917年，修道院购进天文台与土山湾之间的农田，在这里兴建了小修道院新院所，并于1918年正式启用。院所为两层砖木结构，坐北朝南，东西长62米，南北宽12米，以正中为中轴线，两侧形成对称；修士们使用的小堂设在北面，祭台上供“耶稣圣心像”，所以小修道院也被叫作“主心修院”。该建筑在1950年代被拆除。

1928年，天主教会又在小修道院南面兴建大修道院楼，并于1929年11月1日举行新堂落成开堂。大修道院楼为四层砖木石混合结构，坐北朝南，建筑北立面中间和两端外凸，呈“山”字形，以南立面为主立面，建筑对称，中间及两端的立面略外突。1959年后，这里成为徐汇区人民政府所在地。

修道院(seminary)是天主教培养神职人员的学院，还有一种“隐修院”(monastery)的修院也被汉译为“修道院”，事实上，seminary与monastery有着本质区别。

世界上许多古老的宗教把“世界”(佛教语言中的“世界”词义与“宇宙”相近，

“世”是时间概念，“界”为空间概念，与现代语言中的world是不同的概念)分为前世、今世和来世，并认为前世、今世、来世间有因果关系，即人在前世作的孽会在今世得到报应，而今世修炼、积德又决定了来世的命运。于是，许多宗教倡导僧侣或信徒为了实现精神上的理想或目的而克制自己肉体或心理上的欲望，即通过“苦行”(taps)，以“苦行主义”(asceticism)达到人生的最高境界和目标，坚持“苦行”的僧侣就被叫作“苦行僧”。

天主教认为，肉身和欲望如同魔鬼，会引诱人犯罪，于是提倡信徒远离世俗世界，到与世隔绝的地方修炼，是摆脱“魔鬼”引诱的捷径，教会也在各地设立这种与世隔绝的修院，某种意义上，隐修的僧侣往往就是最忠实的信徒，教会的中坚。

圣衣会(Carmelites)通常译作“加尔默罗会”，是中世纪天主教四大托钵修会之一。1146年，灵光谷隐修院院长贝尔纳奉教皇之命率十字军第二次东征，受到沉重打击，一部分溃军和信徒们就居于巴勒斯坦境内的加尔默山，这个集体就成了加尔默罗会的前身。早期的修士们大多分散居住，托钵为生；当十字军在巴勒斯坦失利后，修士们也被迫迁离加尔默山地区而西迁塞浦路斯、西西里、法兰西、英格兰等地，并在各地建立隐修院。1240年订立隐修会章程，并得教皇批准而被称为“托钵修会”。在英国人西蒙·斯道克任会长时，托称圣母显灵并授以“圣衣”，故又称“圣衣会”。修会制度极为严厉，修士必须守神贫(绝财)、贞法(绝色)、听命(绝意)，必须严格遵守修会的清规戒律。加尔默罗会最初为男修会，1562年，该会资深女修士女德肋撒在阿维拉创建女修院，后来她先后建立女圣衣院17座，男圣衣院15座，于是圣衣会的女修会被叫作“第二会”。

史式徽《江南传教史》中讲：“郎主教邀请圣衣会修女到中国，意在请她们用祈祷与苦功来扶助传教。这个目的，一开始就实践了。”

1867年，郎怀仁主教接到罗马教廷以教皇庇护九世名义发出的邀请书，邀请他出席在罗马举行的庆祝圣伯多禄、圣保禄殉教一千八百周年纪念大会，于是他启程赴罗马，并打算在法国征召几位得力助手。罗马的会议结束后，他按计划到了法国，走访了法国的3家圣衣院，但没有一家响应他来华的号召。最后他到了法国西北部马耶纳省的首府——拉瓦勒(Laval)，他听说拉瓦勒城的圣衣院创建于1856年，历年隐修圣召，修女源源而来，大有人满为患之忧，而该圣衣院也正在计划择地设立分院。所以当郎怀仁主教将自己决定在上海建立圣衣院的建议与拉瓦勒城圣衣院神父提出后，立即得到了响应，派德马蒂尔修女具

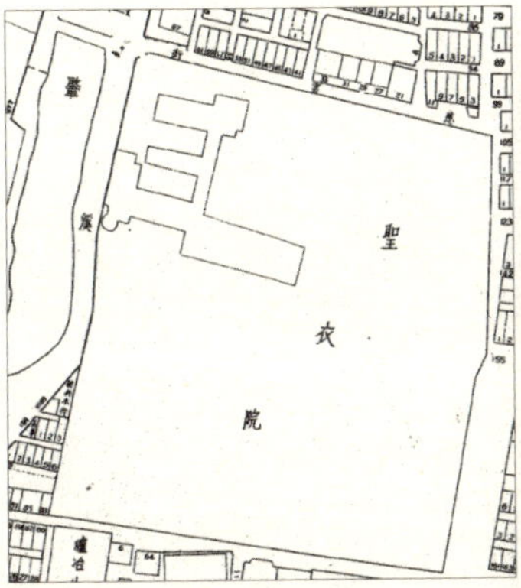

圣衣院地块图

圣衣会

体负责此事。

圣衣院修女主要是祈祷与工作，因此分为祈祷修女与工作修女。祈祷修女在圣堂祭台旁规定的座位上，按时唱念大日课，头戴黑头纱，所以也被叫作“经座修女”；工作修女则头戴白头纱，主要从事院内的杂务。进圣衣院当修女一般须经三年初试，合格后才进入初学，初学三年后发小愿，再经过三年才发大愿，终身侍奉宗教。所以，入圣衣院就是一件非常难得的事，而终身修女更必须自身修炼，克服世俗阻力。

法国拉瓦勒圣衣院派出的修女于1869年2月3日搭乘“佩吕兹”号邮船到达上海，2月19日就到了徐家汇，住进了临时装修的王家堂隐修院，并开始工作。圣衣院是隐修会，也是苦修会，它与外界是隔绝的，即使在做望弥撒时也是如此。所以，在神父做弥撒的弥撒间的一侧，设计一黑纱相围的木格子，在格子内的修女可以透过黑纱望见弥撒，格子外的人的视线则被黑纱挡住；在格子中设计了一个可以转动的“转筒”，修女可以通过这个“转筒”接受弥撒时的用品。《江南传教史》中讲：

一排木格子栅栏把弥撒间与教友们的小堂分隔开来。王家堂的热心教友们常来小堂，静听法国修女们的咏唱祈祷。马历耀修士按教会法典规定，为圣衣院修女们安装了一排领圣体的木格子和一个转筒。1869年圣神降临瞻礼，来了第一个要求进圣衣院的修女，但她的身体承受不了圣衣院的艰苦生活。1869年7月31日圣依纳爵瞻礼，来了第一个兜白纱的修女玛尔大。她持之以恒地努力为隐修院效劳。要求进圣衣院修会的人不断前来，修女们提出，进圣衣院修会的人，在初学之前必须先学一点法文，并能读拉丁经文，这需要长时期的培训。于是好多女子只得灰心地退出。

圣衣院一开始就使上海及其近郊的教友们认识到，这座新建的祈祷和牺牲中心给江南带来了多大的神益。于是他们慷慨地施舍了大量东西。不少良好的教友人家遇有重大事情，就惯于要求圣衣院修女们为其祈祷。郎主教的目的完全达到了，他的预言证实了。

圣衣院是隐修院，修女与世隔绝，所以圣衣院应该和必须有一个独立的，与外界隔离的空间。直到1871年，法国又派了几名修女到徐家汇，于是，教会在土山湾孤儿院的肇嘉浜(今漕溪北路)对岸购进了一大块土地，兴建独立的圣衣院隐修院，1873年12月8日，郎怀仁主教祝圣了隐修院的奠基，第二年12月8日圣衣院就建成交付使用了。

四、徐家汇天文台

近代以前，中国还没有气象观测、记录的机构，更没有气象预报机构。1872年8月，天主教上海教区主教和江南主教谷振声在徐家汇召开了一次重要会议，决定成立一个“江南学术委员会”，该委员会下设四个学术机构，负责收集情报、资料，开展多方面的学术

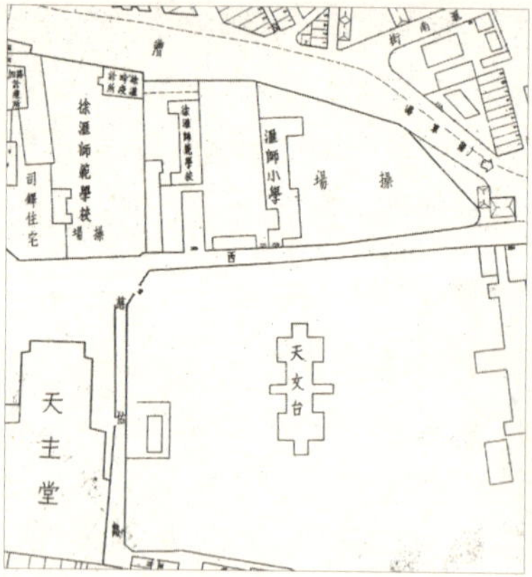

徐家汇天文台地块图

徐家汇天文台，址今为上海市气象局

外国人在天文台前留影

研究。其中一个机构就是由司铎高镐鼎(Golombel Auguste，高镐鼎是他自取的汉名，他的《江南传教史》被广为引用，但现代的译著中，译者不知他的汉名，将他音译为高龙鞶)组织领导的气象观测和研究机构。高镐鼎在接到此一任命后，就计划和决心先在徐家汇建立一个气象台，并将气象记录资料汇编成册，上海有气象记录就是从这里开始的。

1873年初，斯通赫斯特天文台佩里神父的学生能恩斯(Dechevrens, Marc)奉教会之命抵达上海，开始建造天文台。这个天文台建在肇嘉浜边，到了7月份，天文台建成。据记载，这个天文台规模很小，房屋设备也相当简陋："有三个厅，西厅分成两间，作为神父的卧室，中厅雅致得体，东厅作图书室，中厅上面加一层平面屋顶"，只有"几支寒暑表，一两支气压表，还有以前南格禄带来的仪器”。以后，神父们自己动手制作了一些仪器，又陆续从欧洲添置了若干设备，就开始投入工作。

这个简陋的天文台成为中国近代出现的第一个气象观测和预报机构。由于气象观测对航海安全具有重要作用，该天文台的建立引起了外国海军及中外商船的重视，他们纷纷到天文台参观，并暗中核实其气象预报的准确性。1875年8月3日，上海道冯焌光参观了天文台，他对气象观测和预报极感兴趣，并提议将气象预报直接用于指导航海事业，于是，这个天文台就多了一份业务——直接向海关提供气象信息。

当时，由海关出资，将气象信息刊登在当日出版的报纸上。但是，当年报纸发行范围很小，大多数船员及市民，很难获得气象信息。约1884年，由海关出资，在法租界外滩建造了一个木结构的气象信息台，将每日最新的气象预报，通过在该建筑上挂不同旗帜向外公布。《点石斋画报》当时就以“日之方中”为题，绘了一幅画，其文字是这样写的：

> 本埠法租界外滩外洋泾桥堍，于秋间新制验时球与报风旗，按旗于每日上午十点钟扯起，递报吴淞口外风信，其视风之所向或大或细或晴或雨，随时改悬各旗传报至，球则每日十一点三刻钟时升起半杆，十一点五十五分钟时升至杆顶，至十二点钟，球即落下，以便居民验对时刻。允称奇制。旗无定形、定色，视风之趋向、力量以为准，未易摹绘，故舍旗而存球。

从《点石斋画报》所绘图画中可以看到，该气象信号台主建筑上有一木杆，顶端安装风向仪和风速仪，风速仪下有一只大球，它是报时用的，每天中午十一点三刻，球上升半杆，十一点五十五分升至顶点，十二点整下降到原来的位置上；正杆旁有数根绳索，它是扯报风旗的。虽然这个气象信号台十分简单，但它确实成了上海最早的气象预报台及标准时间对时钟。

随着上海的进步和发展，外滩的建筑逐渐升高，对气象准确性的要求也日益提高。1907年，该气象信号台被拆除重建。重建后的信号台高50米，成为当时外滩最高的建筑物，人们在很远的地方就可以看到或用望远镜看清塔上扯起的各种信号旗，以决定是否起航，所以这个信号台对上海航运业的发展起了相当大的促进作用。1920年代以后，随着无线电广播事业的发展，气象预报可以更及时地传送到更远的地方，信号台的报时及气象播报作用逐渐减小，直至最终退出历史舞台。该气象台已被公布为保护建筑。

90年代中期，上海在进行外滩改造时，在有关单位支持及工程技术人员努力下，在不动建筑结构的前提下，将其整体向南移动26米，创下了上海建筑史上大型建筑整体移动的记录。

今信号台归上海市规划局使用，为使游客了解外滩，内辟“外滩历史陈列室”，并提供登高眺望服务。

高镐鼎将徐家汇天文台下设天文、气象、地震、地磁四个部。到19世纪末，上海的城市人口已增至一百余万，城市面积也迅速扩大，徐家汇地区已成为市中心区的边缘，车辆引起的震动和城市灯光的反射均对天文观察和地磁测定带来较大影响。1900年，教会在远离市区的佘山上重建天文台，于是，原天文机构就搬到了佘山，1908年又将地磁机构搬迁到了昆山的陆家浜，仅留气象和地震二部在徐家汇。徐家汇天文台的气象预报取得了卓越成就而得到社会认可，而原天文台的场地太小，设备太简陋，1900年，教会又在徐光启墓的东侧重建气象台。新建的气象台为砖木石混合结构，主楼三层，以正中的大门为中轴线，二侧对称，正门外设计“八”字形扶梯；在正大门建有塔楼，在塔楼上设计一大自鸣钟，据说该钟是一位叫玛尔泰的法国伯爵夫人捐赠的，该钟遇时鸣钟，逢刻奏乐，为附近居民报时；塔楼上再建用于测风、测温湿度的木质高架。如今，上海市气象局就设在原徐家汇天文台内，原气象台建筑也已被列为上海市近现代优秀保护建筑。

五、徐家汇博物院

1847年，法国天主教在徐家汇建立教堂，设立教区，并开始注意收集中国的历史文物和矿产自然标本。几年后，徐家汇天主堂收集的中国生物标本和矿产样品已达到一定数量。1868年，司铎韩伯禄(P. Heude)就在这里成立了Museum of Natural History，照字面翻译，叫“自然历史博物院”。但韩伯禄是一个生物学家，这个博物院实际收藏中大多为自然标本，而很少有中国历史文物，而这个馆又设在徐家汇天主堂，于是有不少人只称其为Siccawei Museum，以后也被中国人叫作“徐家汇博物院”。它是外国人在中国建立的第一个博物馆，也是中国出现的第一个博物馆。

法国驻沪总领事博德参加震旦大学大厅落成仪式(1936.9.12)

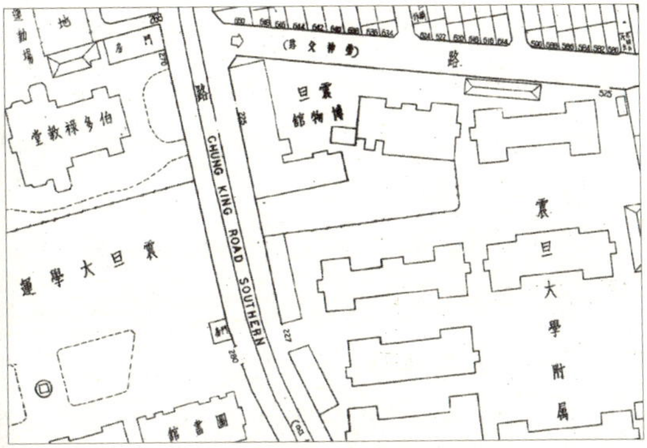

震旦博物馆地块图

徐家汇博物馆建立后，使收集工作纳入正规，藏品品种和数量也日益齐全和增加，直到1883年，该院才正式建立展厅，对外开放。由于徐家汇博物院设在徐家汇教区内，其开放受到限制。据记载，该院仅限下午一点开放，不收参观费，非教区信徒须事先与教堂联系后才能入院参观。据1909年版《上海指南》中记载，该院的陈列大致情况如下：

> 大门内园地蓄活物一二种，楼下贮兽类及鱼鸟之枯骨，楼上陈列约分数种，如甲虫、贝介、兽类之皮骨，禽鸟蛇类是也。其中尤以皮骨一种为最多。楼上蛇类中有四脚蛇一，长六尺余，浑身作灰色，其所产卵，形体颜色酷类鸡子，并浸于防腐药水中。又有一鸟，西人咸不知其名，云自湖北飞来，被教堂中人猎获者，鸟羽作

淡黄色，灿烂有光，每一黄羽，有黑色以为之缘，头小，体亦不甚修，而其狭长之尾竟长至三尺余。又有方砖一，长约一尺八寸，阔约一尺五寸；砖之中央有一白色之痕，长一尺四五寸，其形宛似一尖峭之山峰，又似一光润之石塔，据云得自宜昌府。

经过多年努力，徐家汇博物院的藏品日益丰富，原有展览场地也无法满足陈列展出要求，只能在教区其他空房分厅展出，这给管理和参观者均带来不便。1929年，法国天主教会扩建了位于法租界吕班路(重庆南路)的震旦大学及附中(址今为上海交通大学医学院)，并将博物院迁入震旦大学内，正式称“震旦博物院”。

震旦博物院于1933年冬建成对外开放，开放时间为每星期一三四五六的下午二点至五点，参观者不分人种，一律每人门票国币20分。1949年后该馆关闭，大部分收藏划归新组建的上海自然博物馆。

六、震旦大学

马相伯(1840~1939)，江苏丹阳人(出生于丹徒，今镇江)，原名志德、建常，后改名良，字相伯，又字湘伯、芳伯。自幼信奉天主教，在上海徐家汇圣·依纳爵公学(即徐汇

南望伯多禄堂

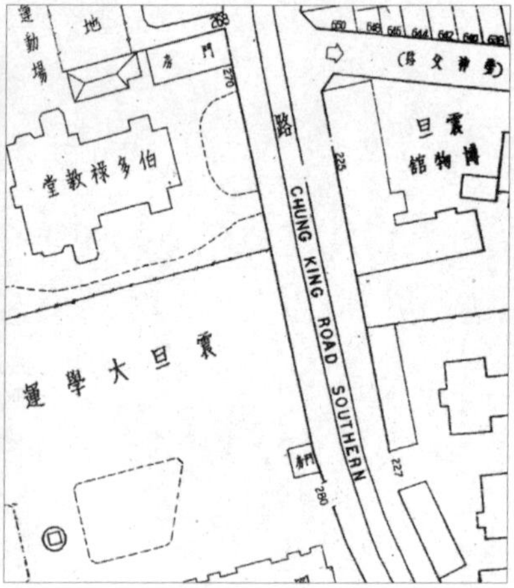

震旦博物馆地块图

昔日伯多禄堂

公学)读书；1862年入徐家汇天主教耶稣会小修院受训，1870年获神学博士学位，并升任神父。1872年任徐汇公学理学(即校长)。积极支持和参与洋务运动，并任清国驻日本使馆参赞，驻神户、长崎领事等职。他深切感到，要富国强民必须提倡科学，兴办实业，而要唤醒民众觉悟则必须兴办教育。1903年，清政府颁布创办新学堂令后，以上海为中心，全国掀起了一股社会办学风。时在南洋公学(今上海交通大学前身)任教的蔡元培多次邀请马相伯到校教习拉丁语，于是马相伯建议从南洋公学中挑选部分优秀生单独成立拉丁语班。此消息传出后，全国许多地方的有识之士希望加入这个班。这样，生源有了保证，而南洋公学则无力解决设立这个班的经费、校舍等困难，于是，马相伯就决定利用他在徐家汇天主教的特殊身份和地位借老天文台空余的房舍开班，旋正式取名“震旦书院”(Aurora College)，于1903年3月1日正式开学。

Aurora的本义为曙光、朝霞，在罗马神话中则是曙光女神的名字，太阳从东边升起，所以Aurora也有“东方之国”的意义，西方人把中国视为东方之国，所以，此Aurora也指中国。而“震旦”是古印度语中的中国，如东晋佛教著作《佛说贯顶经》中说：“佛语阿难……阎浮界内有震旦国。”古人也认为，震旦和支那相似，都是古代西域人对“秦”的音译，如唐《一切经音义·杂阿田此昙心论·卷二》“振旦”中讲：“或作震旦……旧译云‘汉国’，经中亦作‘脂那’，今作‘支那’。此无正翻，直云神州之总名。”照此估计，“震”即“秦”的音译，而“旦”可能是“斯坦”，即某地，“震旦”可理解为“秦那个地方”或“秦地。”在佛教典籍中即指“中国”。所以，“震旦书院”就是“中国学院”的意思。

马相伯自任震旦书院院长，开学时收学生共30余人，第二年就增加到百余人。原有校舍已不敷使用，于是马相伯就捐出在松江泗泾的3000亩土地，以及价值10万两的上海市中心的几块土地，计划在卢家湾之地兴建新校舍。由于其间马相伯与一位法国籍神父南从周发生了一些不愉快，所以新校舍建设直到1907年后才启动。

马相伯是一位社会名流，社会活动很多，所以当震旦书院第二年学生人数激增后，马相伯就感到力不从心，遂邀请法国籍神父南从周(Perrin)担任书院总教习。马相伯在讲到震旦办学之宗旨时说：“欲革命救国，必自研究近代科学始；欲研究近代科学，必自通其语言文字始。有欲通外国语言文字以研究近代科学，而为革命救国之准备者，请归我。”马相伯虽是一位忠实的天主教信徒，一位称职的天主教神父，但他创办的震旦书院则力图摆脱教会的阴影和控制，使之成为一个近代化的社会性学校。但是当南从周主管书院后，他就利用其在教会中的特殊地位，擅自改变马相伯制定的教育方针，实行一套严格的教会管理制度，而震旦并不是严格的教会学校，学生们也非教徒，他们对南从周的那一套根本不买账，于是学生与学校的抵触情绪日益高涨，许多学生则以退出学校相威

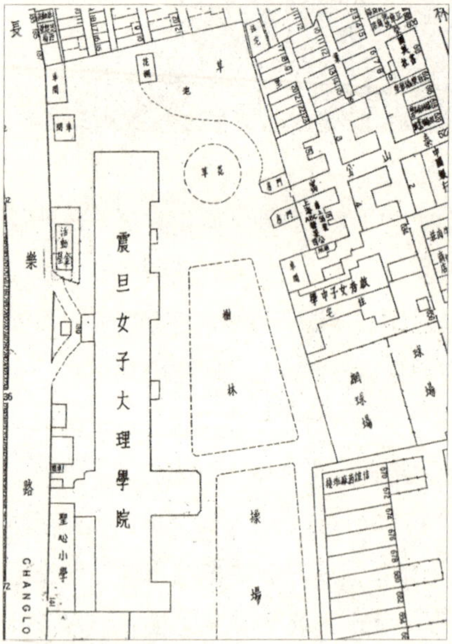

震旦女子文理学院地块图

胁，事情闹到难以收拾的地步。当马相伯去与南从周交涉，希望他以既定教育方针办校，而有恃无恐的南从周同样也不卖马相伯的账。于是，马相伯于1905年带领部分师生离开震旦书院，在两江总督周馥帮助下，借原吴淞镇行辕址另外创办“复旦大学”，虽有人以为“复旦”之名取自《诗经》中的“旦复旦兮”，不过，“复旦”是马相伯离开“震旦”后创办的另一所学校，“复旦”之名取义“复建震旦”似乎更合乎情理。

由于马相伯离校，使震旦书院声誉日益下降，学生人数也不断减少，这也使天主教会十分着急，他们不得不与其他社会名流如末代状元张謇，上海自治公所总董李平书，上海贤达姚子让等联络，通过他们的关系劝说马相伯回校。此后，马相伯才表示不再与震旦书院抗衡，并支持其教育和工作。此后，震旦书院逐渐恢复元气。1907年，震旦书院购进吕班路(今重庆南路)二侧原山东会馆基地兴建新校舍，1912年经马相伯向北洋政府说项，原震旦书院注册为震旦大学(Aurora University)。吕班路以西的校区为大学部，下设文学法政科、医学科和理工科；路东校区则为预科，预科即今向明中学的前身。

1949年后，“震旦”由上海市人民政府相关部门接管。1952年院系调整中，原大学部各科并入相关大学院系，仅留原医科重新成立上海第二医学院，如今，上海第二医科大学并入上海交通大学后称“上海交通大学医学院”。

七、伯多禄堂

伯多禄堂坐落在重庆中路270号，它的法文名称为Eglise St. Pierre，这位St. Pierre在拉丁文中写作St. Petri Canisii，是耶稣的十二使徒之一，上海早期多以法文或拉丁文音译为“圣伯多禄加尼削”，但其英文名作St. Bartholomew，今多译为“巴多罗买”或“使徒巴多罗买”。同时，关于这位使徒的记录和传说并不多，虽然他的名字出现在《福音书》和《使徒行传》中，但记录的事迹少之又少，据说他到过埃塞俄比亚、美索不达尼亚、利考尼尔(今土耳其)、印度等地传教，后被巴比仑国王下令剥皮斩首。震旦大学的另一个拉丁文校名为Schola B. Petri Canisii，直译就是“圣伯多禄加尼削学校”，实际上就是以该校及该校的教堂尊圣伯多禄加尼削而得名的。

伯多禄堂于1933年奠基，次年落成，是震旦大学及附中的专用教堂。不过，1937年“八一三”淞沪抗战后，由于虹口和南市沦陷，原来到虹口圣心堂和南市董家渡天主堂做礼拜的信徒就到伯多禄堂做礼拜，伯多禄教堂实际上就对社会开放而成了一个公共教堂。也由于伯多禄教堂所在的吕班路(重庆中路)一带是法租界中高档住宅区，居民以上海的中产阶层、知识分子为主，于是，伯多禄教堂也成为上海信徒层次较高的天主堂，也许就是这一原因，伯多禄教堂在上海的知名度并不高。

可能是学校专用教堂的原因，与其他社会公共性教堂相比，伯多禄教堂的外观没有一般教堂固有的特征，除了建筑主立面上的三角形山花，在墙体上设计一特大的圆窗，在传统的教堂建筑中，此圆窗多装有带有宗教色彩的彩绘玻璃，称之“玫瑰窗”，懂行的人才会知道——这是一座教堂，或与宗教相关的建筑，而不懂行，又不知情的人一直会有一个迷惑，这是一幢什么建筑。

解放后，该建筑为上海第二医学院的礼堂，上世纪90年代初上海兴建南北高架时，因道路拓宽之需，伯多禄教堂部分被拆。约2000年又在原址重建。

八、震旦女子文理学院

上海社会科学院总部在淮海中路622弄7号大院内，许多人知道，1949年前这里是一所叫作“震旦女子文理学院”的学校，众所周知，教会学校一般男、女分校，于是一些人望文生义，误以为震旦女子文理学院是震旦大学的女校部。这一猜想恰恰错了。

震旦女子文理学院的英文名为Convent of the Sacred Heart，直译为“圣心会修道院”，是天主教圣心修女会(Missionary Sisters of the Sacred Heart)创办的女子学院。

早在1800年，修女巴拉在法国创办“圣心会”(society of the Sacred Heart)，致力于开展贫民教育，在欧洲许多国家创办学校，之后，意大利修女方济·贾比尼将意大利的圣心会改组为圣心修女会，并在美国的意侨区开展工作，创办了许多学校、医院、孤儿院。1926年进入上海，在法租界蒲石路181号(今长乐路141号)民房建立会所。同年，就在这里创办了一所“圣心小学”，英文名即Conrent of the Sacred Heart，接受不同国籍的女生入学。1932年，该学校又增设中国部，吸收中国女童入校。据1935年统计，该校实收外籍学生185人，中国籍学生166人，共351人，以当时的教育情况，这个学校还是稍具规模的。

上海是天主教势力较强的地方，但在上海的天主教只有小学和中学，使外籍女生读完中学后只能离开上海到外国继续读书，而中国信徒或选择非天主教大学继续就读，或终止学业。于是，上海天主教希望在上海创办一所女子大学，圣心修女会就承担了这一重任。1937年，圣心会购进了与圣心小学相邻的地块。同年，震旦女子文理学院建成开学。早在1932年南京国民政府就颁布了相关法令，在中国的任何学校必须向所在地教育局注册备案，上海已经存在的教会学校也已在注册时取消与宗教相关的名称。所以，天主教为省去注册备案的麻烦，就取名震旦女子文理学院，声称该校与震旦大学互为女校和男校。

该校占地约15000平方米，主建筑占地近5000平方米，四层钢筋水泥结构。由法商赖安工程师行(Leonard-Veysseyre-Kruze)设计。建筑以中间的正大门为轴线，两侧不严格对称，中轴线上设计有塔式钟楼，顶部设计有十字架；主立面比较简洁，均设计为大窗。在上海近代教育建筑中是比较气派的一幢。

震旦女子文理学院成立当年就遇上1937年抗日战争全面爆发，学校经营十分艰难，所以也没有太大影响。1952年被政府接管。

九、从土山湾孤儿院到土山湾工艺局

“土山湾”是历史留下的一个俗地名，如果没有近代出现的土山湾孤儿院和土山湾工艺所，也许，这个老土地名早已消失了。关于土山湾这个地名的来历，一般笼统解释为——古代这里有一条河流，古人在疏浚河道时，将挖上来的淤泥堆在河边，“堆泥成阜”，遂被叫作“土山”。此仅讲对了一半，《民国法华乡志·卷七·古迹》是这样讲的：

> 土山，在徐家汇南里许，今呼“土山湾”。相传，徐文定公筑圹时，因出向关系，布置增高；历届开河堆土，积累愈高。树木葱茏，宛使土丘垤。光绪间，天主堂削平建屋，收拾累名，垒置一堆，以志遗迹。

原来，明末清初在建徐光启墓时，听从了地理先生的建议，墓的南侧一畴平原，无遮无挡，于是就在墓南一里的地方垒起了一个土山包作为屏障。后来历年开河过程中，人们又将挖出来的淤泥堆到这个土山包上，使土山越来越大，越来越高，似土山“树木葱茏，宛如土丘垤”，被人们叫作“土山”，而土山相近的一带则被叫作“土山湾”。这个土山直到清光绪年间才被天主教铲平，不过，天主教还是把土山中的石块拣出来后重新堆成一小

20世纪初土山湾一带风光

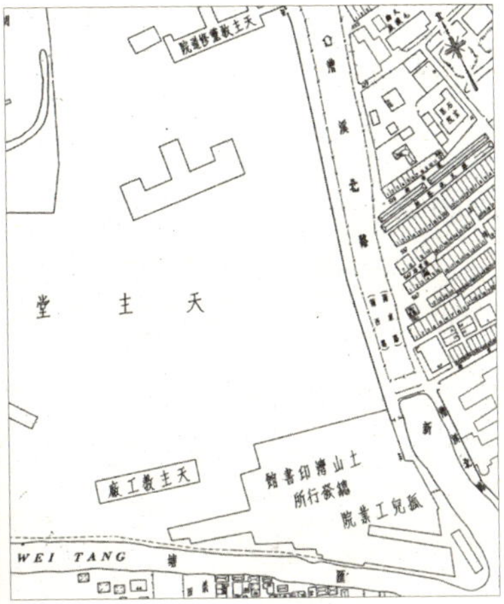

土山湾地块图

山“以志遗迹”，这是教士们对古迹的重视，后来，这个石堆的小山也消失了。

近代中国战争不断，兵荒马乱的年代孤儿弃婴特别多，以传播福音为号召的天主教就凭自己的能力开展收留弃婴和孤儿的工作。大约在咸丰初年，松江佘山脚下的横塘天主教办了一所孤儿院，使一部分孤儿有了一个暂时安身的地方。1852年，这所孤儿院搬迁到了徐家汇的土山湾。

范廷佐是西班牙人，父亲是一位杰出的雕刻家，参与了埃斯库里亚尔王宫建筑雕塑的设计和雕刻，范廷佐继承父业，在罗马深造，并进了耶稣会那不勒斯省初学院，获修士资格。1847年，他被耶稣会派遣到了上海。当时，天主教在中国恢复合法地位仅几年，传教士中也没有懂建筑的人，所以，范廷佐一到上海后就主持设计了董家渡天主堂和徐家汇的圣·依纳爵天主堂，他也成为来华天主教中名气很大的人物。

天主教在恢复合法地位后就迅速发展，上海、江南、全国都在大兴土木兴建教堂及其他宗教建筑，随着天主教势力的扩张和信徒人数增长，各种与宗教相关的艺术品、工艺品、印刷品的需求量日益上升，于是，范廷佐提出在徐家汇创办一所以宗教用品为主的艺术学校，史式徽《江南传教史》中是这样讲的：

> 范修士建议在徐家汇创办一所绘画和雕塑宗教用品的工艺学校，可以供应教堂装饰品，而且对教友家庭和教外人士都能起到很好的宣传作用。郎院长非常赞成这一建议。于是，工艺学校于1852年正式开课，不用细说，范修士在培训中国艺徒的过程中发挥了惊人的耐心和智慧；创办初期，成绩已很显著，以至徐家汇的这些工场画室成为当时上海外侨郊游的目标之一。
>
> 范廷佐修士培养出来的一些艺徒始终保持着他们的传统；1850年，创办在横塘的孤儿院迁到土山湾后，这所绘画和雕刻的工艺学校就合并了进去；至今这个部门仍很兴旺；远东不少圣堂的优美装饰，都得感恩于范修士教练出来的这些真正的艺术家们。

1860年的太平军东进，战争使数以几十万计的苏南浙北难民进入上海租界，上海四周随处可见弃婴和流离失所的孤儿，当时上海地方政府立即办了“贫儿院”、“孤老院”，天主教也扩大孤儿院的收容，但均无法解决如此艰难的社会问题。天主教就在那些孤儿中挑选一批有才能，并有希望培养成好教友的孤儿送到土山湾，《江南传教史》是这样讲的：

> 1866年，孤儿院造了第二埭房屋；一座哥特式的华丽小堂也于1867年4月同时完工。当时土山湾收养了342名孤儿：其中133名分配在各个工场，80名搞农业，20名从事园艺；还有109名由于年龄太小，还不能参加体力劳动，就留在小学里读书读经。

收养孤儿是一件赔本的事，而在孤儿院里设立工艺所，通过孤儿们的劳动至少可以为孤儿院创造一些财富，减轻孤儿院的经济压力，《江南传教史》也记录了这一情况：

教区账房隆盖神父于1865年向圣婴善会总部呈报了一份很受欢迎的统计表。全中国其他各教区总共扶养了1322名孤儿，共花187588法郎，每名孤儿平均花去103.86法郎。而单单江南教区就有1312名孤儿，共花了86000法郎，每个孤儿为65.55法郎；必须承认，善用救济能鼓励人们给以新的更大的救济。

该书还讲：当时，土山湾有一件农活已着手进行，后因种种困难而放弃了。1865年以后，曾有80名孤儿在七名工人指导下从事农业生产。柏立德神父曾写信说："孤儿院能有水稻田种种，真是求之不得。我们有的是人手，成本也不太贵。种水稻后，我们每年就有粮食，如遇灾荒，米珠薪桂，我们就可不必出高价买粮了。"

后来，由于全国都在大兴土木兴建教堂，宗教建筑中使用的建筑工艺品供不应求，天主教就将那些学习农艺的孤儿们调回分配到各个工艺工场，土山湾孤儿院原设的"农艺"也取消了，否则，土山湾孤儿院的农艺院也许就成了中国第一所"农学院"了。

土山湾孤儿院(Zi-Ka-Wei T' Tou-se-we Orphanage)在民国以后的汉名叫作"土山湾工艺局"，这也说明原孤儿院的性质发生了变化。《民国法华乡志》中记录，土山湾工艺局下设的学校和机构有：

慈母堂小学校，木工作(制造中西木器、雕刻人物、鸟兽，金银彩画，油漆器具)，五金厂(修造五金杂货，其镀金、镀镍最为优美)，中西鞋作(制造皮鞋、华履、皮球、皮袋等货)，风琴作(修造大小风琴，为各教堂各学校之要，品工料坚久，声音洪亮)

图绘馆(分水笔、铅笔、油彩等其所绘花草人物，摹真与影等件，前经南洋劝业会颁给奖冯至十九件之多；近日新添彩绘玻璃制造，所将人物鸟兽油画于玻璃上后置炉中煨炙，以使彩色深入玻璃，虽经日炙雨淋，永久勿退，中国彩绘玻璃，此为第一发明家)，印刷所(分名印、铅印、五彩印等，印出中西书籍，发售甚多)，照相馆(制

上世纪30年代"土三湾"孤儿院合影(李圣恺提供)

土山湾孤儿院乐队合影，
中坐为叶肇昌，后排右一葛承亮，右五笪光华

造铜锌玻璃等版，凡人物摄影及五彩各像，皆可制版精印，比众优良）。

机器厂(修造一切机器。天文台有几种机器为该厂制造)。

《江南传教史》中讲：

人们特别注意到“雕刻、镀金、油漆、绘画工场”；这工场是由范廷佐修士的两位得意门生，陆伯都和刘必振两位辅理修士从徐家汇搬到土山湾的。他俩把自己的技术精心传授给孤儿们，培养了一批批优秀人才。这所工场后来大大地发展了。中国教友喜爱的圣像绝大部分都由这所工场绘制印刷；还有圣堂里用的装饰和用具，在辽阔无边的中华帝国各地的无数教堂里，几乎都能看到。

土山湾工艺局最初只是以制造宗教工艺品的机构，到了清末民初，它也向社会服务，成为一个综合性的工艺品生产厂。

与中国传统的孤儿院不一样，土山湾孤儿院致力培养收留的孤儿掌握一门或几门职业技能，当孤儿长大成人踏上社会后就可以凭自己的手艺谋生，《江南传教史》收录费赖之神父的《1869年的江南教区》中一段记录，原文是这样写的：

> 费赖之神父又写道："当这批青年们自信已能出院自立谋生，孤儿院就支持他们，供给他们生活上最急需的用品，如衣服、床褥等，他们就这样离开了。他们自去投师、签订合同，合同上附有几个条件：(一)不参加一切迷信活动；(二)主日及大瞻礼日能自由去望弥撒；(三)每年数次回土山湾集会。如果失去师傅或东家，或因其他理由不能再留在外面的话，他们就回到孤儿院，在他们看来，土山湾孤儿院就是他们的老家。一般在上海附近成家立业的孤儿，经常喜欢回来看看养育他们的旧居；瞻礼日来的人更多。大多数人都回来举行一年一次的避静神工。今年有340人参加了避静，其中75人是老孤儿。董家渡的一位神父特别关心这些老孤儿，每逢主日便给他们培训讲道。"
>
> 数年之后，人们给已满师当工人的孤儿，在土山湾河对岸盖造了几埭房屋，这就是目前旺盛的教友村"五埭头"的开端。

文中讲的"五埭头"是今徐汇区的一个俗地名，范围大致上指今漕溪北路以东，三角街附近一带。当然，近若干年这里被兴建为高档住宅区，人口流动量很大，"五埭头"这个俗地名几乎已被人们遗忘了。

《民国法华乡志》对土山湾孤儿院也有一段叙述：

> ……咸丰四年(1854)拓地迁此，逐渐增建工艺各厂，专收教外贫儿，自七八岁至十一二岁不等，衣之食之教以工艺美术，大率六年为限，毕业后或留堂工

1902年土山湾工艺局木工间工作场景(李圣恺提供)

作，或外出谋生，悉听自便。年已长成，积有工资者为之择配完婚后，男仍在堂工作，女在圣母院做活，家室完聚，饱食暖衣。救世苦心，于此观止矣。

教会看重文化的传播，史式徽《江南传教史》津津乐道土山湾的成就：

从那时起直到如今，土山湾孤儿院为教区做着一件杰出的工作，那就是它的印书馆。这所孤儿院印书馆成了传教区最活跃、最得力的传教工具。在1869年，它至少已拥有“七十种作品的木版，都是有关宗教和引人热心的圣书，或为教外归化，或为圣教辩护，或为训导培养教友虔诚精修”。其中大部分是十七八世纪由利玛窦、柏应理、李玛诺、南怀仁、艾儒略、潘国光、庞迪我等旧耶稣会神父优秀作品的再版；后又增加了李季芳与晁德莅两位合著的《圣母月》和李秀芳著的《若瑟月》。1874年开始，活体铅字引进了土山湾，遂能供应廉价而又轻便的书本了。

除了印刷出版宗教书籍外，土山湾印书馆还印刷了如《西学关键》、《形性要学》、《几何探要》、《五洲图考》、《物理推源》、《墨浜觅地证》等大量介绍西方社会科学与自然科学的著作。据说，他们还印刷过一套西班牙文的中国《十三经》，所以史式徽在《中国概况》(*Croguis de Chine*)一书中称：土山湾印书馆印的书“铺就了一条黄皮肤的人们与其他肤色的人们之间的道路”。

现代人则注重土山湾图绘馆对中国近代艺术兴起和发展的影响。1852年，由于当时全国在大兴土木兴建教堂，宗教工艺品须从海外进口，于是，范廷佐修士在土山湾创办了一个以教习，生产宗教艺术品为主的画室工场，无形中它就成了中国最早的教习西方绘画艺术的学校和生产西方艺术品为主的工场。1865年范廷佐修士逝世，中国籍修士陆伯都继承了他的职位，1880年，陆伯都逝世，他的学生兼助手，中国籍修士刘必振继任，而此期间上海和全国都在规模性的修建或重建教堂，教堂的装饰艺术品需求量很大，而土山湾生产的工艺品质量足以与进口品媲美，价格上又有很大优势，于是，土山湾的工艺品被广泛用于宗教建筑和装饰。在现在还保存的上海20世纪初以前的建筑中，还保留了一些当年土山湾生产的建筑用工艺品。

刘必振，字德斋，号竹梧书屋侍者。江苏常熟人。早年学习中国画，后改学西洋画，以水彩风景画闻名，在他执掌土山湾画馆时培养了许多擅长西洋艺术的画家、雕塑家、工艺师，著名者如周湘、张聿光、徐咏青、张充仁、杭稚英等，中国近代著名画家徐悲鸿、刘海粟、陈抱一等也受到土山湾画馆的影响，正如徐悲鸿《新艺术运动的回顾与前瞻》一书中所讲：“天主教之入中国，上海徐家汇亦其根据地之一。中西文化之沟通，该处曾有极其珍贵之贡献。土山湾亦有习画之所，盖中国西洋画之摇篮也。”

改革开放后，人们面临着许多困惑。一方面是建设速度之飞快，包括土山湾所处地块已被建设为新的城市区，原土山湾工艺局所有旧建筑已被拆除；另一方面，人们对城市历史的记忆欲望日增，土山湾曾留下的美好记忆尤显珍贵，土山湾是中国近代西方艺术的摇篮，我们应该重新审视土山湾。

第四章 西班牙奥古斯丁会望德堂

Procuration通常的词义为代理(权)，也可译作某总部机构设在异地的办事处。近代以后，有不少西方教会总部在上海设有procuration，且不论是中国人或侨民编的著述中均译作“账房”。账房的作用就是算账结账，这一方面是设在上海的教会每年会接到其总部转来的宗教活动经费，他们必须合理使用这些经费，并将其财政情况报告总部，另一方面，上海的教会机构也会得到来自信徒的捐款，教会产业的收入，他们也必须有一个账房来管理教产。史式徽《江南传教史》中有这样一段叙述：

> 上海已逐渐成为中国和世界各地的商业中心，各种不同的修会都设法要求来上海设立自己的账房。1855年，徐类思主教答允外方传教会在香港及澳门管理财务的李波神父在上海设立一所分账房。但直到1864年，他们才得到许可。1856年6月，味增爵会在法租界设立账房，其创办人埃梅里神父，曾一度居住在洋泾浜。传信部也提出要在上海设立一所账房，但没有实行。耶稣会只是在年文思当了主教后，才在法租界设立了账房。

有多少西方天主教总部在上海设立过账房，似乎已很难查考，1937年字林洋行出版China Hong List中收录了一些账房，它们是：望德堂(Augustinian Procuration，地址：爱文义路1220弄2号，西班牙天主教奥古斯丁会账房)，望德堂分堂(Missions Reeoletos，地址：莫利哀路6号)，首善堂(Procore des Lazaristes，地址，萨坡赛路44号，天主教遣使会账房)，普爱堂(Belgian Missions of Scheut，地址：海格路135号，天主教圣母圣心会账房)，方济堂(Franciscan Procuration，地址：吕班路141号，天主教方济各会账房)，三德堂(Societe des Missions Etrangeres，地址：台拉斯脱路50号，天主教巴黎外方传教会账房)，善导堂(Steyl Missions，钜籁达路709号，天主教圣言会账房)、崇真堂(St. Columban’s Mission，赵主教路287号，天主教高隆庞会账房)。

奥古斯丁(Augustine，354~430)是古代基督教会最伟大的思想家，396~430年任罗马帝国非洲领地希波(Hippo，在今阿尔及利亚境内)主教。他在《论三位一体》一书中指出：基督教哲学的任务在于，在《圣经》启示指引下，通过人灵魂中的上帝形象认识上帝。他也是最早提出“原罪”和“神恩”论点的神学家，他指出，一方面人人都涉及亚当的罪(亚当是《圣经》故事中的人类始祖，《旧约·创世纪》中讲，上帝按自己形象用泥土造就世上第一个男人，后来又用亚当的肋骨造出了夏娃。亚当偷食禁果而产生性欲，与夏娃有了性行为，遂被逐出伊甸园，受终身劳作之苦，并令死后复归尘土，从此才有了人类)，都不免此罪的刑罚；另一方面，这种罪之所以发生，是由于人必须依靠性欲才能生殖，而性欲中灵魂显然是能控制的。奥古斯丁还认为：人的堕落就是违背爱的准则。上帝的爱自上而下及于人，但人往往摆脱这种爱而追求属于自己的爱，于是就会屈从于低于自己的事物；人堕落是出于自觉的行为，人又无法自觉地扭转这种堕落的后果；因此必须扭转趋向，争取上举的爱，摒弃下拖的爱，也就是讲，依靠上帝赐爱于罪人心灵之中。总而言之，人从诞生日起就负有罪孽，只有不断祈祷神的爱才能消弥人的原罪，所以，人们必须用苦修的方式摆脱原罪，感激神恩。

按照奥古斯丁所制定的隐修规章建立的修会就叫作“奥古斯丁会”(Augustinians,或Augustinian Order，汉译又作“奥斯定会”)。1256年教皇亚历山大四世发布《教会许可》，准其为正式修会，与加尔默罗会、方济各会、多明我会合称天主教四大托钵修会。奥古斯丁会遵循奥古斯丁倡导的准则，规定修士必须遵守福音书中所讲的，即必须抛弃家庭、财产而追随基督，在教内过集体、清贫的生活，脱离世俗事务，从事传教和济贫工作。奥古斯丁会成为托钵修会后就传入欧洲各地，其中又以西班牙最为活跃。

16世纪，奥古斯丁会又随西班牙向外扩张而传入美洲和南洋各地。明万历三年(1575)，奥古斯丁会士多次由菲律宾闯入中国福建沿海一带，均未成功。直到清康熙十九年(1680)在广州登陆后建立据点，光绪五年(1879)又在湘北设立代牧区，总部机构设在湖南澧州。

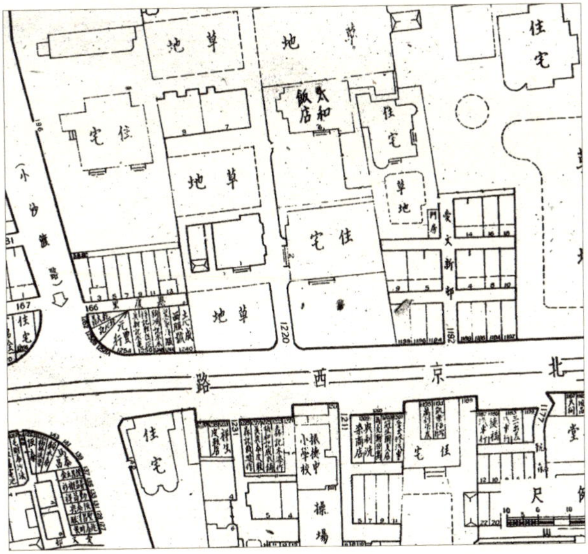

望德堂地块图

奥古斯丁会进入上海的时间未详。《民国念四年(1935)上海年鉴·宗教》中记："望德堂账房：爱文义路一二二〇号；莫利爱路六号。"在前面引用的1937年*China Hong List*中已提到，爱文义路1220号和莫利爱路6号的"望德堂"就是奥古斯丁会在上海的账房，还提到"望德堂"的主要成员，户主是齐勒柴神父(Rev. P. Geregal)，同住人有：埃尔维拉神父(Rev. F. Alvarad)、加斯的神父(Rev. G. Castrillo)、勃郎高神父(Rev. E. Blanco)等。

上世纪20年代后，欧洲和拉丁美洲国家和地区的天主教信徒们经常会定期不定期收到从上海寄出的《教会生活》(*Missions Reculetos*)杂志，这是一份在上海的西班牙奥古斯丁会编的介绍和宣传奥古斯丁会会士在华开展教务工作的杂志，介绍传教士们艰辛的工作，中国的贫困和落后，希望各国信徒慷慨相助，拯救处于水深火热中的中国贫民。杂志起了很大作用，有大量汇款不断寄到上海。杂志刊行12年后，当汇款人希望知道捐款流向及开支账目时，上海的《教会生活》始终保持沉默，不作任何答复，此事也引起了相关部门的注意。1936年，一位原长驻印度马德里的《阿赫拉报》美国籍记者爱狄•密勒奉报社之命到了上海，报社要求他"把西班牙传教神甫在中国的工作情况，置备的产业和推广西班牙文明而受到的牺牲，做一个详细报告"。笔者至今未查到爱狄·密勒是否及时完成了这份报告，但他完成和正式出版了一本著作——《上海——冒险家的乐园》，据说，今人把旧上海讲作"冒险家的乐园"即出自该书。

该书中有一段作者与一位叫买尔的人的对话：

> 我把一件事，告诉我朋友买尔先生。买尔先生曾在墨西哥当过通讯员，所以能说一口流利的西班牙语。
>
> "什么？上海有西班牙文的杂志么？可是真的么？"
>
> "我为什么要骗你，这份西班牙文杂志由法兰西教会的神甫编辑和发行。"
>
> "他们在什么地方发行这份杂志？"
>
> "莫利爱路六号，一所华丽堂皇的大屋子里。杂志名字叫《教会生活》，每期总要发行好几十万份。"
>
> "杂志内容是什么？"
>
> 从封面到底页，都是弥天大谎。可是上海的法兰西斯教会都靠它发了大财。

照杂志上所讲的来看，法兰西斯教会的那些神甫真是上帝的使徒，人间独一无二的好人。他们牺牲了自己，去开化那些可怜的中国人。他们时常讲到他们工作的繁重和所需经费的浩大。每一期中，他们总有几篇专论，历述其牺牲精神、刻苦生涯和孜孜为喜的心向。文章做得是有声有色，淋漓尽致，读的人闭目一想，一定以为他们是生活在衣不蔽体，食不果腹的境界之中呢！这些上帝的使者处境可怜极了，他们不怕艰难地去超度他们的黄种弟兄的灵魂。只要是有心人，谁不能不同情他们？只要口袋里有买面包多余下来的钱，谁又不能不帮助他们？在这同情与帮助之下，法兰西教会神甫们就得其所欲了。

也许是作者初来乍到上海，他知道上海有法租界，法国天主教的势力也很强大，就把奥古斯丁会误以为是法国天主教办的杂志。

《上海——冒险家的乐园》中还讲：

要调查西班牙的传教机关在中国置有多少产业，倒不是一件容易事情呢。我硬着头皮去请教西班牙的领事。他告诉我，西班牙的传教机关所置产业照例是不入册的。就他所晓得的，那些传教机关都是极穷苦的，他们并没置有什么产业。

真人面前说假话，哼，我除非给鬼摸了头，才会相信。不说就不说好了，我自己难道不会打听么？也许我探访下来，还可以比你多知道一些呢！我远兜远转地从领事馆中探得了一些消息。西班牙的传教机关的产业所以不见录于册籍者，正是近来的一种新发展。在共和政府成立前，传教机关的产业是一律入册的，毛病就出在换朝代的当儿。上海的西班牙外交大员，恐怕新政府要监督西班牙在中国的传教机关的活动和财政，所以网开一面，特许这些传教机关，把他们的产业，向其他各国领事馆注册。

从其他方面，我又探知西班牙在中国的传教机关设总办事处于爱文义路一一二二弄二号。总办事处名字叫望德堂，电话是三〇三四一号。

一辆出差汽车将我送到了爱文义路一一二二弄。那是一条很幽静的巷子。巷口虽然有车马的嚣声，巷内却清净得一尘不扬。在一所大厦门口，我找到了望德堂的铜招牌。真气概的房子，方方正正，高高大大，至少也值这么几十万块钱呢。屋子前面是一个小小的花圃，花木亭亭，布置得倒也不俗。我徘徊了一会才去叫门。应门的是一位中国青年。我把拜访加斯的卢神甫或者齐勒柴神甫的来意，用英国话说明。

可是这位青年不懂英国话。他问我能不能说西班牙话。

“会说的，先生。”

“加斯的卢神甫与齐勒柴神甫都不在此地。你如有要事须找他们，你可以到他们的办公处去。除了星期日以外，每天上午九时至十二时，下午二时至五时，他们总在那边的。”

神甫的办公处不在教堂里而在旁的所在，这倒是第一次听见的事情。好奇和怀疑使我发出了下面的问话：

“到办公处去找吗？难道他们除了传道的本行外，还兼做着生意么？”

“他们做的生意多得很哩。我所知道的，尽在这里了。倘使你真要去找他们的话，我可以把他们办公处的地点告诉你。”

“承情得很。但是我口渴得很，想请你赐一些水给我喝喝，不知道行不行？”

“当然可以，请到这里来吧。”

他引领我到客厅中去。一路走过了好多间铺陈得非常华丽的房间，可是不像神甫住的地方，倒有些像二八妙龄的少女的香闺。一股浓烈的香气，馥馥郁郁地荡漾在空气中。起初我以为是神坛前焚的香；但细辨下来，又觉得不对，这气息似麝似兰，显然是花露香粉的腻人香味。

“这里有没有祈祷室？”

“有的；可是小得很。”

我们踏进小祈祷室。香气愈加浓烈了；可是室中空荡荡的，不见一丝一缕的香烟，也没有焚香的宝鼎。

“奇怪，我闻到一些香气。可是这里并没有香炉，不知这香气是从哪里来的？”

“你难道不知道此地设有一个小小的化妆品制造厂吗？我就是厂中的技师。我们制造各种化妆品，由教会将它们贩到内地去发卖。”

“真有趣，我想参观一下你们的工作场所，不知道行不行？”

“那有什么不可以。”

一间小小的房子，几个中国少女，几百只大大小小的瓶子和罐头。在这一间具体而微的小工厂中，相当数量的化妆品按日生产出来。胭脂香粉，唇膏眉黛，只要是化妆用得着的东西，这里无不应有尽有。名字也题得怪怪奇奇，香香艳艳的，足以引动爱美的青年男女的心。神甫们的生意经真是不错。

“滑稽的事情。传教的神甫经营这种生意！”

“密勒先生，你真是少见多怪了。这是加斯的卢神甫与齐勒柴神甫的办公地点，你到那边去，一定还可以发现许多惊人的事情。”

爱狄·密勒还在望德堂神父的办公桌上见到一册“行号录”，其中记录：

“美国证券股份有限公司，在美国注册。

外滩汇丰银行大楼，三三三至三三七号室，电话一九〇八四至五。

经营堆栈与码头业务。

董事长：文生；

副董事长兼总经理：齐勒柴。

股东：兰路码头公司，汇山码头公司。

总经办：中国冷藏运输公司。”

唔，原来那些无赖的神甫运筹握算，还创办有这些大事业呢！什么是教会？哪里有教会？没有，有的只是一个组织完善的经商机关。这家美国证券股份有限公司在汇丰银行的大楼上，租下广大的办公处。那些神甫就风雨无阻地按一定的时间上那边去办公。他们穿的虽然仍是黑长袍，但是手中拿的，却不是《圣经》而是账簿算盘。只要是挣钱的事，不管它正当不正当，他们一概都做。他们放高利贷。他们公开的业务是买卖房地产、办堆栈、造码头；不公开的生意是贩鸦片、卖军火、开赌场、营娼寮。他们的眼光中只看见钱，什么天理、人情、功德、罪过，都不值得他们一顾。

(查China HongList • Shanghai Hong，译文中的“美国证券股份有限公司”的英文行名为：American Securities Corporation，注册的中文行名为“美安公司”，主营房地产及信贷业务，奥古斯丁会望德堂的齐勒柴神父(Rev. P. Cerezal)是主要合伙人，并任副董事长兼总经理。)

爱文义路即今北京西路，笔者手头有一份The Augustinan Corpration于1930年7月11日向上海公共租界工部局工务处提交的申请在爱文义路建造Procuration Building的报告，并附有建筑立面草图，其与今北京西路1220弄2号的房子基本相近。建筑坐北朝南，面临北京西路，华丽而活泼的山墙曲线，古铜色的小筒瓦，屋檐和窗檐的波浪纹装饰，一看就知道是一幢典型的西班牙风格建筑。香山路6号和北京西路1220弄2号的原望德堂均已被公布为上海市近现代优秀保护建筑。

第五章 俄国东正教在上海

东正教(Eastern Orthodoxy)与天主教、基督教(新教)为并立的基督教三大派系之一。英文orthodoxy源于希腊文orthodxia，即“正统”的意思，而该教又是从流行于罗马帝国东部的希腊语地区发展起来，以后又流行于东欧，于是称“东正教”，即“东方正教”的意思。

公元324年，君士坦丁统一罗马帝国，他继续支持和扶植已在帝国流传的基督教，由于基督教内部对教义的理解和诠释存在差异和分歧，教会内部纷争不仅影响教会团结和统一，事实上也影响到罗马帝国的统一。325年，君士坦丁一世亲自召集有300名主教参加的“尼西亚公会议”(Councils of Nicaea)，会议由皇帝的宗教事务顾问，西班牙柯都伐主教何西乌主持。议题中心就是如何解释道成肉身的基督和上帝，也就是“三位一体”中的父与子的关系。代表东方教会利益者坚持“三位一体”中的“圣灵”和“圣子”的关系是“父先王子，子为被造而次于父”。而代表西方利益者坚持认为“父子同质，子为道成肉身”。这是宗教命题的争论，即确定表示圣子基督与上帝圣父的关系，一方认为圣子基督是上帝圣父创造出来的，其地位应次于上帝圣父；而另一方则认为圣子基督和上帝圣父具有同等地位，只是上帝圣父生来就是神，而圣子基督是从俗世的肉身化为神道。

尼西亚公会议以代表西方的一方取得了胜利并通过了《尼西亚信经》,《信经》正式确定“父子同质”的“三位一体”的正统三一论教义的标准。而其更深的社会背景则是东、西方之间政治、经济、文化的差异和民族矛盾在宗教上的反映。

在尼西亚公会议后仅几年，君士坦丁一世即将首都东迁拜占庭，大兴土木兴建君士坦丁堡(即今土耳其的伊斯坦布尔)，于是东、西两派斗争的焦点就转移到是罗马还是君士坦丁堡居教会的首席地位上。这样一来，原来关于圣父和圣子的争论又一次 被提起。公元589年托拉多会议以后，西班牙归信天主教，西班牙教会又将《尼西亚信经》确定的圣灵来源文句“发自圣父”一句改为“发自圣父和子”，而此一释文又在西派教会中广为流传，引起东派教会极度不满，于是双方为此进行了长期争论，史称“‘和子句’纠纷”(Filioque)。1054年，罗马教廷派使节赴君士坦丁堡谈判，结果失败，于是双方互相宣布绝罚，东方教会正式称“东正教”。

1453年拜占廷帝国灭亡，君士坦丁堡成了奥斯曼土耳其帝国的首都，于是，君士坦丁堡作为东正教牧首的地位下降，许多东欧国家或地区的东正教建立自主教会，如君士坦丁堡正教会、亚历山大正教会等。俄罗斯正教会于1589年获得自由地位，并建立牧首区。上海的东正教主要就是俄罗斯正教。

一、上海早期俄侨与闸北“主显堂”

沙俄原是一个欧洲国家，与中国并不接壤。1547年，原莫斯科公国伊凡四世不满足“莫斯科大公”的称号，改称“沙皇”，“沙”是拉丁文“恺撒”的转音；到1721年，彼得一世又正式称“皇帝”，但习惯上仍把俄国皇帝称“沙皇”(tsar)，沙皇统治时期的俄罗斯叫作“沙俄”。16世纪末叶，沙俄征服了西伯利亚诸民族。之后，其势力继续向东扩张，当明末满洲军队南下进入关内，沙俄军队则趁机侵入中国东北黑龙江流域；而当清朝建立后，清军又北上打击入侵的沙俄军队，并多次击溃沙俄军队。1689年(康熙二十八年)9月，中俄签订《尼布楚条约》，划定自格尔必齐河和额尔古纳河，沿大兴安岭向东直到海边为中俄国界线；1727年中俄又签订《布里斯奇界约》和《恰克图界约》，划定了西从沙浜达巴哈，东至额尔古纳河为中俄分界线。从此，中俄在中国的东北接壤，边境保持正常的贸易关系。

近代以后，沙俄也利用列强入侵中国的机会，1851年与中国签订了《伊犁塔尔巴哈台通商章程》，1858年又签订《瑷珲条约》，该条约共三款，主要内容是中国将黑龙江以北，外兴安岭以南计60多万平方公里领土割让俄国；原属中国的乌苏里江以东约40万平方公里土地，划为中、俄“两国共管”地。此后，中俄边境除了正常贸易外，俄国商人也通过这个渠道进入中国东北，然后再向南深入中国腹地。

上海距东三省几千里，在没有近代化交通的情况下，俄国人进入上海是较迟的，俄侨人数也很少。据1948年上海市文献委员会编印《上海人口志略》统计，1870~1890的20年中，上海登记的俄侨只有3~7人，到1895年增至28人，1905年增加到354人。

第二次鸦片战争中，1858年中俄签订《天津条约》，俄国获得了与其他列强同等的优惠地位。中国是世界上最大的茶叶种植国和出口国，而茶叶在西方国家很受欢迎，以前，俄国的茶叶进口主要依赖欧洲其他国家的转口贸易，运输时间长，成本高。中俄《天津条约》后，约1863年，俄国商人奥库洛夫(E. Okooloff)、托克马科夫(J. F. Tokmakoff)就在汉口开办顺丰洋行(Okooloff & Tokmakoff)，伊凡诺夫(N. A. Ivanoff)开办阜通洋行(Ivanoff & Co., N. A.)；1874年，皮亚特科夫又与他人合开阜昌洋行(Piatkoff, Molchanoff & Co.)。之后，切尔科夫(S. A. Cheerkoff)等创办新泰洋行(Cheerkoff, Panoff & Co.)，这些开设在汉口的俄商洋行均建有颇具规模的茶厂，他们从湖北、安徽、江西等省收购茶叶，再进行包装或压制成茶砖后，沿长江而下到上海，再分销到包括俄国在内的欧洲各地。所以，到1895年之前，上海常住俄侨人数不多，但商业贸易量还是不小。据估算，在1880年间，仅汉口俄国商行年贸易额在3000万两左右。

上海是俄商贸易比较重要的城市，但上海俄侨人数很少，约1858年后，俄国在沪商务和外交事务委托美国驻沪领事馆代办，代办处设在外滩琼记洋行(今中山东一路20~24号，原址即今和平饭店)内，直到1875年，俄国正式委派孔契(Konstantin Andreianovich Skatschkoff)为驻上海总领事，7月，孔契就租福州路外滩附近的房屋设立领事馆，结束了编外领事馆的历史。

1900年上海公共租界俄侨仅47人，到1905年就增加到354人，上海俄侨人数激增主要有二方面原因：

1895年，西伯利亚铁路已筑成通车，并已延伸到中国东北境内。俄国为了巩固和扩展在华利益，与日本争夺对中国东北的控制权，1895年与法国合资成立合资银行，并争取中国政府入股，于是沙俄又派银行董事长乌赫托姆斯基到北京，经李鸿章批准，12月10日中俄签约，中国政府出资500万两入股，占总资本的55%强，新成立的银行名称为“华俄道胜银行”。根据《华俄道胜银行条例·银行业务》之规定，该银行在中国代收各种税收，经营地方及国库业务，敷设中国境内铁路和电线等工程，并有发行货币权等。而对俄国来讲，其目的更着重开通东北的铁路，而铁路建设的许多材料依赖在上海完成。于是，华俄道胜银行又在上海设立分行，分行选址上海外滩15号，银行大楼于1899年破土动工，旋因北方爆发义和团运动而中止施工，直到1902年正式建成并开始营业。华俄道胜银行总部设在俄国圣彼得堡，1917年“十月革命”后迁法国巴黎。1926年，总行因证券投机失利而被迫宣布清理，同年9月6日，在华分行也宣布清理，并由北洋政府组织“道胜银行清理委员会”负责清理。仅过了几个月，新成立的南京政府又接管了“道胜银行清理委员会”，1928年11月1日，南京国民政府的中央银行总行就在上海外滩15号原华俄道胜银行上海分行址开业。毫无疑问，华俄道胜银行上海分行的设立是上海俄侨人数增长的重要原因。

19世纪后期，日本和俄国为争夺对中国东北及朝朝半岛控制权的斗争愈演愈烈，终于导致日俄战争爆发。1904年2月8日，日本突然袭击俄国在旅顺口的舰队，10日，日俄宣战，战争全面爆发。1905年1月日军攻陷旅顺口，3月又在沈阳一带击溃俄军主力，5月，日本海军又在对马海峡击溃俄国派来增援的舰队。经美国政府从中斡旋，1905年9月5日，日俄签订了《朴次茅斯和约》，日本取代俄国在中国东北的支配地位。日俄战争中，有几艘被日军击中的俄国兵舰被迫驶进上海港，并有部分俄国军人脱离军队而在上海定居，另外，也有部分被日本击溃的俄国陆军士兵也通过其他途径进入上海。

1899年之前，上海的公共租界和法租界西界均在今西藏中路和西藏南路(北段)，租界面积不大，而苏州河南岸的租界早已成为人口稠密，经济发展的“十里洋场”，所以，后来的俄国侨民大多居住在人口稍稀，商业次发达的虹口美租界的北四川路一带，这里也形成了俄侨集中的区域。

早在19世纪末，旅沪俄侨就在北河南路一带的民宅里设立了一个东正教礼拜堂。1900年10月，俄罗斯正教驻北京传道部领班、修士大司祭因诺肯基从北京到上海，他在对上海的俄侨及东正教活动作了调查后，决定由北京的传道部出资在上海建造一个东正教堂。1903年2月，该教堂举行奠基仪式，工期拖得较长，直到1905年才举行开光典礼。新教堂叫作“主显堂”，因其位于闸北，也被叫作“闸北俄罗斯礼拜堂”，当时登记地址是“宝山路43号”。

虽然与东北的许多城市相比，上海俄侨人数不多，但由于上海的特殊地位，这个“主显堂”地位并不低。主显堂第一任堂长是修士大司祭西蒙，后来他晋升为中国东正教上海教区主教，后又晋任北京宣道部领班；同样，北京宣道部领班因诺肯基也来上海主持了主显堂开光仪式。

主显堂还在教堂相邻的地方办了一所小学——正教学校，以收附近的中国孩童入学，这样，在1905年，主显堂的信徒就超过了二百人，而且教徒人数还在不断增长。1924年，东正教设立上海教区时，主显堂就成了主教堂。

1899年公共租界扩张成功，新划定的公共租界北界线相当于今天目东路及其向东的延长线，天目东路旧名“界路”(Boundary Road)那是以分界线得名，坐落在“宝山路43号”位于华界，离租界的距离也有三华里。1917年俄国“十月革命”后，数以千计的俄国难民通过各种渠道进入上海，而租界当局难以接受蜂涌而来的俄国难民，并采取相应措施阻止俄国难民在租界定居，而在上海唯一的一座东正教堂主显堂义无反顾地承担了接待、救济、安置其同胞难民的责任。于是，在闸北主显堂附近就形成了一个俄罗斯人集中的区域，俄侨自称“俄罗斯之乡”，而难民又大多活动在与主显堂相近的北四川路一带，这里也成为一条俄罗斯风情街。

“十月革命”带来的另一结果是中俄邦交关系中断，原来的俄国驻上海领事馆改称“俄局通商事务局”，直到1924年5月31日中苏正式恢复邦交关系，为处置前沙俄政权遗留下来的问题，中苏还签订《解决悬案大纲协定》，原则上规定原沙俄置产“按照中国内地置产现法律及章程移交给苏联政府”。上海的主显堂应移交苏联政府，但在此之前，主显堂为避免移交，已将其全部产业转移到了英诺肯季大主教名下。

1927年3月，上海工人发动三次武装起义，宝山路一带是战区。战争结束后，教会付出很大努力才修复教堂并恢复宗教活动；仅过了几年，1932年日本策动一·二八淞沪战争，闸北成了主战场，与主显堂相近的商务书局毁于战争，主显堂也不能幸免，战火烧毁了主显堂全部。

一·二八淞沪战争结束后，东正教向交战双方提出索赔，直到1933年11月，日本军方才致函东正教，表示有条件赔偿主显堂的损失，而此时的俄侨已大规模向法租界和沪西转移，重建主显堂已毫无意义。不久，这里就成了一个棚户区，旧址相当于今宝山路、天通庵路和横浜路相围的一个三角形地带。

二、东正教新乐路圣母大堂

“十月革命”爆发后，大批俄国贵族、地主、官吏被迫逃亡世界各地，其中一部分就流亡上海。其中人数最多的一批是1918年12月4日由英国邮船搭载抵沪的俄国难民。12月6日《申报》发表“轮船载避难俄人来沪”的文章，说：

> 由印度载装大批洋纱，绕道香港，开驰来沪。搭客内有大批俄人，男妇老幼共计1000人，情形甚为狼狈。当由海关水巡捕房……饬派中、西探捕，前往照料。旋即雇舢舨，由公和祥码头登岸，向俄领事署请求安插。

新乐路教堂(张人凤　摄)

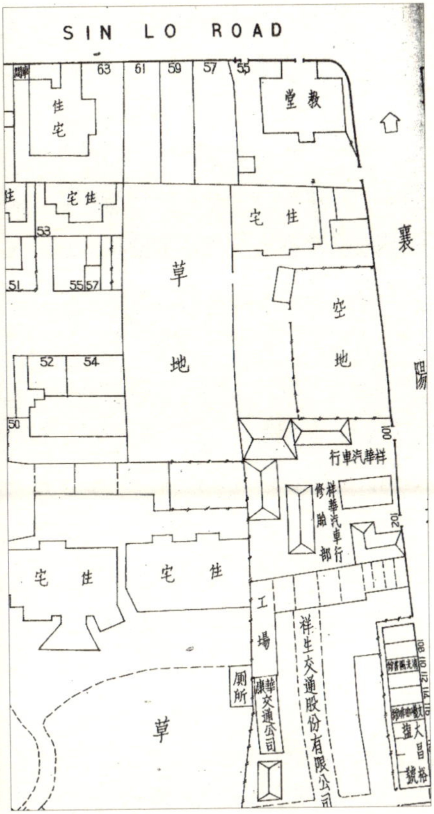

新乐路圣母大堂地块图

上海虽然不是“自由港”，但在1930年上海查验外人入境护照办事处建立之前，上海并没有查验护照的机构，也没有外国人须持护照入境的制度，这也是俄国难民流亡上海的重要原因之一。而上海租界当局担心不断拥来的俄国难民进入租界，会对租界治安和秩序带来严重影响，但是，他们没有理由和能力阻止俄国人进入租界，于是只能希望中国政府出面阻止。1920年，公共租界就致函外交部特派江苏驻沪交涉公署，称：

近悉有俄国难民，将此由北省、天津等处，乘轮南下，不日即须抵沪。刻经租界领事团查得，此项难民，人数众多，来沪因何事故，不知有无随带护照，应行严查。如果未带护照者，即应阻止登岸，并加取缔。惟恐此种大帮俄国难民，或知租界须经严查，即从华界方面潜踪，有不正当之行动，自应预为查阻。

当然，外交部特派驻沪交涉公署在操作上有很大困难，因为上海港没有外人入境须持护照的制度，更没有查验护照的机构，不可能临时派员上船一一查验护照，于是只得与已经倒台的沙俄驻上海领事馆协商，由领事馆派人将进入上海的难民集中安排到东正教闸北主显堂，再逐渐解决俄国难民日后的安置问题。

这批难民主要是沙俄的贵族、地主、官吏，大多受过良好教育，其中不乏建筑师、工程师、艺术家。众所周知，沙皇时代的俄国是以法语作为官方语言的，所以，这批来沪难民中，许多人精通法语。而1900年前，上海法租界的西界仅在今西藏南路(北段)。1900年法租界扩张成功，其西界顶端也只在今重庆中路。1914年法租界再次扩张成功，今华山路以东，肇嘉浜路和徐家汇路以北土地全部被划进法租界，法租界总面积达到了15136亩，约合11平方公里。扩张后的法租界需要大量"公务员"和技术人员，而这批来沪俄国难民既通法语，又有许多贵族、官吏、工程师，不少人就成了法租界的"公务员"。这些人就离开闸北主显堂，住进了沪西法租界。以后，又有更多俄侨也随他们搬迁到了沪西法租界。从上世纪20年代起，沪西俄侨人数越来越多，在今重庆路以西，东湖路以东的淮海中路两侧，形成了一个新的"俄罗斯之乡"。到上世纪30年代，有数以百计的俄国商行、商店集中开设在沪西一带，如：

欧罗巴皮货行(European Fur Store)——华龙路(雁荡路)3号。

俄国皮货商店(Russian Fur Store)——龙华路73号C。

第一俄国皮货店(Russian Fur Store, First)——霞飞路(淮海中路)863号。

上海皮革物产公司(Shanghai Leather Products Co.)——霞飞路899弄37号。

西比利亚皮货行(Siberian Fur Store)——总店：静安寺路(南京西路)1172—1174号，分店：霞飞路895号。

第一西比利亚皮货公司(First Siberian Furriers Co.)静安寺路1135—1137号。

罗茜艺术时装公司(Maison Lucil)——霞飞路561—563号。

穆克特时装店(Muquette Salon)——迈尔西爱路(茂名南路)227号。

维也纳鞋店(Vienna Shoe Co.)——霞飞路653号

欧罗巴皮鞋公司(European Shoe Store)——霞飞路829—831号。

老大昌法兰西面包房(Tchakalian Bros' French Bakery)——霞飞路871号。

俄国第一面包房(First Russian Bokery)——亚尔培路(陕西南路)234—236号。

弟弟斯咖啡馆(DD's Café Restaurant)——霞飞路813—815号。

正章机器洗染店(Valet Service Co.)——霞飞路600号。

……

从1920年开始，原居住在闸北主显堂附近的俄侨陆续迁居沪西法租界新界。大约在1925年左右，上海俄侨主流社会的中心已转移到沪西，于是，主持闸北主显堂的西蒙主教已经有设想将主教堂迁往沪西。1927年3月上海工人武装起义间，闸北是重要战争区，主显堂一度被军人占用，促使西蒙主教加快实行此计划。他立即召开了东正教与上海俄侨各界代表的联席会议，成立了一个新教堂筹建委员会，并印制“献给天主”的认捐券，面额分5元、10元、20元、50元和100元，并很快在俄侨中募集到15000元，后来又得到一位俄商15000元捐款，旋以35000元买进了块位于法租界新界亨利路与劳尔东路(今新乐路与襄阳北路)西南转角处一块约2.5亩的土地。这样，教会剩下的可用于新教堂建设的费用已所剩无几，于是只能用余款约3500元在这里建造了一座木结构的简易教堂，并取名“天使长加夫里洛教堂”。不久，又在边上增建一幢三层主教府。此后，东正教的中心也从闸北主显堂转移到了沪西法租界的“天使长加夫里洛教堂”，原定居在闸北和虹口一带的俄侨们也随主教堂的搬迁而向沪西转移。

经过几年磨难，许多俄国难民在上海立稳了脚，还有许多俄侨也跻身上海的中产阶层，当然，东正教的教产也不断扩大。1932年一·二八淞沪战争中，位于闸北的主显堂毁于战火，这更坚定地使教会在沪西俄侨集中地段兴建规制更大的东正教堂。于是，东正教决定在侨民和信徒中发行“教会债券”，发行额初定3万元，年

1910~1935年上海公共租界和法租界俄侨人口[①]

年 份	公共租界	法租界
1910	317	7
1915	361	41
1920	1266	210
1925	2766	1403
1930	3487	3879
1935	2341	10079

① 据《上海人口志略》统计(不含苏联人461人)

息6%，实得募款3.6万元。原计划在1933年将“天使长加天里洛教堂”和主教府拆除后择日开工，但就在2月11日西蒙大主教病逝，于是拖到同年6月4日圣灵降临节由继承的维克托主教主持了新堂的奠基仪式，数以千计的俄侨参加了奠基活动。

新教堂重新取名为“俄国东正教圣母大堂”(Russian Orthodox Mission Church)，以其坐落在法租界亨利路55号(55 Rue Paul Henry)，民间俗呼“亨利路东正教堂”，1943年亨利路改名新乐路，于是又改称“新乐路东正教堂”。

圣母大堂由俄罗斯侨民亚龙(A. J. Yaron)创办的协隆洋行(Yaron, A. J.)设计，俄籍建筑师利霍诺斯主持设计，中国营造商——昌盛建筑公司(Chang Sung Construction Co.)承建。协隆洋行在承接到这项工程后，主动免收全部设计费用。圣母大堂建设用了三年时间，直到1936年2月才正式举行开光仪式，上海俄侨空巷而出，庆祝属于他们的主教大堂祝圣活动。圣母大堂为典型的古俄罗斯式教堂，生动再现了13世纪初俄罗斯民族形成的民族建筑特征，属于拜占庭建筑形式。其主要风格是把穹顶支承在四个或更多的独立支柱上。圣母大堂的穹顶，是以木构架支起的一层金属外壳包裹，浑圆而又饱满，称为战盔式穹顶。主穹顶由四个小穹顶拱卫，蓝色的穹顶群和蔚蓝色的天空融成一体，显得格外端庄、肃穆。教堂的外形线条简洁，主体部分几近简单的多面体。正墙顶头露出拱顶尽端。这些半圆面的尽端使轮廓充满活力而又有变化，令人感到活泼、舒展。顶尖和顶上十字架涂贴金色，墙面为黄沙水泥粉刷，加上蓝绿玻璃相拼的窗扇，整个建筑色彩非常和谐。建筑占地2000平方米，建筑面积1030平方米，形体古朴完整。平面外形基本上是一个方形，内部平面显示出“十”字形布置。室内四壁简朴，布满俄罗斯教堂内常用的油彩画条装饰，雕刻较少。教堂南侧有一幢建筑面积为538平方米的三层楼房，供神职人员居住。

在沙俄时代，东正教是俄国国教，“十月革命”后，1918年苏维埃人民委员会颁布了《教会与国家分离，教会与学校分离法令》，许多反对这一法令的俄国东正教领袖被迫害、镇压，逃亡出国的东正教领袖又在海外组织成立“俄罗斯东正教国外圣主教公会”。“十月革命”后，由于沙俄政权倒台，旧俄在中国的驻外机构名存实亡，1924年中苏建立邦交关系前，双方为处置旧俄在中国留下的事务签订了《中俄解决悬案大纲协定》，俄罗斯东正教国外圣主教公会为反对和避免苏联政府接管在中国的东正教及教产，就先于《协定》宣布原俄罗斯正教驻北京传道部政组为“中华东正教会”。

“十月革命”后建立的苏维埃政府对前沙俄政权的贵族、地主、官吏等实行打击、镇压政策，对流亡到海外的侨民也不承认其国籍，反而使“俄罗斯东正教海外圣主教公会”在海外侨民中有巨大影响，直到第二次世界大战期间，苏联才逐渐放宽对海外侨民政策，并正式公布法令，只要侨民申请，准许他们恢复苏联国籍。据统计，苏联的这一政策颁布后，上海俄侨中约一半人向苏联领事馆注册，并争取早日回国。1956年后，由于中苏关系破裂，在华俄侨或苏联人的日子也不好过，纷纷踏上回国或到第三国定居之路，上海的东正教徒人数也迅速下降。同年3月30日，中苏两国政府签订《关于交接在中华人民共和国的俄罗斯教会和莫斯科大主教区所属东亚教区财产的议定书》，规定上海东正教会与俄罗斯东正教和莫斯科大主教脱离关系。从此以后，上海东正教信徒寥寥无几，自主的中华东正教仅靠一名主教，几名神父勉强维持门面。1965年3月，杜润臣主教在上海逝世，圣母大堂举行了上海东正教最后一次宗教活动后即宣告结束。1988年，圣母大堂被上海市人民政府公布为上海市近现代优秀保护建筑，并得到良好保护。

1990年，笔者正在上海博物馆的大厅里举办《上海春节风俗展览》，上海市电影局外事处一位干部领了两位美籍俄国人来找我，他们是与上海合作拍摄电影的，这二位美籍俄国人的童年是在上海度过的，这次借工作机会想看看自己童年居住生活过的地方。由于没有确切地址，电影局干部陪他们在上海找了3天，依然没有找到，希望笔者能帮他们指点迷津。于是我就问这两位外国人，是否还记得当时的俄罗斯东正教堂，他们立即回答讲：“记得，这里离我家不远”，于是我又问，是否还记得“Lyceum Theatre”(即“兰心大戏院”)，他们兴奋地说“记得，我的家就在Lyceum Theatre附近的一条弄堂里”。几天后，电影局的干部打电话给我，这两位俄国人已找到他曾经生活过的“家”，并代表他们向我表示感谢。

三、圣尼古拉斯教堂

1917年“十月革命”结束了沙俄的历史，建立了苏维埃政府，但战争并没有结束，在外国军事支持的前沙俄白军还占领俄国的许多地区，在海外的前沙俄海军也在等待机会回国参战。直到1922年底，苏维埃政府消灭了大部分白军主力，建立苏联(全称“苏维埃社会主义共和国联盟”)，内战宣告结束。原沙俄驻外海军已是有国难回，无家可归，他们面临

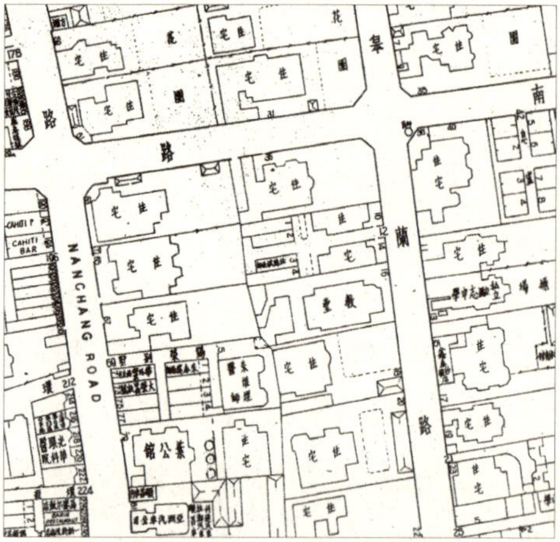

圣尼古拉斯教堂地块图

的困境是显而易见的。

海参崴是俄罗斯最东部的一个军港，那里停泊着由斯塔尔克少将指挥的一个舰队，共计有大小船只30艘，他们不希望成为苏联的俘虏而受到凌辱，唯一的出路就是离港驶往外国。但是，已经倒台的沙俄政权的兵舰又能驶往哪里，有哪一个国家或城市愿意接受他们呢？

1922年，这支共计30艘舰船的船队载着约9000名士官、难民驶进了与海参崴较近的朝鲜东部的元山港，统治朝鲜的日本当局获报后立即禁止任何俄国人登陆，后经多国领事交涉，日本当局才准许部分妇女、儿童、伤病者，以及带有资产的俄国人上岸，而身强力壮的原沙俄军人不准上岸，并限期驶离元山港。于是，这支船队只得离港，1922年12月5日进入中国长江口，泊于吴淞口，估计实载人数为1800人左右。

这支船队进入吴淞口后，同样在上海掀起不小的骚动。由于沙俄政府已经倒台，原沙俄驻上海领事署已经降格为准官方的“上海俄侨通商事务局”，其权限和能力有限，只能希望上海的红十字会等慈善救难团体，以及上海的侨民们的支持和援助；中国尚未与新建立的苏俄建立正常的邦交关系，也难以从外交上处理此事。后来在各方努力和协调下，上海地方政府准许船载的孤儿(大多是阵亡俄国士官子弟)，以及在上海有亲友担保者准许登陆，仅这次登陆上海的难民约1200人，而这批难民中相当一部分是前沙俄军人或与军队相关的人员。此后，仍有不少前沙俄军人逃亡后进入上海，在上海形成了一个为数不少的前沙俄军人团体。

1932年，前沙俄格列博夫中将在上海发起建立一座东正教堂，为纪念在“十月革命”中被红军枪毙的沙皇尼古拉二世(Nicholas II，1868~1918)，教堂名定为“尼古拉斯教堂”(St. Nicholas Church)。格列博夫在上海俄侨及其他国家宗教团体中募捐，很快就募集到10万元。他们在法租界高乃依路18号(今皋兰路16号)觅到一块约1.5亩的空地，业主丁某按当时的地价索价10万元，而格列博夫中将只有10万元，如全部用于购置土地，教堂在近

皋兰路的俄罗斯东正教圣尼古拉斯教堂

期就无法建造。于是，双方签订了一份“租地造房”合同，合同期10年，自1932年9月30日至1942年9月30日，甲方(丁某)有偿将该土地提供给乙方(格列博夫中将)使用，准许在该土地上建造教堂和其他房屋，乙方根据合同每月按时向甲方支付租金；在合同有效期内，如乙方一次性支付10万元，即可优先购买该土地权。1932年12月18日，圣尼古拉斯教堂举行了奠基仪式。教堂由俄商协隆洋行设计，中国昌升营造厂承建。1934年3月31日，圣尼古拉斯教堂举行开光典礼，上海的俄侨，以及曾向该教堂捐款的慈善团体和个人应邀出席，这也是上海俄侨们的重要日子。

圣尼古拉斯教堂的体量不算大，但它却是上海近代西洋建筑中最具俄罗斯风格的宗教建筑，这也许就是格列博夫和设计师亚龙中将力图表现的思想，他们希望在上海有一座正宗的东正教堂，以寄托对故国的思念。教堂外墙由外向里层叠，外墙的山墙设计为倒鸡心形状，层叠的山墙勾勒出东正教教堂固有的风格和特征，在教堂正中心顶部是一很具俄罗斯风格的圆顶，其四周有8个小圆顶上与大圆顶形成“众心拱月”形状，这既是俄罗斯东正教堂的特征、特点、特色，也寄寓着上海俄侨的心态——只有团结起来才能形成力量。教堂内部装修也颇讲究，墙面使用彩色瓷砖作贴面，四壁及拱顶均以圣像和宗教图案。据俄文《柴拉报》文章称：这座高耸在法租界的圣尼古拉斯教堂的金色圆顶，在阳光照耀下闪闪发光，温暖了流亡异国他乡的侨民之心，并使他们增添了对俄罗斯民族的信心。

格列博夫中将长期担任圣尼古拉斯教堂的长老和教区领袖(chairman of parochial council and churchwarden)，直到1941年后，契白诺夫斯基主持了圣尼古拉斯教堂。根据合同，圣尼古拉斯教堂与业主丁某的合同期于1942年9月30日到期，但1937年抗战爆发后，中国的货币已发生很大变化，货币贬值严重，甲乙双方讼诉不断，直到1946年，在上海地方法院调解下，双方达成“和解笔录”，规定教会继续租用土地；后造的房屋归业主使用等。

1956年后，旅沪俄侨、苏联人相继返回苏联，1958年，圣尼古拉斯教堂停止宗教活动，建筑即由房地产部门接管。

第六章 英国基督教与教会事业

1840年爆发的鸦片战争以中国告败而结束，1840年8月29日(道光二十二年七月二十四日)，清廷被迫与英军签订城下之盟——《南京条约》，条约第二款中规定：

自今以来，大皇帝恩准英国人民带同所属家眷，寄居大清沿海之广州、福州、厦门、宁波、上海等五处港口，贸易通商无碍，且大英国君主派设领事、管事等官住该五处城邑，管理商贾事宜，与各地方官公文往来。

这就是所谓的“五口通商”。在此之前，中国只开放广州一口准许外国人开展对华贸易，并对外国人进出广州口岸的控管极为严格。《南京条约》规定外国人可以在通商的五个城市中居住和通商，还应在通商口岸设立领事馆，以使与“各地方官公文往来”。

《南京条约》订得较粗，并没有关于宗教的内容，既没有说明外国基督教传教士可以进入通商口岸活动，也没有明文禁止他们进入通商口岸，根据“无约从宽”原则，《南京条约》实际上已承认基督教传教士可以与商人一样进入通商口岸，英国基督教就最先登岸上海滩。

1844年7月3日，清廷又与美国在澳门签订《望厦条约》，条约第十七款中规定：

合众国民在五港口贸易，或久居，或暂住，均准其租赁民房，或租地自行建楼，并设立医馆、礼拜堂及殡葬之处。必须与中国地方官会同领事等官，体察民情，择定地基。

该条款明文规定美国人可以在通商口岸建立“礼拜堂”，根据“最惠国条约”原则，凡与中国签约的国家同时获得这些权益，这样，基督教在中国通商口岸兴建教堂、传播福音就完全合法化了。

19世纪中叶，英国是世界上最发达和强大的资本主义国家，在中国，英国的势力也最强大，同样，英国基督教在上海的地位十分显赫。

中世纪的欧洲，许多国家和地区实行“政教合一”的政治体制，而且在相当长的时期里，宗教势力十分强大，世俗政权的力量相对弱小。因此，国家的政权往往受制于教会，主教的权势大于国王；而许多国家和地区(教区)的主教又由罗马教皇任命和委派，听命于罗马教廷，因此，罗马教廷实际上操纵和控制了欧洲的教会，从而操纵和控制了许多国家的政权。

16世纪后，随着英国工业革命的发生，英国资产阶级和市民力量逐渐强大，他们渴望削弱教会的特权，减少或免除每年对罗马教廷的岁贡；同时，英国王室也希望加强王权，努力摆脱罗马教廷对英国教会和内政的干涉，这样，英国王室和新兴的资产阶级不谋而合走到了一起。

1533年，在英国资产阶级和新贵族的支持下，英国教会脱离罗马教廷，宣布禁止英国教会向罗马教廷缴纳税贡。第二年，英国国会又通过“至尊法案”，正式宣布英国教会不再受罗马教廷管辖，确定国王为国家的“至尊”，代替教皇成为英国圣公会的首脑，提高王室在教会中的权威。

英国圣公会(Anglican Communion)被确定为英国的国教，所以，它又叫作“大英国教会”，又因为英国圣公会直接受英国下议院的节制，许多重大问题须经下议院讨论裁决，进入中国的英国圣公会教堂有时也被译作“大英下议院教堂”。而Anglican Communion是在1840年以前从广东、福建一带登陆，它没有被叫作“英国圣公会”，而以Anglican被南方方言音读为“安立甘”(也被译作“安在甘”)，直到今天，英国圣公会最通常的译名为“安立甘宗”，甚至后来进入中国的其他国家的基督教圣公会也被叫作“安立甘宗”。

安立甘宗共同遵奉《公祷书》中所规定的教义和礼仪，各教会独立自主，互相保持精神上的联系。

英国圣公会是英国资本主义发展初期为摆脱罗马教廷而出现的基督教新教，所以，早期的英国圣公会在内部仍实行原天主教的主教制度，并在许多方面仍承袭天主教的教规和教义，但是，教会和信徒们又无不以发财致富为目的，正如英国哲学家伏尔泰在《哲学通讯》中所讲的：

> 虽然，这里每人都可以按自己的方式供奉上帝，他们真正的宗教是能够使人财兴旺，万事亨通的宗教；就是主教制度，称为英国圣公会或最优秀的教会。

17世纪，圣公会随英国对外的殖民扩张而传到世界各地，由于它是英国的国教会，所以所到之处往往成为这个国家或地区重要的基督教(新教)宗派。由于Anglican特指英国的或英国国教会的，所以，英联邦国家的圣公会仍使用“安立甘”这个词，而摆脱英国而独立的美国，则多使用“美国基督教圣公会”之类的名称。

一、英国圣公会进入上海和天恩堂的建立

圣公会(Anglican Communion)是欧洲中世纪后期最早在组织和教义上摆脱罗马教廷控制的基督教(新教)宗派之一，也是基督教的主要宗派，与信义宗(又称路德宗，lutheran church)、归正宗(又称加尔文宗，Reformed church)合称基督教三大教派。

英国圣公会是英国的国教会，也是英国基督教最主要的宗教。从17世纪起，为了差遣传教士到海外传教，圣公会就建立专门负责海外传教(Foreign Missions)的机构——Church Missionary Society，这种机构被叫作“差会”。该机构是从属于英国圣公会下的负责海外工作的机构，而进入中国的英国圣公会也使用这个名称，所以，在上海历史资料文献中提到的“英国圣公会”或“大英安立甘宗会”的英文名往往就是Church Missionary Society，而不是Anglican Communion。

最早进入上海的英国圣公会牧师是麦格基(T. Mc.Clatchie)，时间是1845年4月11日。当时的上海已经开埠，但租界还没有建立，英国驻上海领事馆还设在上海县城姚家弄的民宅里，大多数来沪侨民也随领事馆借居在县城里。当时离鸦片战争结束的时间并不长，上海人对入侵的英国人还怀有恐惧和仇恨的心理，所以麦格基在上海的教务工作进展并不顺利。一直到1848年，他得到英国圣公会一笔不小的款子，购进了县城里“石驳岸”的民宅建立了布道堂。由于基督教初入上海，上海人也弄不清基督教与早已为上海人熟知的天主教之间的区别，更弄不清基督教还有教派之分，于是，麦格基的教堂就被叫作“耶稣堂”，后来，上海的基督教堂大多俗称为“耶稣堂”，以区别于天主教的“天主堂”。

在叙述天主教在上海发展的篇章中已经讲到，明末，徐光启把天主教引进上海后，上海的不少望族和百姓信奉了天主教，当上海人逐渐弄清楚基督教是天主教的“异教”后，他们就对基督教产生了恐惧和排斥。所以，麦格基在县城里的传教工作进展很不顺利，发展信徒的工作也进展缓慢。但是，麦格基还是坚持不懈地在城里开展工作，还经常邀请已经在上海租界里取得进展的圣公会牧师到“耶稣堂”讲经，帮助开展工作。1899年，麦格基又得到

总部的援助，买进了与耶稣堂相邻的一些土地，并重建新堂，并正式取名“天恩堂”。1911年，天恩堂又在教堂边上创办天恩小学，到1933年，这幢教堂建筑已十分破旧而不能再使用了，经中华基督教会批准，决定将天恩堂迁公共租界劳勃生路光裕里(即长寿路288弄，该地今已被建为“长寿公园”)另建，教堂旧址全部改建为天恩小学及附属幼稚园。

天恩堂的规模和影响均不甚大，在上海众多的教堂里也排不上号，所以，在上海不少著作中对“天恩堂”的描述就有较大分歧，关于“天恩堂”位置的分歧就更大了。这可能是对上海历史地名——“石驳岸”不了解而引起的。

历史上的上海县城也是典型的江南水乡城邑，到处是小桥流水人家，在上海开埠前，西门内是经济比较发展的地段，尤其以妓业最为发达，是著名的“红灯区”，这可能与西门内有一个兵营有关(这个兵营在1865年拆除，改建为文庙)，如清嘉庆《淞南乐府》中讲：“妓家大半在西城营丁错处，故倚武弁为屏障”，妓院在兵营的保护下得以正常营业。妓院的营业以夜间为主，为了夜间进出方便，这里的路面质量较好，以青条石铺筑，沿肇嘉浜(今复兴东路)也均以石块筑成驳岸，所以这里一带就被叫作“石皮弄”或“石驳岸”，1923年出版的《上海指南·城厢租界地名表》中讲：

> 石驳岸(城内)，即天主堂街。南至肇家浜路(今复兴东路)，北至东马桥弄。

看来，当时人已经把基督教与天主教弄混了，这里有一个教堂而被叫作“天主堂街”。好在1918年出版《实测上海城市租界分图》中在“石驳岸”的地方标明“圣公会”，这足以说明麦格基天恩堂的位置了。石驳岸在以后又被叫作“松雪街”，在1946年的上海商业行号图录中可以看到，天恩小学就在松雪街66号。1949年后，这里改为“松雪街幼儿园”。

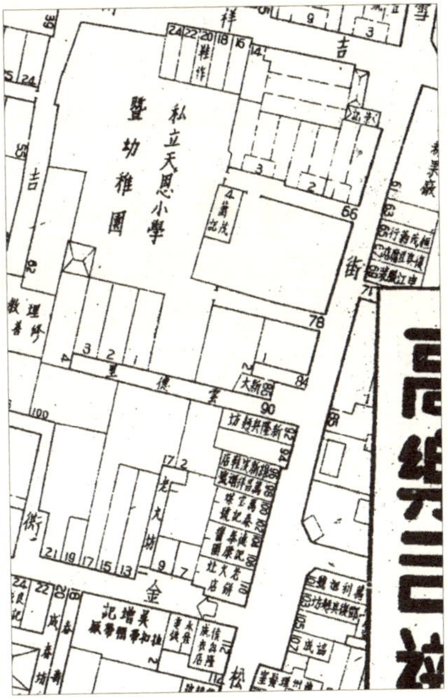

天恩小学地块图

1. 英国圣公会主教堂——圣三一大礼拜堂

中英《南京条约》关于“五口通商”的条文很简单，仅只有“自今以来，大皇帝恩准英国人民带同所属家眷，寄居大清沿海之广州、福州、厦门、宁波、上海等五处港口，贸易通商无碍”。并没有对侨民进入通商口岸后如何获取土地，以何种方式在这里居住等作出规定，所以不论对侨民还是通商口岸的地方官来讲，如何操作就成了麻烦事。于是在1843年10月，中英又补签了《虎门条约》，这是对《南京条约》的补充条约，所以又叫作《五口通商附粘善后条约》、对侨民在通商口岸的权利和必须遵守的规矩作出约定，其中第七条规定：

> 在《万年和约》(即《南京条约》)内言明，允准英人携眷赴广州、福州、厦门、宁波、上海五港口居住，不相欺侮，不加拘制。但中华地方官必须与英国管事官各就地方民情，议定于何地方，用何房屋或基地，系准英人租赁；其租价必照五港口之现在所值高低为准，务求平允，华民不许勒索，英商不许强租。

就是讲，通商口岸的中国地方官和英国领事必须进行协商后，划出一块合适的土地作为侨民的“居留地”，侨民应该居住在“居留地”内。一直到1845年11月29日，上海道台宫慕久与英国领事巴富尔(George Balfour)签订了《上海租地章程》，划出洋泾浜到李家场之间的外滩(相当于今延安东路到北京东路之间的外滩)为英国人的“居留地”(settlement)，并规定了侨民在“居留地”内的权利和必须遵守的规矩。后来，英国人通过修改《租地章程》，不断扩大他们在“居留地”中的权利，使“居留地”逐渐蜕变成了租界(foreign concession)，成为列强在中国领土上建立的独立于中国行政体系和法律制度之外的殖民地。英租界初建时面积仅830庙，1848年英租界扩张成功，北界伸到苏州河，西界延伸到今天的西藏中路，面积达2820庙。1863年，英租界与美租界宣布合并，即所谓的“公共租界”，1899年公共租界扩张成功，面积达33503庙，约22平方公里。

1845年英租界建立后，次年，英国领事馆就从县城迁到租界(即今外滩33号内)，于是原随领事馆居住在上海县城里的英国侨民又追随领事馆搬迁到租界里。教堂是信徒必不可少的宗教活动场所，圣公会是英国的国教会，所以就在1845年上海英租界建立的同时，英国国会下议院即批准在上海的英租界建造教堂，并规定为英国圣公会在远东的主教堂，并取名为——Cathedral，Holy Trinity，即“圣三一主教堂”。

教堂选址在今福州路与江西中路东北角，并于1847年4月10日竣工举行开光典礼。今天的福州路最初路名叫“教会街”(Mission Rood)，江西中路叫“教堂街”(Church Street)就是以这个“圣三一主教堂”而得名。

1847年距上海开埠仅几年，上海的英国侨民人数还不足百人，侨民中也没有专业的建筑师和工程师，再加上资金不足，所以只能由牧师随手草拟一份图纸，雇用中国工匠们“依样画葫芦”，而那些只会建造中国民宅的工匠根本无法理解教堂建筑的结构，所以这所教堂的质量实在太差了，刚建好后就出现墙面开裂，屋顶渗水等质量问题。仅过了三年，1851年初，圣三一主教堂的一面侧墙就倒坍了，教会只得再雇用工匠修复，一直到5月4日完工并重新开堂。

到了1866年，此时的上海已开埠二十几年，上海的英国侨民增加到了几百人，许多原来设在广州、香港及南洋的外商洋行陆续将总部迁到了上海，或者在上海设立分公司，上海的对外贸易额早已超过广州而占全国第一，一位叫比勒的英国商人以宝成洋行名义一次性向圣公会捐款6000两，并指定这笔捐款用于建造新的圣三一主教堂。

有了足够的资金就可以建造像样的教堂，为了避免老的圣三一教堂倒坍事故的发生，教会即将兴建的圣三一堂计划报告给英国的下议院，并由下议院决定聘请在英国享有盛名的宗教建筑设计师施高塔(Sir George Gilbert Scott, 1811~1878)设计，在此之前，施高塔已经设计了伦敦的埃尔伯特纪念塔，格拉斯哥大学。施高塔则根据上海提供的资料完成设计，并由下议院派建筑师金德纳(Killiam Kindner)到上海，负责圣三一堂新堂建造。也许估计新教堂的建造需要一段时间，于是决定，新教堂在旧教堂的北面，即今江西中路的西面，九江路与汉口路之间的地方建造，1866年5月14日，英国驻沪领事温思达(Charles Alexander Winchester，旧译文察斯德)，英国基督循道会(Methodist Church)会长派克等出席了新堂开工奠基仪式，尽管有了英国建筑师负责施工，但工程量很大，所以工程历时三年多，一直到1869年8月1日才竣工开光，实际造价达七万余两，这是一笔数目不小的钱。

新教堂占地面积约3500平方米，教堂在这块土地的中央，平面呈拉丁十字，主立面朝东，设计有雨棚，雨棚为柱头支撑的圆拱，二层设计为阳台，主立面的门窗多为尖拱券相连，这是哥特式宗教建筑较显著的特征，礼堂内结构并没有使用哥特式教堂中常见的束柱，而是单根矮柱，柱头的花样十分显眼，柱头上顶住的又是连续的尖拱廊，顶部设计为穹顶，阳光透过穹顶和墙体上的彩色玻璃，使礼堂平添了一种幽静、和谐，并带有神秘色彩。新圣三一教堂的外墙统一使用英国红砖，色彩艳丽而不失古扑，于是新圣三一堂又被叫作“红礼拜堂”。该教堂原来没有钟楼，1893年11月17日是上海开埠五十周年纪念日，圣三一教堂也被定为庆典活动的主会场之一，于是教会又在教堂的东北侧增建了一座钟楼，钟楼也使用英国红砖，在外观和建筑风格上与教堂保持一致；钟楼的顶层设计为圣公会教堂最常见的样式——四角四个小尖顶，中间则为一个大尖顶，并在这个大尖顶内安装一只可以发出8种音的大钟，圣三一教堂的钟楼就成了外滩一带最高的建筑物，当时有人

圣三一堂

作诗咏圣三一教堂：

教堂高立笔尖峰，屋宇
红墙砌万重。
四壁广围青草地，每逢
礼拜听撞钟。

圣三一堂钟楼

同样，清末民国初的不少著录中也提到——当船慢慢驶进黄浦江后，人们在很远就看到教堂高耸的尖顶，立即会欢呼雀跃——上海到了。

圣三一教堂是英国圣公堂设在远东的主教堂，而圣公堂又是英国最大的基督教宗派，于是这里不仅仅是旅沪英侨做礼拜的场所，也是侨民经常聚会的场所。而随着上海城市和经济的进步和发展，进入上海的非圣公教派的信徒，以及非英国的其他国家的圣公会信徒人数日益增长，为了发展英

外滩延安东路口的欧战和平纪念碑1924年落成

国和圣公会在上海和远东的事业，于是圣三一教堂放弃了国别和教派上的偏见，接纳非英国或非圣公会的基督教信徒，于是每逢礼拜日或宗教节日，上海的英侨和其他国家的侨民就会主动聚集到圣三一教堂，于是，圣三一教堂也成为上海侨民的宗教中心和社会活动中心。

1914年第一次世界大战在欧洲爆发，上海的工部局和圣三一教堂也动员在上海的英侨青年应征入伍，回欧洲参加卫国战争，也有不少青年在战争中阵亡。1922年，工部局在爱多亚路(延安东路)外滩建造“欧战纪念碑”，该纪念碑的顶部是一展翅的“胜利女神”，庆祝欧洲战争的胜利，所以又叫“胜利纪念碑”或“胜利女神纪念碑”(许多人不知该女神为“胜利女神”，常将其误为“自由女神”)；纪念碑上刻有从上海出发参战阵亡侨民的名单。同时，圣三一教堂也特辟“欧战中阵亡会众纪念堂”，堂内有圣三一教堂副堂长扑来斯赠纪念碑一座，波尔斯赠纪念窗两扇，在纪念堂里有用金粉书写的从上海出发参加欧洲战争而阵亡的二百余名圣公会信徒的名单。

1941年12月7日，太平洋战争爆发，次日，日军进驻租界，教堂被日军占领后就作为关押英美侨民的集中营，教堂内部破坏严重；抗日战争胜利后，教堂仍由英国圣公会收回，但此时的中国又将进入新一轮内战，上海的英侨人数不多，教堂已失去了昔日的光辉和荣耀。1949年后，圣三一教堂归基督教三自爱国会接管，1955年由上海市政府拨款大修，1958年实行联合礼拜。1966年“文革”开始时教堂的宗教活动中止，该教堂现已归还宗教部门，经大修后恢复宗教活动。

2. 英国基督教圣公会学校

字林洋行(North China Daily News & Herald，ltd. 是旧中国外商最大和最重要的新闻出版商事机构，今外滩17号的“友邦大楼”旧名“字林大楼”，就是字林洋行自建的大楼，洋行总部也设在这幢大楼里。字林洋行1937年出版的*China Hong list*1937（《1937年中国行名录》，“Hong”即汉文“行”的英译，该书通常被叫作《字林西报行名录》）中记：

Cathedral School(Henry lester Endowment)(British)，219kiukiang-rd；Girl School：425Av Haig(Committee representing Board of Governors)

这段文字可以译为：

英国基督教圣公会圣三一主教堂男子学校(由英国亨利・雷士德基金会捐资兴建)，九江路219号女子学校：海格路425号(基金会再次捐建的英国驻华各埠长官的寄宿制子女学校)。

亨利・雷士德于1840年出生在英国的南安普顿，约1867年他与同胞约翰・马立斯(John Morris，今上海瑞金二路118号的瑞金宾馆1号楼是马立斯住宅)搭乘海轮来到了上海。雷士德在英国读的是建筑专业，并获英国皇家建筑师学会准会员资格，初到上海后就与工部局签订了三年服务合同，负责上海租界的城市规划和建设监管，参与上海法租界第一份地图的测绘和制作。1870年合同期满后，他就与人合作创办了“德和洋行”(Lester,Johnson&morriss)，成为上海最著名的建筑事务所，在上海留下许多作品。这里可以补一份德和洋行在上海的作品表。

德和洋行在上海的主要作品

作品名称	作品原英文名称	今址	建造年代
工部局市政厅	Shanghai City Hall	南京东路719号(已拆)	1896
先施公司	Sincere Co., Ltd	南京东路690号	1914～1917
普益大楼	Asia Realty Co., Building	四川中路106～110号	1921—1922
字林大楼	North China Daily News	中山东一路17号	1922～1924
日清大楼	The Nishin Navigation Building	中山东一路5号	1922～1925
台湾银行	The Bank of Taiwan Building	中山东一路16号	1926
麦兰捕房	Poste de Police Mallet	金陵东路174号	1926
雷士德医院	Lester Hospital	山东中路145号	1930～1932
雷士德工学院	Lester School & Technical Institute	东长治路505号	1933—1934
雷士德医学院	The Henry Lester Institute for Medical Education and Reseach	北京西路1320号	1933—1934
三菱银行	Mitsubishi Bank Building	广东路66号	1934
圣三一女校	Cathedral School for Girls	华山路639～643号	1934

雷士德是上海最富有的侨民之一，1924年5月24日在上海逝世，葬静安公墓(址即今静安公园)。他终身未娶，临终前留下一份长达十余页的遗嘱，遗嘱除了少量财产和日用品赠给他的亲人和朋友外，余下的财产设立“雷士德基金会”，用于发展上海的文化教育卫生事业，遗产包括他名下在上海的600亩房地产和他在其他公司的股份。据估算，他的遗产总额达三千万两多。《雷士德最后遗嘱》中表明；指定捐赠五万两经费给圣三一教会董事；六十万两及两块在九江路和汉口路的地产给教会附设的英童学校。这也说明，在雷士德遗嘱之前，这个叫Cathedral school 的英童男校已经存在了，他们在得到雷士德基金会的捐赠款后，又在与教堂相邻的九江路219号重新建造了新校舍。抗日战争爆发后，虹口沦陷，原在虹口的美国基督教同仁医院被迫关闭，即暂时迁到九江路219号，在本书中有专文介绍。

“海格路”即今华山路，海格路425号即今华山路639~643号。在近代以后相当长的一段时期里，英国是在华势力最强的资本主义国家，英国在几乎所有的中国通商口岸设有领事馆或办事处，还有许多英国的政府或商事机构，由于各口岸的经济发展不平衡，许多口岸的英侨人数不多，没有专门的侨民小学，所以不少侨民就把他们的子女放在上海读书，而这座Cathedral school for girls 则是雷士德基金会捐建的另一所学校。

该学校占地约一万平方米，建筑面积千余平方米，建筑平面呈“Y”形，大门开在华山路上，以面临华山路的一面为主里面，假三层砖木石混合结构。

主立面中间外凸，设计为雨棚，汽车可直接驶入雨棚；雨棚的二层设计为高度不高的“亭”，四面坡顶；以雨棚的正中为中轴线，两侧形成对称，入口与窗户框则以不规则的隅石作装饰，与粉墙相映成趣，显示出小女孩的天真烂漫，体现一种童趣。屋顶设计为红平瓦四坡顶。进入大门后是一个宽敞的大厅，装修简洁而不失典雅，地坪的中间设计一“时钟”图案，时针停在“6点27分”，从美术角度讲，“6点27分”时的时针与分针正式重叠，而从时间上来讲，一天24小时，6—7点钟象征人的童年。

1941年太平洋战争爆发后，英国侨民被遣送回国，学校一度被日军占用，抗日战争胜利后，英侨收还了学校，但是此时上海和中国的英侨人数已明显减少，而美国人的比例则不断上升，于是该校舍被上海美国人学校(校址为今衡山路10号)租用，作为上海美国人学校的女校。

1949年后，该校由上海市政府房地产部门接管，后来长期为中国福利会儿童艺术剧院使用，既是一个培养少年儿童表演艺术的培训机构，也是儿童表演的演出场所，培养出不少中国的表演艺术家。

3. 山东路“外国坟山”与圣保罗堂

生老病死是一切生命体的自然法则，在上海的侨民也遵守死后入土为安的风俗和礼俗。在上海开埠后的第二年，即1844年旅沪侨民就组织了一个“公墓公司”，并出资500两买进了位于汉口路外滩地方一块面积很小的土地，准备作为上海的侨民公墓。当时的上海刚开埠，进入上海的侨民总人数尚不足百人，侨民们认为有这么大一块公墓足够了。但是过了十几年后，旅居上海的侨民人数不断上升，原来的墓地显然应付不了几年时间，而此时外滩的地价涨得飞快，于是，有一家叫“林特赛洋行”(Lindsay&Co.)的商事机构愿意用一块坐落在山东路九江路口的14亩土地与公墓交换，于是公墓就迁到了山东路上，这就是上海史上的“山东路公墓”，而上海人把包括祖茔在内的有一定规模的墓地叫作“坟山”，就把它叫作“外国人坟山”或“山东路外国坟山”。

坟墓下埋的是死人，对坟山的管理是否得当，不仅关系到市容市貌，也关系到市

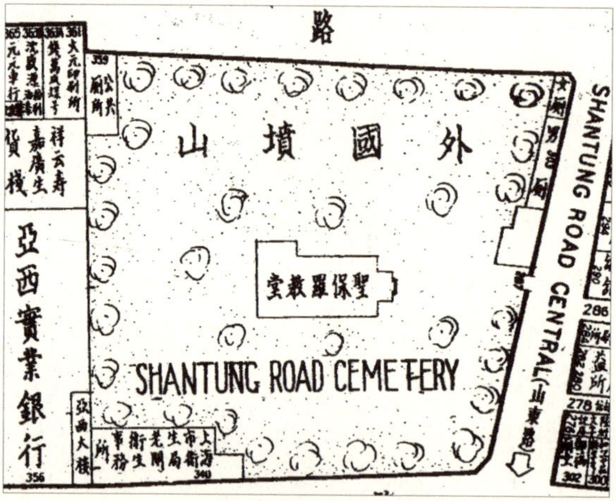

山东路外国坟山地块图

民的健康和安全，工部局通过一项提案，规定租界内墓地纳入市政，一律归工部局卫生处(Health Department)管理，以后工部局卫生处又增建了多处公墓，人们记忆犹新的如“八仙桥公墓”、“静安公墓”、“虹桥路公墓”等。

浙江的宁波与上海隔海相望，是与上海同时“五口通商”的沿海城市。1843年后，英国的许多航运集团在宁波招募当地渔民充当海员，海上作业艰辛而又危险，许多宁波籍水手就入教而成了英国基督教圣公会的信徒。

在18世纪40年代，海上航运的船只主要是帆船，从欧洲到中国，单程就要半年以上，到50年代以后才出现和使用火轮船，航程也要4个月以上，不少水手经不住长期的海上颠簸，有的中途死亡而下葬大海，有的则上岸后就一病不起，一些非英国圣公会信徒的水手大多由一个叫“海员布道会”的宗教机构收尸后葬到浦东的“外国坟山”(本书有专章介绍)，当时上海的“圣三一堂救济基金会”(Holy Trinity Cathedrel Aims Fund)就承担起非英国籍的圣公会信徒水手的救济活动。由于上海的侨民大多愿意选择葬到设施和环境更好的“八仙桥公墓”(1956年迁葬，旧址被改建为淮海公园)，于是英国圣公会就长期租用了“山东路公墓”，许多在上海死亡的宁波籍英国圣公会信徒水手就被统一葬在“山东路公墓”，所以这个公墓也被当时的上海人叫作“宁波人坟地”。在“山东路公墓”初建时，工部局在公墓里建有一个墓地教堂——“圣墓堂”。1883年，慕雅德任英国基督教圣公会江浙两省总会长，并主持英国圣公会在上海的教务，他向工部局申请在山东路公墓内建造圣墓堂，于是，许多旅沪的宁波人信徒选择到这里做礼拜，这个教堂也被上海人叫作“宁波教会”或“宁波礼拜堂”。一直到1902年，浙江宁波府鄞县人陈继铎任圣墓堂牧师，就将旧的教堂拆除，在原址重建新堂，正式取名“圣保罗堂”(Church of St. Paul)。山东路公墓和圣保罗堂于1952年拆除，改建为“山东路体育场”，1976年又改建为黄浦体育馆。

二、英国基督教伦敦会

伦敦会(London Missionary Society)是英国一个超宗派的基督教新教差会组织，总部设在英国伦敦而被叫作“伦敦会”。

中世纪以后，随着英国资本主义的发展和资产阶级革命的发生，代表资产阶级和部分新兴贵族利益的基督教新教首先在英国摆脱了罗马教廷的操纵和控制，取代了传统天主教的地位；英国工业资本主义的发展，必然导致英国向本土以外的海外扩张和掠夺，基督教会也顺应了这股潮流，在积极配合政府对外扩张的过程中，发展基督教在海外的影响。从18世纪中叶起，英国的各种基督教会相继建立了他们的海外布道机构，这种负有对外布道使命的机构大多被汉译为“差会”(Foreign Missions)，这个“差”是差遣，差派的意思。一般讲，大多数差会得到其本国政府或财团的支持和资助。

虽然英国的圣公会是国教会，但英国并存有浸礼会(English Baptist Mission)，长老会(English Presbyterian Mission)等宗派，各教派独立活动，各行其事，肯定削弱了差会的力量和布道效果。1795年，英国圣公会联合长老会等宗派联合建立了一个跨宗派的专门负责到“异教徒地区”和“未开化民族”中传播耶稣“福音”的机构，它就是伦敦会。以后，英国的不少教派也加入了伦敦会，于是，伦敦会无形之中就成了英国基督教各宗派公认的一个海外布道组织和机构，当然，伦敦会也抱着“存同去异”的原则，注重各宗派共同承认的基督教基本教义，摒弃各宗派之间的隔阂和分歧，使其成立之后就取得很大进展。伦敦会在海外取得的成就也获得了英国政府的支持和资助，还得到英国最主要的海外贸易机构——东印度公司的资助。

1. 闯入中国的第一位基督教传教士——玛礼逊

受英国基督教伦敦会派遣的第一个传教士是罗伯脱·玛礼逊(Robert Morrison，1782~1834)，他也是第一位闯进中国的基督教传教士。他没有到过上海，但他的作为对上海基督教产生了一定影响。

玛礼逊出生在英国北部一个叫诺森伯兰的小镇的贫寒家庭，共有兄妹八人，他排行老幺，从小随父亲做鞋匠，贫困的生活也培养了他吃苦耐劳的品格。后来他先后就读于霍克斯顿学校和戈斯波特神学院，在读书期间即被伦敦会看中，并鼓励他去中国传教。不久即由伦敦会安排，学习中文、天文、医学等，1807年被伦敦会授予牧师，并派往中国。

当时他希望登上东印度公司的货轮起程去中国，但东印度公司认为，“洋教”在中国是非法宗教，是“邪教”，贸然将这位传教士带进中国会引起不必要的麻烦，就拒绝了玛礼逊的请求。于是，玛礼逊只得先到美国，再从美国乘船进入中国。想不到马礼逊在美国受到礼遇，美国国务卿接见了他，并明确表示对他赴中国给予各方面的支持，美国的基督教会则表现出更大的热忱，并愿意给予资金等方面的支持。所以玛礼逊虽然是英国伦敦会授予和派遣赴中国的牧师，以后美国的基督教也认为他是美国派遣的传教士。

1807年9月8日，玛礼逊搭乘美国“三叉戟”号货轮进入广州，他不敢暴露传教士身份，只得藏身在广州的美国商会里。玛礼逊的中文基础很扎实，学识很渊博，此时的驻澳门东印度公司注意到了玛礼逊，就聘他为公司的翻译，年薪500英镑，三年后又增加到年薪1000英镑，这在当时是很高的收入了。

玛礼逊在完成东印度公司指派的工作之余，将大量精力和时间致力于《圣经》等基督教著作的汉译。1913年他独立完成《新约全书》的汉译，还秘密雇用中国的刻版工人刻版印刷了2000部，在广州秘密发行。就在这一年，伦敦会又派遣米怜到中国协助他工作，他俩又合作完成《旧约全书》的汉译，并取名《神天圣书》，在马六甲排版印刷。玛礼逊是公认的将基督教经典《圣经》完整介绍到中国的第一人。玛礼逊的成就引起了人们的关注，他得到东印度公司的支持和资助，着手根据中国的《康熙字典》、《五车韵府》等辞书，编成《中英字典》，全书共4595页，1815年后由东印度公司垫资排印出版，于是，玛礼逊又被公认为编著英汉对照字典，将中国字典译成英文的第一人。

由于清政府禁止“洋教”进入中国，玛礼逊只是以东印度公司翻译的身份在澳门和广州秘密活动，于是根据伦敦会总部的指令，玛礼逊决定将传教总部迁到马六甲，在南洋华侨集中的地方开展工作。他在马六甲创办了一所“英华书院”，学生不限国别，一部分是欧洲人，学校教他们中文，以便日后派他们进入中国开展工作，更多的是华侨子弟，教他们英文和基督教教义，希望他们回国开展工作。学生中有一个叫梁发的中国人，他原是玛礼逊印刷厂的一个工人，经过多年的培养和训练，1823年被玛礼逊授牧师，他就成了中国人基督教牧师。1832年，马六甲印刷厂印刷出版了梁发编撰，玛礼逊修改的《劝世良言》，这本书后来成了洪秀全“闹革命”的“理论武器”。

1815年8月5日，玛礼逊创办的中文宗教报纸《察世俗》报创刊，创刊号序中讲：

无中生有者，乃神也。神乃一，自然而然。当时，神创造天、地、人、万物，此乃根本之道里；神至大、至尊，生养我们世人。故此，善人无非敬畏神，但世上论神多说错了，学者不可不察。因神在天上而现著其荣，所以用一个天字指着神亦有之。既然万处万人皆由神而原被造化，自然，学者不可止察一所地方之各物。单问一种人之风俗，方可以比较、辨明是非真假矣……所以学者要勤考察世俗人道，致可能分是非善恶也。

《察世俗》报共办了6年，先后出版7卷84期，雕版印刷，每期5~7页，免费在南洋散发，并通过南洋的华侨传入中国，对基督教在华的发展起了一定作用。

1834年8月1日，罗伯脱•玛礼逊在广州病逝，年仅52岁。

2. 最早进入上海的英国基督教伦敦会传教士麦都思和雒魏林

麦都思(Walter Henry Medhurst，1796~1857年。今泰兴路旧名“麦特赫斯脱路”，Medhurst Rood，即以其名命名)出生于伦敦，毕业于英国哈克尼学院。约1815年由伦敦会派遣赴马六甲，协助玛礼逊和米怜工作，一度在马六甲玛礼逊的印刷厂负责印刷和出版业务，并在当地华人中传教。1835年他曾到广东，还乘船进入福建、浙江、江苏、山东等地，因不能登岸而返回马六甲，鸦片战争中任英军翻译，战争结束后又返回马六甲。1843年12月23日到上海。当时的上海已经开埠，但租界尚未确立，他与其他先期到达上海的英国人一样，追随英国领事馆住在上海老城里。在鸦片战争仍在进行期间，1841年英军攻占浙江定海，麦都思就在定海办了一所战地医院，也接受当地百姓就诊。他到上海后不久，就将定海的那所医院搬迁到了上海县城里。当时医院没有规范的名称，上海人称之“基督教医院”或“中国医馆”(Chinese Hospital)，义务为百姓看病，赢得上海人的好评。1844年，麦都思租赁了城里三牌楼(今三牌楼路)的民宅办了一所教堂，取名为“福音堂”。

麦都思致力于在上海城里传教，前面已讲过，天主教在上海有良好的基础，天主教的影响和势力比较强，这对麦都思的教务工作开展带来很大的困难。但是有一件事的发生

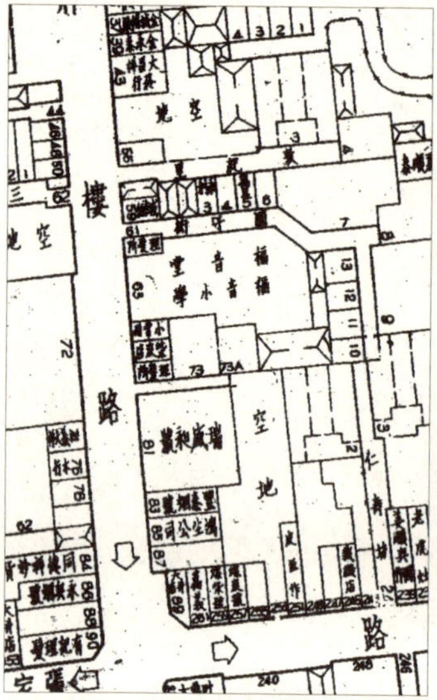

福音堂小学地块图

光明初级中学(三牌楼小学老楼)

使福音堂获得了机会：1853年9月7日是农历八月的第一个“丁日”，也是国家规定全国祭祀孔子的日子，叫作“丁祭”。这一天，小刀会利用政府官员集中到孔庙“丁祭”的机会发动起义，当天就占领了上海县城。战争给上海带来了灾难，上海的许多豪门望族遭到抢劫，平民百姓也处于惶恐不安之中。当时上海的侨民对战争持“中立”态度，而教会则以“人道主义”的名义尽自己的力量保护信徒和难民；同时，小刀会义军也不敢触犯教会和外国人，还希望得到教会和侨民的支持以与清政府抗衡，这样，城里的不少富绅和平民得到福音堂的保护而幸免于难，其中上海城里的望族毛氏家族和倪氏家族就信奉了基督教，更多的上海人在这两支豪族的影响下信奉了基督教。约1928年，福音堂又购进了与旧堂相邻的宅基重建福音堂，还办了一所“福音小学”，它是基督教在上海县城里办的为数不多的学校之一。

1949年后，福音堂中止了宗教活动，福音堂小学与原来的上海市立养正小学合并改称“三牌楼路小学”，校址在北张家弄113号，原福音堂和福音堂小学的地址为三牌楼路63号，早已被建为新的住宅小区了。

3. 墨海书馆和仁济医院

1843年10月8日中英签订的《虎门条约》中规定，在《南京条约》规定的上海、宁波、福州、厦门、广州五个通商口岸中，中国的地方官必须与英国领事官根据地方民情，商议划出一块土地专供侨民居住的区域。1845年上海道台与英国领事签订了《上海租地章程》，确定上海县城北郊洋泾浜(今延安东路)以北的地方为英侨“居留地”，后来，“居留地”就蜕变为租界。设立租界的最初目的是为避免“华洋杂处”而引发冲突。麦都思曾主管过玛礼逊在马六甲的印刷厂，也曾在巴达维亚(今印度尼西亚雅加达)创办华文书馆，他到上海后，就将巴达维亚的华文书馆及印刷设备搬到上海，在东门外创办了一家叫“墨海书馆”的出版兼印刷机构，英文名为London Missionary Society Press (直译为“伦敦会出版社)。“墨海”是中国古人对砚台的别称，如《文房四谱》：“皇帝得玉一钮，治为墨海，其上篆文曰：帝鸿氏之砚。”麦都思把印刷所取中文名为“墨海”，实在是一个“中国通”。

租界建立后，麦都思就购进了位于今山东中路福州路以南的土地，并将伦敦会的总部迁到了那里，直到今天，不少上年纪的上海人仍把这里一带叫作“麦家圈”(Medhust Circle)。约1855年他把墨海书馆搬到了“麦家圈”。墨海书馆早期主要印刷出版宗教书籍，后来，旅沪侨民中许多传教士、学者以及中国早期的思想家、科学家加盟墨海书馆，使墨海书馆的影响和地位迅速上升。墨海书馆出版了许多中西知识分子合作翻译的西方社会和自然科学著作，如伟烈亚力(Alexander Wylie)和李善兰合译的《几何原本》后半部12卷，与明徐光启与利玛窦合译的《几何原本》前六卷相接；李善兰与伟烈亚力又合作翻译《代数学》，是中国第一部符号代数译著，《代微数拾级》又是第一部解析几何和微积分的译著；李善兰与艾约瑟(Joseph Edkins)合译《重学》和张福僖与艾约瑟合译的《光论》又是最早介绍西方物理学和光学的著作。此外，墨海书馆还出版了许多科学启蒙读本，这些读本不仅奠定了近代中国启蒙读物的基础，还为西方社会科学与自然科学在中国的推广起了积极作用。

王韬(1828~1897)是江苏吴县甪直人，字紫诠，号仲弢、天南遁叟，是中国近代著名思想家。1849年仅21岁时，他就应麦都思之聘入墨海书馆，成绩显著，他约写于1861年的《瀛壖杂志》(1875年出版)对墨海书馆的印刷机器有较详细描述：

西人设有印书局数处，"墨海"，其最著者。以铁制印书车床，长一丈数尺，广三尺许，旁置有齿重轮二，一旁以二人司理印事，用牛旋转，推送出入；悬大空轴二，以皮条为之经，用以递纸，每转一过，则两面皆印，甚简而速，一日可印四万余纸；字用活版，以铅浇制，墨用明胶、煤油合搅煎成；印床两头皆有墨槽，以铁抽转之，运墨于平板，旁则联以数墨轴，相间排列，又揩平板之墨，运于字板，自无浓淡之异，墨匀则字迹清矣。

王韬是墨海书馆的职员，他对"印书车床"的观察十分仔细，描述得十分清楚，这种"印书车床"与后来的"平板滚动印刷机"很像。王韬还经常带他的朋友来书馆参观，他们也留下了几首观后诗：

车翻墨海转轮圆，百种奇编宇内传。
忙杀老牛浑未解，不耕禾陇种书田。

傍题墨海起高楼，供奉神仙李邺侯。
多恐秘书人未见，文章光焰借牵牛。

《瀛壖杂志》中还讲："墨海后废，而美士江君，别设美华书馆(Presbyterian Mission Press)于南门外。"王韬《瀛壖杂志》中的文章写成于1861年前，笔者无法查到被王韬叫作"江君"的美国人到底是谁，但"美华书馆"则是1860年在上海南门外创办的，据此估计，约1860年前，这家"墨海书馆"就关闭了，不过，它对近代上海科学、文化，甚至上海城市进步所起的作用是十分巨大的。

雒魏林(William lockhart，1811~1896。雒魏林是他的汉名，现代出版的一些著作或文章中，不少人根据lockhart译为"洛克哈特")也是英国伦敦会传教士，约1835年被派遣到远东，与麦都思成了同事。1838年闯入广州，并在广州以施医的方式传教。鸦片战争爆发后，他就应征成了英军的随军医生。英军攻占浙江定海后，他即与麦都思在定海合作开办了一家医院。中英《南京条约》签订后，他奉麦都思之命从定海启程去上海，并于1843年

11月5日抵达上海，此时距上海正式开埠12天，他也成为最早进入上海的基督教传教士。

一个月后，麦都思也到了上海，于是他们就在上海县城东门外开了一家诊所，称Chinese Hospital，还取了一个中文名——“仁济医馆”，医馆通过施诊施药博取中国人的欢心，其目的还在于传布耶稣的“福音”。

这里有一个小插曲，1848年3月8日，雒魏林、麦都思和另一位伦敦会传教士慕维廉(William Muirhead, 1822~1900)。今虹口区的海门路旧名“茂海路”或“慕维廉路”，Muirhead Rood 就是以其名字来命名的)结伴闯入离上海县城90里之外的青浦县城，并在那里散发宗教传单和小册子，而此地正是漕运水道，有许多船户围看他们并争抢传单，从而引起一场混乱，这三位传教士也受了点伤。而根据中外签订的“通商章程中规定”，“外人行走之地，以一日往返为限，不得在外过夜”，即侨民离开“居住地”外出，必须当日返还，更何况青浦县不属通商口岸，所以是雒魏林等违约在先，而他们也只是受到些皮肉擦伤。但是，英国驻上海领事阿礼国(Rutherford Alcook. 1809~1897)，也被汉译名爱尔考克，今虹口安国路旧名“爱尔考克路”，即以其名字命名)不仅未对传教士违约擅闯禁区，动手打人的事道歉，反而对传教士被打一事小题大做，向上海地方政府施加压力。此时距鸦片

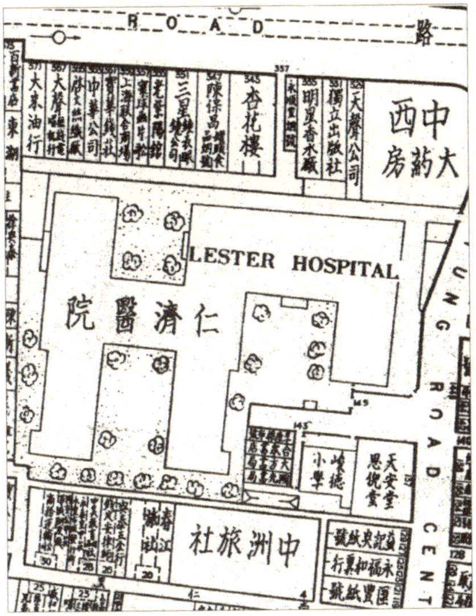

仁济医院地块图

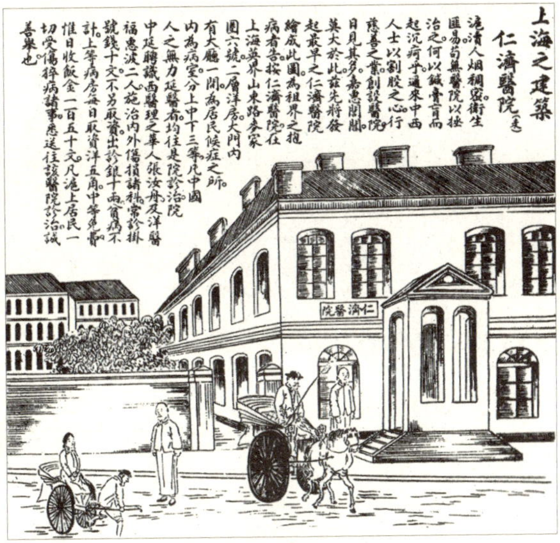

清末《图画日报》绘仁济医院

战争结束仅几年，上海地方政府最怕得罪洋人而引发外交冲突，只得作出让步。最后，上海道咸龄下令将几个还击传教士的“凶手”拘捕立枷示众三日，并同意英租界扩张。从此，英租界的北界伸到了苏州河南岸，西界则伸到了今西藏中路，英租界面积从原来的830亩扩张到了2820亩。

1845年英租界建立后，麦都思搬迁到了“麦家圈”，不久，仁济医院也迁到了“麦家圈”。《光绪上海县志·卷二·医院》中讲：“仁济医院在公共租界山东路(即麦家圈)，咸丰初年西人创设。邑向无医院，凡患病或受伤者辄赴焉。”“仁济医院”是侨民在上海创办的第一家医院，搬迁到“公共租界山东路”的时间在“咸丰初”，它的英文名字叫“Chinese Hospital”或“Shan Tung Road Hospital for Chinese”，仍是一家医治中国病人为主的教会医院。

《光绪上海县续志》中还讲：“光绪三十二年及宣统二年(1906年和1910年)间先后改建男女病房，规模益备。设总理并中西董事，募捐充资。”从这段纪录中可以知道，仁济医院实行董事会制，董事由中西人士担任，由董事会推选总理(院长)，董事会的一大职责就是为医院“募捐充资”。在1888年5月7日《申报》一篇介绍仁济医院的文章中也提到，医院“不取脉金、药费，悉心调治，全活贫民……故求医者甚众”。不过，从其他文献中可以知道，医院确实不收“挂号费”和“问诊费”(脉金)，但药费还是要付的，遇无力支付的贫民可以减免收取费用。慈善是教会的事业之一，而通过慈善又是教会发展的重要手段，所以，雒魏林曾自豪地讲：“真理找到了通向那些若无医院将从不知福音之人心灵的道路……任何其他手段都无法取得如此有效的成就”。

仁济医院的经济来源，少部分来自伦敦会的拨款，一部分来自工部局的定期津贴，最大部分来自民间和社会的捐款。仁济医院获得的最大一笔捐款是1926年亨利·雷士德《最后的遗嘱》的捐款，总额达200万两。“遗嘱”对这笔款子的使用有明文规定，即必须建造一幢医院的大楼，并全部用于医院使用，添置必要和相应的医疗设施和设备；还明确规定，医院的病房全部为普通病房，不准建立单人的贵族病房，多余的费用用于对穷人的诊治费，即用于必须手术治疗而无力支付费用的病人的减免费；“遗嘱”还规定，医院必须与用《雷士德基金会》兴建的“雷士德医药研究所”(Henry lester Institute for Medical Research，址在今北京西路1320号，1949年后长期为上海医学工业研究院址)合作，共同开展医学和医药多方面的研究和应用。

1927年，雷士德基金会的捐款正式到位，1930年，在原仁济医院的旧建筑处建立了一幢五层楼房(几年后加高一层，约1980年又加高)，此后，原仁济医院的西文名改为“lester chinese Hospital”中文名为“雷士德医院”，不过，大多数人仍习惯叫它“仁济医院”。

该医院基本遵守了雷士德《最后遗属》中的约定。据1932年上海工部局卫生处(S.M.C.Health Deportment)报告，1932年度，仁济医院免费就医比例高达30%。

1952年，仁济医院改名为“上海第二医学院附属仁济医院”，“文革”初一度被叫作“工农兵医院”，1972年又改称“上海市第三人民医院”，一直到1984年12月又恢复原名——“仁济医院”。是上海知名度极高的医院之一。

4. 天安堂与新天安堂

麦都思在“麦家圈”先后创办和建立墨海书馆和仁济医院后，这里无形中就成了英国基督教伦敦会在上海的中心。仁济医院是一家教会创办的主要诊治中国病人的医院，教会更希望以“治病救人”为手段，扩大教会的影响。传播基督的福音，没有教堂是不行的。约1864年，伦敦会就在与仁济医院相邻的地块上兴建了一座教堂，英文名Chinese Christian Church，直译应该是“中华基督教堂”，不过，伦敦会为它另取了一个吉祥又符合实际的中国名称——“天安堂”，信徒大多是医院的病人或被仁济医院收治后入教的信徒。曾有发表过的文章中讲：在该院治病的病人或争取减免诊治费的病人必须先到教堂礼拜后才能得到相应的服务，此事的真伪似乎已无法考证了。西方教会有较严格的国别和教派之分，但是，基督教进入上海后，中国的信徒对西方基督教的国别和宗派观念很淡薄，甚至许多信徒根本不知道基督教是有宗派之分的，何况，伦敦会本来就已经是跨国别的泛宗派基督教差会组织。麦都思不仅仅是一位传教士，也担任过多届工部局董事，是上海开埠之初很有地位、影响和号召力的绅士，于是，“麦家圈”也成了上海早期侨民活动的中心之一。在旅沪侨民中，有些信徒或传教士在上海没有他们国家和宗派的教堂，或没有合适他们做礼拜的教堂，就定于每礼拜五到天安堂做礼拜。圣公会是英国的国教会，是英国势力最强的基督教宗派，所以难免会显出一种趾高气昂，颐指气势，盛气凌人的姿态，使非英国圣公会信徒和传教士难免感到难堪和不愉快，他们就减少了去天安堂的次数，甚至有人建议退

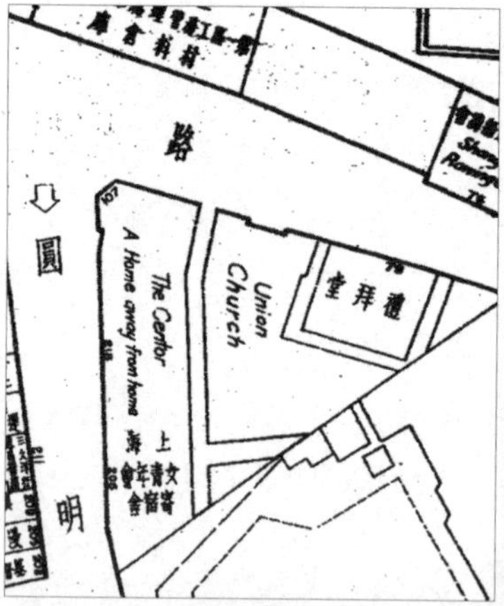

新天安堂地块图

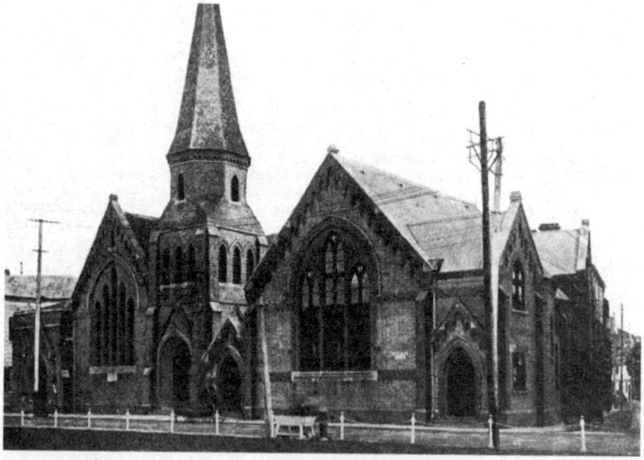
上海联合教堂

出伦敦会自立教堂。后来接任的慕维廉牧师及时纠正了工作中的失误，并把教堂的英文名再取一个名称——The Union Church，即“联合教堂”的意思。在相当长一段时期里，天安堂的大部分时间供中国信徒活动，而每星期五则是侨民的礼拜和活动时间。

天安堂坐落在闹市中心，而仁济医院接治病人的数量又不断增加，医院也必须扩建，于是，天安堂的空地几次被仁济医院租用和收购，使教堂的土地不断缩小。到20世纪初以后，教堂想重新扩建时，才感到自己已被医院和民宅包围，连扩建的余地也没有了。天安堂在1920年是得到一位非常特殊的人物——曾任江南造船厂总办的牛尚周的慷慨捐款，将旧堂拆除重建并于1923年建成开光。

牛尚周与宋庆龄的父亲宋嘉树是美国大学时期的同学，祖籍江苏嘉定(今上海市嘉定区)，毕业后来上海，进入上海电报局工作，后转江南制造局。宋庆龄的外祖父叫倪蕴山(1835~1889)，居川沙城东门中市街，青年时就到上海，并在租界盆汤弄(今山西中路)开了一家靴鞋铺，在上海期间信奉了基督教。据1990年出版《上海市川沙县志》中讲，倪蕴山生育了10个子女，长子倪锡令是一位牧师，二女儿倪桂金嫁给了牛尚周，三女儿倪挂珍嫁给了宋嘉树，九女儿倪秀珍嫁给了苏州海关监督温秉忠。也就是讲，牛尚周与宋庆龄的父亲宋嘉树是连襟，他也是宋庆龄的姨丈。

牛尚周在向天安堂捐款时提出了一个条件，就是在建新的教堂时必须留出一个小礼

CHURCHES—*cont.*

堂安天新

Sing-tien-an-dong

Union Church

(International and Inter-denominational)

107 Soochow-rd Tel 11801

南苏州路的Union Church规范中文名称是新天安堂，今人无知，往往重译为“联合教堂”

堂来作为他岳父倪蕴山的纪念堂，而1920年代的宋家已经是中国十分显赫的家族，宋子文在广州政府中担任要职，宋霭龄嫁给了富豪孔祥熙，而宋庆龄则是国母——孙中山夫人，当然，天安堂也很乐意接受了这个条件，所以，新建的天安堂里的小教堂就被叫作“思倪堂”，即“倪蕴山纪念堂”。思倪堂的墙上嵌有一方高约100厘米，宽80厘米的汉白玉碑，是曾任北洋政府国务卿兼外交总长陆徵祥撰写的“倪蕴山先生行状”(行状是古代纪录死者世系、籍贯、生卒年月和生平事迹的文体)，是研究宋氏家族极珍贵的史科。我在读中学时去过天安堂，并见到过这块碑，以后，天安堂归仁济医院使用，1984年天安堂被拆除，被建为医院的门诊大厅。此时我已经进上海市文管会工作，参加筹建“上海历史文物馆”(即今上海市历史博物馆的前身)，曾去仁济医院打听这方碑的去向，但无功而返。

大概是2003年，馆址设在宋庆龄陵园内的“宋庆龄纪念馆”打电话给笔者，称他们刚从沐恩堂征集到一块石碑，希望我去鉴定一下石碑的价值。笔者跑去一看，这正是失踪已久的“倪蕴山先生形状”，再仔细观看，该碑是用上佳的汉白玉雕刻，再用铅浇铸的字相嵌，与中国和西方的石碑均不相同。我即告诉他们该碑的价值和一些故事，并告诉他们，这方石碑也许将是“宋庆龄纪念馆”的镇馆之宝，希望他们按国家一级文物的标准收藏。出自行业的规矩和礼貌，笔者未向他们索取照片和抄录碑文。也许，不久的将来，读者可以在“宋庆龄纪念馆”的展厅里见到这一稀世珍宝，本书付梓时，该碑已经陈列在宋庆龄纪念馆。

1924年，天安堂还创办了峻德小学(Chun Te Primary School)，1949年后改名“山东中路小学”，1980年小学与天安堂同时被拆。

天安堂是Chinese Christian Church 和The Union Church合用的教堂，这不论是对教会、中国信徒和侨民们来讲都是比较尴尬的一件事，而根据英国的习惯和规矩，一个地方应该有一个供牧师和神职人员礼拜的专用教堂。1886年，侨民会友提议再建一个专用礼拜堂。

就在此前，伦敦会从一位叫殷司(Ince)的侨民手中得到一块位于南苏州路与圆明园路相交处的一块土地，在这里兴建The Union Church，它是易地另建的天安堂，中国人叫它为“新天安堂”。不过，现代的许多人(包括一部分上海史专业的工作者)，常根据它的英文名The Union Church，把它叫作“联合教堂”，随意更改历史专名的作为并不可取。

不知什么原因，新天安堂的设计和建造十分粗糙，所以到了1901年，教堂不得不进行重建，才使它成为一个比较像样的教堂。重建后的新天安堂是英国很典型而又很普遍的乡村教堂，正门朝北临苏州路，沿街设有铁栅栏，大门口拾阶而上进入教堂的大门，礼堂设计简洁而不失典雅。礼堂内设有约500个座位，教堂两侧有一个尖顶钟楼，旧门牌号为苏州路107号。该教堂是上海侨民教堂(International and Inter –denomination)，解放初期，仍被定位为侨民专用教堂，大约1956年后归中华基督教使用并向中国信徒开放。我的祖母是一个忠实的基督徒，我在孩童时期经常被祖母带着去做礼拜，记忆很深的是，一次在新天安堂做礼拜，牧师走下台来，从一只大口袋里摸出一只硕大无比的橘子给我，使我兴奋了许多天，也使我牢牢记住了这个新天安堂。“文革”开始后，新天安堂停止了宗教活动，教堂被一家拉铜丝的工厂占用。为了迎接世博会在上海召开，当地已将新天安堂修缮一新。

5. 格致书院

麦都思开创了英国基督教伦敦会在上海的事业，麦都思有一个儿子，汉名叫麦华佗，但他的英文全名与父亲麦都思完全一样，都叫Walter Henry Medhurst，为示区分，他有时被人叫作“liter Medhurst”。他在1839年年仅16岁时就随父亲来到中国，也是一位“中国通”。鸦片战争中，他受雇于英国在华商务总监督与英国全权代表义律(Charles Elliot)的秘书室，后来又成为英国全权代表璞鼎查(Henry Pottinger，他代表英国政府与清政府签订了中英《南京条约》，香港被割让后，他担任香港殖民政府第一任总督)的随从翻译。1843年11月7日，他以英国驻上海领事馆翻译官的身份与英国驻上海第一任领事巴福尔(Sir George Balgour)抵达上海。1848年晋驻厦门代理领事，旋晋驻福州领事。从1861年起，他先后任驻上海代理领事、领事、总领事之职，一直到1876年退休，上海历史上的许多事情、事件留下了他的踪迹。不过，由于和他父亲的英文名完全相同，他和他父亲的故事也经常被后人弄得颠三倒四。

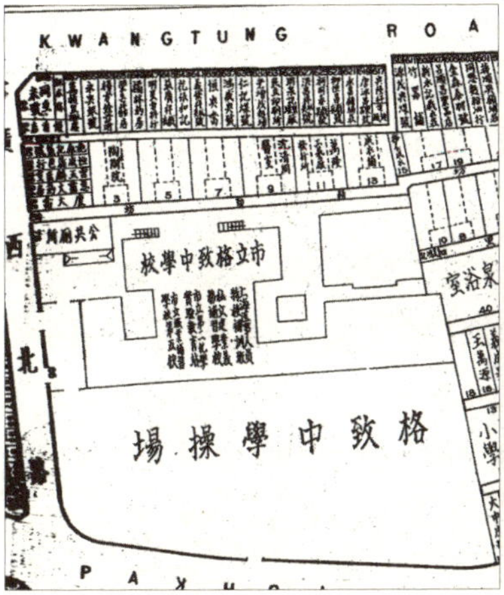

格致中学地块图

工部局格致公学

伦敦会在上海的传教事业取得较大的进展，但是教会也意识到，必须在中国人中培养他们事业的继承者。1849年，约翰·何伯森(Jhon Hobson)被英国基督教圣公会任命为上海圣三一礼拜堂驻堂牧师，并主持上海教区教务。他赴任前得到一笔可观的旅费补贴，而他实际上是搭乘货轮从英国到上海的。1850年，他到上海后就将这笔补贴捐给了上海的伦敦会，委托麦都思用这笔钱办一所华人学校，而麦都思则用这笔钱办了一所“英华书院”(England—Chinese College)，是一所专门吸收华人子弟的英、汉双语学校。这所学校培养的学生大多信了教，他们走上社会后也大多谋取到较好的职业，并通过他们影响了上海的中上层人士，其中的少部分学生被教会看中而成了神职人员。据记载，“英华书院”校址最初在“公墓之西”，1850年时，上海只有一处公墓，即“山东路公墓”，而这个位置大致上就是所谓的“麦家圈”。约1860年后，太平军东进打到了上海，而学校与租界的边界相近，工部局担心学校会受战火波及而伤及学生，一度下令学校暂时搬迁，到战争结束后又搬回原址上课。此时的上海商务十分繁忙，而通英语的中国人可以谋到好的职业，有较高的收入，要求进入“英华书院”的学生也越来越多。于是学校董事会就改变了原来的方针，将学校改变为商业性的收费学校。从1866年(同治五年)起，学生每月收费7两，这只是学费，不包括住宿、伙食费和代办费。当时一个男子全劳力的月收入一般在2、3两，应该讲，这个学费的标准是很高的。1857年(光绪元年)，“英华书院”迁到苏州路圆明园路自建校舍。到上世纪初，这个校舍被新天安堂收还重建为传教士宿舍，又搬到虹口老靶子路(今武进路412号)的原“汉壁礼西童男校”(Hanbury Public School)址。1932年“一·二八”淞沪战争中停办，该校址后被日本海军陆战队司令部征用，1945年抗日战争胜利后，由国民党海军接管成为海军宿舍，1949年后长期为驻沪海军托儿所。

麦华佗在领事馆有公职，但他还是协助父亲麦都思打理“英华书院”的工作，而当麦都思年迈体衰，学校的工作就落到麦华佗肩上。“英华书院”只是一所语言学校，在麦华佗任英国驻上海领事时，他就计划在上海办一所综合学校，1874年3月5日的《字林西报》发表麦华佗在上海创办一所“Chinese Polytechine Institution and Reeding Rooms”的建议。18日，《申报》又刊登了麦华佗初拟的关于这个学校的条规，称“立此书院原意是欲中国工商深悉西国人事，彼此更敦和好”。麦华佗的倡议立即得到上海各界中外人士的呼应和支持，不久，正式确定这所学校的中文校名为“格致书院”，英文校名为“Polurechine School for Chinese”。“格致”是“格物致知”的省略语，语出《礼记·大学》：“致知在格物，格物而后知至”，大意是推究事务的原理，才能使知识更渊博，格致书院创建后，“格致”成为一个特定的名词，特指“物理学”，也泛指自然科学，如鲁迅《呐喊·自序》：“在这学营里，我才知道世上还有所谓的格致、算学、地理、历史、绘图和体操。”

1874年4月，格致书院董事会成立，主要成员有麦华佗、傅兰雅(John Fryer)、伟烈亚力、王荣和、徐寿等人。傅兰雅从侨民中募集到一千余两以及西文图书千余册，徐寿则在华人中募集到千余两，而上海道台沈秉成(他是已故书画家沈迈士的祖父)也从道库拨款一千两，总共集资超过了五千两。同时，这些董事会成员是当时上海的名流，一流的社会和自然科学家，由他们出面，许多事就容易操办了。5月31日，董事会买下了“美华书馆”名下位于北海路的一块空地兴建校舍，并由徐寿负责建造房子。第二年2月8日校舍建成开学，徐寿担任山长(即校长)，李鸿章为书院题书了“格致书院”匾。

格致书院不是教会学校，但是它与英国伦敦会有密切的关系。学校采取中西结合的教育方式，旅沪侨民中的科学家、学者都应邀到学校开课，清政府的北洋大臣、南洋大臣及津海、江海、浙海、粤海、江汉等海关道或到校上课，或出与自然科学和社会科学相关的试题，学生课试，他们阅卷，优秀者给以奖励，是上海近代最著名的综合性学校，它的经费主要依靠社会捐款和上海道署的拨款。1911年上海“光复”后，上海道署解散，书院经费严重不足。1913年，董事会决定，将书院归属工部局，同时又与工部局议定，“格致”将是这个学校的永久性校名，1917年2月7日，该校改称“工部局立格致公学”(S.M.C. Polytechnie Public School for Chinese)，即今格致中学，是上海重点中学。

6. 麦伦书院与思艾堂

艾约瑟(Joseph Edkins，1823~1905)毕业于英国伦敦大学，1848年受英国基督教伦敦会派遣到上海协助麦都思的工作，1857年麦都思逝世后，他实际上替代了麦都思主持伦敦会在上海的教务。同年，他联络在沪侨民中的传教士、学者发起上海文理学会(Shanghai Literary and Scientific Society)，他任学会秘书，这个学会第二年就被批准加上英国皇家亚洲文会，改组为“亚洲文会北中国支会”(North China Branch of The Royal Asiatic Society)，是英国在中国最主要的收集、研究中国历史、社会、矿采、自然标本为主的文化学术团体，这也使其在上海的影响和地位逐渐上升，他也被伦敦会总部任命为伦敦会在华代表。据说，1854年，太平天国干王洪仁玕曾到上海秘密拜访艾约瑟，而艾约瑟也多次去南京会晤洪秀全，洪秀全还赠送给他一本《资政新编》，他也积极参与清政府与太平天国之间的协调和谈判。他也是一位“中国通”，在1880年被海关总税务司赫德(Robert Hart，1835~1911)聘为翻译，曾参与《中西闻见录》《益智新录》(均为月刊)的编辑。他独立完成的著作甚丰，有《中国的佛教》《中国的宗教》《中国的罂粟》(又叫《中国鸦片史》)《中国人的宗教状况》《中国的通货》《中国的金融和价格》《中国在语言学上的位置》《访问苏州的太平军》等，为向世界介绍中国起了很大作用。但是，由于当代中国对外宣传上的不力，许多外国人还在通过读一百多年前来华传教士们写的关于中国的书来了解当代中国，产生歧义和误解就难以避免。

1897年(光绪二十三年)伦敦会在艾约瑟支持和资助下，购进了虹口租界边缘兆丰路(今高阳路)一块约40庙的土地建立了一个伦敦会的教会学校，第二年，这个学校取名“麦伦书院”(Medhurst College)开学了。中文校名首字中的“麦”即“麦都思”，而“伦”则为“伦敦会”，这也是艾约瑟对自己的

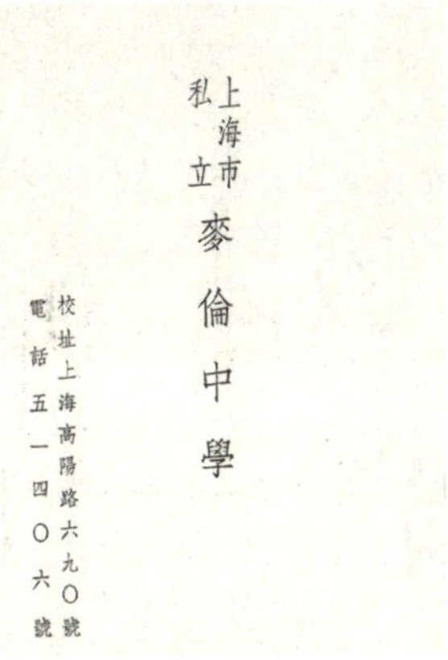

麦伦中学名片

上海市私立麦伦民众学校第三十届毕业典礼摄影(1939.6.3)

恩师麦都思对伦敦会在上海事业所作贡献的缅怀和景仰。

麦伦书院从建校到1927年间，校长全部由伦敦会英国籍教士担任，先后担任校长的有斐文、麦伯罗、库寿领、卢克逊、彭思等人，1927年，夏晋麟任第一任华人校长。1931年孙体兰继任校长后，对学校的体制和教育方针作了调整，由于麦伦书院所在的虹口是工厂和工人比较集中的地区，学校除开展正常的教育外，还提倡“推广事业”，动员教师和高年级学生到民众中开办业余学校或夜校，免费为青年和失业工人上课。据记载，从1932年到1937年“八一三”淞沪抗战爆发，麦伦书院举行过9届业余学校的毕业仪式，计有420人拿到了文凭。由于教师和学生深入社会，接近民众，所以，这个教会学校也是中共地下党活动最活跃的学校，许多学生毕业后走上了革命道路。

1936年，孙体兰校长还以个人捐款和社会募捐方式在学校里建造了“科学馆”，实际上是一教育实验室。“八一三”淞沪抗战后虹口沦陷，麦伦中学被迫迁到租界，借开原路

上海市私立麦伦民众义务学校师生合影(1940.5)

(武定路940号)民宅上课。虹口的学校被日军占领后，一度作为关押犹太人的集中营；1945年抗战胜利后，学校才迁回原址。1951年5月，孙体兰校长奉命就任华东教育部副部长，为表彰他对学校作出的贡献，学校董事会议，将孙体兰筹资兴建的科学馆命名为“体兰馆”，教育部长马叙伦为“体兰馆”题额。1953年，该学校由上海市教育局接管，此时，抗美援朝战争刚结束，黄继光的英雄事迹在全国颂扬，该校就改名为“继光中学”。

1905年艾约瑟在上海逝世，葬“八仙桥公墓”。根据他的遗属，将其遗产中的9000英镑留给麦伦书院，用于书院的奖学基金，书院立即以这笔资金建立“艾约瑟基金”；同年，由上海的伦敦会提议，在麦伦书院内建立一个礼堂，为纪念艾约瑟牧师对伦敦会和麦伦书院所作出的成就和贡献，取名Edkins Memorial Church，即“艾约瑟纪念堂”，它相应的中文名为“思艾堂”。

住讯社社员在麦伦中学门前合影(1949.7.4)

麦伦中学体兰馆

据《民国上海县志》中讲，思艾堂是一个可以容纳许多人的大礼堂，而这个教堂又设在学校内，显然它是一个主要功能为礼堂的教堂，主要用于学校的礼堂，而其教堂的作用难以发挥。1922年，麦伦书院校长，伦敦会牧师又在书院边上(后为高阳路670号)另外建造了一座教堂——天乐堂，作为“麦家圈”天安堂的分堂。这个教堂在解放初就关闭了，现在的人们早已忘记了它曾经的存在。

第七章 美国基督教与教会事业

对欧洲和世界来讲，美洲是16世纪发现的新大陆，从16世纪初开始，以英国为主的欧洲国家殖民者开始进入美国，这里的原住民——印第安人或被杀戮，或被迫西迁。1732年，在东部形成13块英国殖民地。殖民者不满英国对殖民地的控制，联合起来进行反抗。1775年爆发了“独立战争”，1776年7月4日，第二次“大陆会议”宣布13个殖民地独立，建立新的国家。16世纪以后的英国已经是以基督教新教为主的国家，而美国的移民多来自英国，于是，基督教徒的比例远远大于天主教，据估算，到上世纪中期，美国的信徒人数中，基督教约占77%，天主教约23%。近代以后进入中国和上海的主要是基督教。

19世纪中期，与老牌资本主义国家英国相此，美国在世界上的政治、军事、经济地位低得多。美国是西方资本主义国家的“后起之秀”，当他们有能力染指中国时，中国许多优越的地区已经被他国占据，他们再想从中获利已经比较困难。因此，他们对世界，对中国的政策始终坚持“门户开放”政策，希望与其他资本主义国家一样“利益均占”；而从另一个角度讲，从英国殖民主义者手中摆脱出来的美国，也不主张对外殖民的政策，所以，美国政府没有在中国开辟租界。这里需作一个说明，1848年美国基督教圣公会传教士文惠廉在苏州河北岸建立美国人“居留地”，也就是上海史上经常会提到的“虹口美租界”，也于1863年与英国租界合并，就是后来的“公共租界”。

美国是一个民族成分多元化的国家，素有“民族熔炉”之称，所以，进入上海的美国基督教会更具开拓精神。与英国相比，美国教会在上海除了建立教堂外，把更多精力致力于创办学校，兴建医院。也许就是这一原因，一直到20世纪初以前，美国的经济、政治、军事实力远不及英国，但美国教会在上海的地位和影响却远远超过了英国，美国对中国近代文化事业的作用，也远远大于英国。

从1840年至1949年长达百年的中国近代历史上，美国传教士为帮助中国的进步费尽心机和心血；同样，也有不少传教士充当了美国侵华的急先锋，这一点一定要分清楚。

一、美国基督教圣公会传教士文惠廉与虹口美租界

美国圣公会(Protestant Episcopal Church)的前身是英国在美洲殖民地的圣公会，1789年成立于费城，美国独立后，该会脱离英国而独立，成为基督教安立甘宗在美国的自主教会。但是，该会沿袭了英国圣公会的教义、礼仪及体制，又不完全遵守英国圣公会的礼

制。美国基督教圣公会的海外布道组织——差会的英文名为American Church Mission，进入中国后，对应的汉名仍叫“美国圣公会”。

文惠廉

在叙述英国圣公会时曾提到，1807年英国传教士罗伯托·玛礼逊奉英国基督教伦敦会之命赴华时，遭到东印度公司拒绝，于是被迫取道美国，再从美国去远东。玛礼逊在美国受到美国圣公会的礼遇和帮助，于是玛礼逊有了双重身份，既代表英国教会，又代表美国圣公会，而美国圣公会更认为玛礼逊是他们派遣的传教士。所以，1834年玛礼逊在广州逝世后，美国圣公会立即派遣文惠廉牧师赶往中国，并称是接替他的职位。

文惠廉(William Jones Boone，1811～1864)早年在美国南卡罗洲攻读法律，后经美国圣公会提拔而赴圣公会总部所在的费城攻读神学。1834年玛礼逊逝世后，美国圣公会立即决定建立中国布道区，文惠廉即被任命为中国布道区主教。为了使自己进入中国后可以立即开展工作，他又去攻读医学，并获医学博士学位。1837年，他从美国出发到达巴达维亚(今印度尼西亚雅加达)，在华人区中传教，并学习汉语，1840年到澳门，任澳门玛礼逊学校校长。1840～1842年的鸦片战争中，他曾随英军兵船登上厦门和鼓浪屿，因非法登岸而被驱逐出境，于是暂时返回美国。1844年7月3日，中国与美国在澳门的望厦村签订中美《望厦条约》，条约第十七款规定：

> 合众国民人在五港口贸易，或久居，或暂住，均准其租赁民房，或租地自行建楼，并设立医馆、礼拜堂及殡葬处。

条约写得很清楚，即对英国开放的五个沿海城市也同时对美国开放，美国人可以在开放口岸居住、造房，还可以建“礼拜堂”。得到这一消息后，美国圣公会再次催促文惠廉去中国，去上海。于是他取道香港，于1845年6月7日抵达上海。

文惠廉到达上海时，上海已经开埠一年多，沿外滩一线的土地早已被捷足先登的多家英国商行租赁，而且上海道正在与英国领事商议，将外滩一带的土地辟为英国人的“居住地”，土地价格涨得飞快，而教会提供给文惠廉的经费少的可怜，根本不足以支付外滩土地的租赁费用，于是他只好退而求其次，在当时人口稀少，地价低廉的苏州河北岸的虹口租了52亩土地，将原来的农田稍加整治后建造了一些简易住宅，并以这里为中心开始传教。

1846年7月，上海英租界里发生了一件被叫作“升国旗之争”的事件。旗昌洋行(Russell& Co.)是一家美商洋行，1818年创建于广州，约1844年在上海设立分行，行址在今福州路外滩。1844年7月3日中美《望厦条约》签订后，美国政府立即任命了一位叫费信登(Henry Fessenden)的外交官为驻上海领事，不过他并没有到任。于是1846年时，美国政府就只得启动“商人领事”的办法，聘上海旗昌洋行经理吴礼国(Henry G、Wolcott，吴礼国是他自取的汉名，后人又将其译名为华尔考脱)为代理驻上海领事，他即将美国驻上海领事署设在旗昌洋行在外滩的办公室里。根据西方惯例，领事馆应该升本国的国旗，刚上任的吴礼国就在旗昌洋行升起了美国国旗。想不到此事立即引起英国领事的反对和抗议，他们根据与上海道签订的《上海租地章程》的相关条款，指出租界是上海道划出专供英国人居住和使用的土地，这里除了可以升英国国旗外，不得悬挂任何其他第三国国旗。这件事也使上海道台处于十分为难的境地，于是在第二年即1847年，上海道就在《上海租地章程》中增补了一条内容，即：“准英商租地界址内，除悬挂英国国旗外，他国人均不得悬挂本国国旗。”这位美国人吴礼国刚走马上任代理美国驻上海代理领事就被英国人当头打了一棒，并生了一场大病，几年后就因病去世。

美国政府不主张在海外建立殖民地，但是，美国领事馆设在上海的英租界里又不能升美国国旗，于是美国只能通过民间渠道来合理地处理这件事。这件事就落到了没有政府背景的传教士文惠廉身上，因为此前，文惠廉已经租用了位于英租界之外，苏州河以北虹口的52庙土地，并在那里兴建住宅。1848年，文惠廉以传教士身份代表美国人向上海道提出申请，要求仿照英国人的办法，划出苏州河以北的虹口之地作为美国人的“居留地”，上海道也立即批复：“吴淞江(即苏州河)以北临黄浦三里之地”为美国人“居留地”，这个批复很含糊，没有明确界址，大致上是指今河南路桥到虹口港临苏州河和黄浦江的地方。就在这一年，新上任的美国驻上海领事祁理蕴(John N. Alsop Griswold)就将美国领事馆设在虹口，1854年在虹口黄浦路36号建造领事馆楼。

1. 圣公会救主堂

约1848年，文惠廉主教在原自己租赁的土地上建了一个布道堂，当时的虹口还是一派田园风光，居住的人口很少，所以这个布道堂只是一个住宅，临时用来给传教士们和信徒做礼拜之用。旗昌洋行虽是一家美国商行，在广州时就与“十三行”关系极为密切，“十三行”的许多领头行商是旗昌洋行的股东，如1851年至1854年任上海道台的吴键彰就是广东人，他也是旗昌洋行的大股东之一。上海开埠后，旗昌洋行的中心逐渐由广州向上海转移，洋行的广州雇员也随洋行进入上海；旗昌洋行进入上海后主要从事航运和贸易，1862年正式建立“上海轮船公司”(Shanghai Steam Navigation Company)，一度是上海和中国最主要的航运集团，许多原广州的船舶修造工人也随洋行进入上海，他们成为上海第一代海轮修造工，而虹口美租界占有较长的黄浦江岸线，早期这些航运码头和船舶修造厂就集中在此地，虹口成为广东人居住集中的地方，就与此有关。

到了1850年代以后，虹口的居民人数不断上升，而文惠廉的布道工作也取得了一定成就。1856年，文惠廉就在这里兴建了一座真正的教堂——“救主堂”(Church of Our Saviour)，这也是上海苏州河北岸出现的第一座教堂。

救主堂是一幢很典型和传统的英国乡村教堂样式，砖木结构，正门向南开在百老汇路(今大名路296号附近)上，正门顶上加建传统的钟楼或尖顶。当时的虹口，临黄浦江一带多为码头和船舶修造厂，附近几乎是农田，没有三层或二层以上的建筑，于是，救主堂“高耸”的尖顶往往成为驶入上海外轮的航标。1864年7月16日，文惠廉主教在上海逝世。为了纪念这位虹口的开拓者，工部局将救主堂东侧的一条马路命名为W. J. Boon Road，对应的中文路名为“文监师路”或“文惠廉路”，“监师”可以理解为“校监”，即学校负责人，这应该与文惠廉在上海办校有关。这条路又被叫作“蓬路”，这一定与路牌上写的“W. J. Boon Road”中的“Boon”有关，这条路就是今天的塘沽路，救主堂确切的位置在今大名路与塘沽路相交点的西北角。

1906年，美国基督教圣公会在虹口救主堂召开“纪念美国圣公会来沪六十周年暨救主堂开堂五十周年”大会，那幢已有50年历史的救主堂已显得那么陈旧，破落和渺小，真正被邀请参加庆典的人仅几百人，而几乎有一半以上的人无法进入会场，只能在教堂外面观瞻，这与美国圣公会的在华事业和成就形成了鲜明反差，也使许多美国圣公会的神职人员和信徒们感到难堪而无地自容。于是，就在庆祝活动结束后，他们就决定筹款重建救主堂。

众所周知，19世纪后期，在美国西部开发中，为了架设铁路，从中国招募了大量华工，而赴美打工也成了人口密集的中国沿海百姓的一个出路。但是当美国的铁路工程完工后，1882年美国国会通过议案，以保护已在美国华工利益的名义，禁止中国再向美国输出劳工，议案有效期为10年。十年期满后，美国政府又要将原议案有效期延长10年，遭到清政府坚决反对，经谈判后双方达成妥协，1894年，中国驻美公使阳儒在华盛顿与美国政府签订了《限禁来美华工保护寓美华人条约》，继续限制华工赴美，有效期为10年。1904年是该条约失效之年，中国沿海的许多百姓作了长期准备，一旦美国解禁就立即奔赴美国。而就在这一年，美国新任驻华公使柔克义(Willian W.

美国基督教圣公会救主堂

左上角即百老汇路上的救主堂(李圣恺提供)

Rockhill)奉命要求清廷继续延长《限禁来美华工保护寓美华工条约》，此事立即引起清廷不满和中国人的反对。于是，以上海为中心爆发了全国性的反美活动，美国商品受到抵制，在沪美国侨民的日子也不好过，美国圣公会决定重建救主堂的事还没启动就停了下来。

进入20世纪后的虹口经济发展较快，临江地段已经是以航运和贸易为主的经济活动区，这里的地价十分昂贵，居民人数不算集中，而救主堂的占地面积不大，兴建一个稍具现模的教堂有许多困难。约1915年，圣公会就将救主堂的土地出售，以所得之款购进了位于公共租界外狄斯威路天同路(今漂阳路天水路)共计17庙土地。1916年9月9日，新的救主堂破土动工，于1918年10月1日落成并举行隆重的开光典礼。新建的救主堂在较长一段时间里被上海人叫作“新救主堂”,它的南门开在“天同路”上，而西门则开在“狄斯威路”，所以也被叫

1918年在虹口狄斯威路重建的美国基督教圣公会救主堂

作“天同路救主堂”或“狄斯威路救主堂”。当时的狄斯威路天同路属于中国地界，也是比较落乡的地方，“天同路”知名度很低，而在虹口有一条知名度稍高的“天潼路”，不少旧书中又常把“天同路救主堂”误为“天潼路救主堂”或“天童路救主堂”，这里提醒治史者注意。

新的救主堂占地17庙，有1公顷多，占地面积颇大，教堂四周用水泥柱相连接的铁栅栏相围，正门设计为中国传统的飞檐门楼，主建筑共三层，二层的腰线四角设计为外翘的飞檐，而顶层更是中国的飞檐大坡顶。关于西洋教堂建筑在上海“中国化”的过程和原因，本书有专章介绍。

新的救主堂在租界外，1932年“一·二八”淞沪抗战中，教堂部分被毁，战后重新修建后对外开放，1937年的“八一三”淞沪抗战中，虹口租界及虹口华界成了主战场，教堂彻底被毁。之后，苏北的难民大量拥进上海，这里就被难民们占用而成了棚户区。后来，这里被建为天水新村，找不到救主堂的任何痕迹了。

新救主堂被毁后，圣公会又在法租界赵主教路(今五原路)73弄内的一块空地上重建。此时的上海局势非常不稳定，日本与美国之间的战争随时可能打响，所以这个教堂的质量很差，只是一幢三层建筑，其间有一个礼堂而已。1966年“文革”开始时，教堂停止宗教活动。1982年教堂归还上海市基督教三自爱国会。1986年，上海市基督教三自爱国会将旧建筑拆除后重建为五层建筑，作为华东神学院院址。

1853年，太平军沿长江而下攻占南京建立太平天国，并改南京为“天京”，江南的局势发生了很大变化。上海的侨民们很担心上海的安全，于是上海的英、美、法三个租界决定联合起来共同渡过这一难关。1854年7月11日，英国领事阿利国、美国领事马辉(Robert C. Murphy)和法国领事爱棠召集三租界的租地人代表在英国领事馆召开紧急会议，会议通过决议，成立一个由三租界纳税人组成的Shanghai Municipal Council(市政委员会)董事会，由董事会选举产生总董。据说，在汉语中没有与“municipal相对应的词，后来人们认为这个机构主要负责城市的建设和管理，与清朝中央六部中“工部”的职能比较相近，于是被汉译为“工部局”。它是租界的市政组织、领事、管理机构，实际上就是租界的“市政府”。

1863年，太平天国败局已定，上海的危机已经过去，法国领事爱棠以租界召开租地人代表会议没有得到其政府批准为由，宣布退出工部局，另建“公董局”。同年，英、美租界正式宣布合并。合并后的英、美租界Shanghai Foreign Settlement，汉名习称“上海英美租界”，但习惯上人们仍把原来的英租界叫作“英租界”，虹口的租界叫作“虹口美租界”或“美租界”。尽管英、美租界已经合并，但是美国领事馆在虹口，美国的许多机构设在虹口。所以在相当长一段时期里，许多美国侨民仍选择居住在虹口，虹口也是美国侨民居住最集中的地区。

救主堂是美国基督教圣公会在上海建立的第一个教堂，培养出了不少在上海近代史上显赫的人物。黄光彩是当年文惠廉潜入厦门时招募的随从，后来随文惠廉到了美国，三年后又回到了厦门。当他得知文惠廉到了上海后，又从厦门投奔文惠廉。1863年他由文惠廉按立为会长(即牧师)，是中国人授美国圣公会会长之第一人，后来还长期任救主堂牧师；他的妻子是圣公会办的“文纪女塾”毕业生，他们的女儿黄素娥则是长期担任圣约翰大学校长的卜舫济先生的助手。1848年，一位叫颜永京(英文名Yen Young-Kiung)的青年接受文惠廉主教洗礼，1854年又受文惠廉资助赴美国留学，毕业于俄亥俄州建阳学院(Kenyon College)，回国后在上海救主堂工作，参与圣约翰学院的筹建工作，1882年任圣约翰学院院长。而他的三个儿子——颜惠庆，颜德庆和颜福庆的名气就更大了。

颜惠庆(1877～1950)，字骏人，英文名W. W. yen，早年就读于上海广方言馆，后赴美国留学，就读于弗吉尼亚大学；清末任中国驻美公使馆参赞，1912年任北洋政府外交部次长，后历任北京政府外交总长、农商总长、国务总理、内务总长等职，1926年曾以国务总理摄行总统职权；1931年后出任南京国民政府驻英国，苏联大使；1949年后，历任华东军政委员会副主席，中央人民政府政治法律委员会委员。

颜德庆(1878～？)字季余，早年就读于上海广方言馆，随哥哥颜惠庆赴美国留学，在理海大学攻读铁道工程，1927年后任铁道部参事。

颜福庆(1882～1970)，字克卿。上海圣约翰书院毕业生，旋赴美留学，获耶鲁大学医学博士、哈佛大学公共卫生学博士学位。1910年起，历任长沙湘雅医学院院长、中央大学医学院、北京协和医学院、上海医学院教授、副校长、院长等，1914年参加创建长沙湘雅医学院，创立中华医学会，并任首任会长。

2. 同仁医院

1866年11月，美国圣公会牧师汤蔼礼(Elliott Heber Thomson)和一位从美国回来的中国籍牧师吴虹玉在救主堂附近租借民房办了一个诊所，免费为居民施诊送药。1880年，文惠廉的长子文恒理(Henry William Boone，1839～1925)奉差会之命到达上海，他就将这所诊所改组扩建为医院，取名“st. luke’s Hospiltal”，相应的中文名为“同仁医院”(现代出版的著述中，有的作者根据英文将其译为“圣路加医院”，这是他们不知St.luke’s Hospital即同仁医院所致)。传说路加(luke)是《新约•路加福音》和《使徒行传》的作者，他和保罗是亲密的合作伙伴，他俩是耶稣的门徒。路加是一“亲爱的医生”，他一面传教，一面为病人治病和祈祷。同仁医院分为二大块，一部分坚持教会的既定方针，低价或免费为穷人施诊送药，另一部分则按标准收费，以所收费用于补贴医院的开支。《宣统三年(1911年)上海指南•卷三•医院》中记：

同仁医院。在西华德路一二号。即虹口中虹桥西堍。电话八四二号。号金四十文，诊资一元，住院，每日头等二元，三等一元，三等一角五分。有看护妇。

同书还收有“公济医院”(即今上海市第一人民医院)和广慈医院的收费标准：

公济医院。在北苏州路八号。电话六〇二号。住院，每日头等六两，二等三两，三等一两五钱。

广慈医院。在宝昌路卢家湾。住院，每日头等六元，二等三元，三等六角，又有四等。均有看护妇的。

文恒礼创办的同仁医院，右侧建筑上路牌SEWARD ROAD即熙华德路即今长治路(塘沽路口)

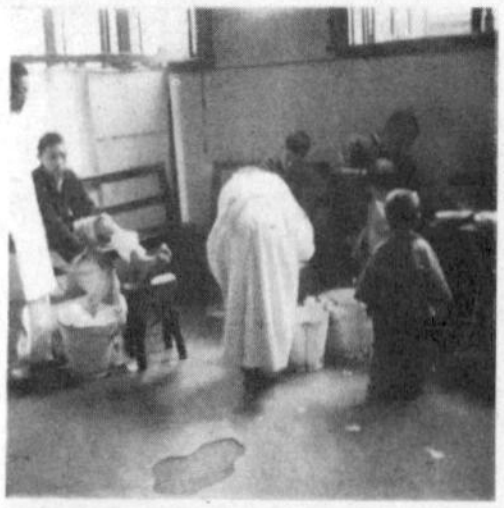

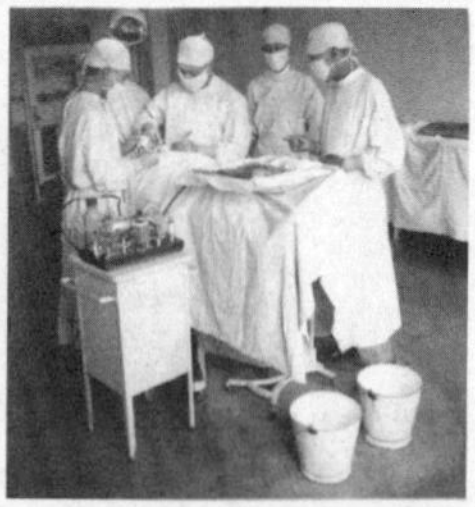

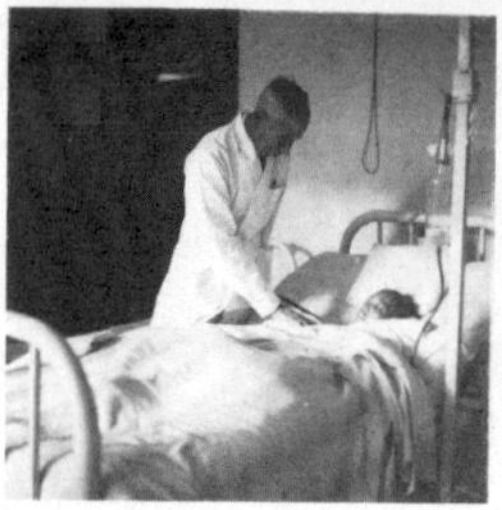

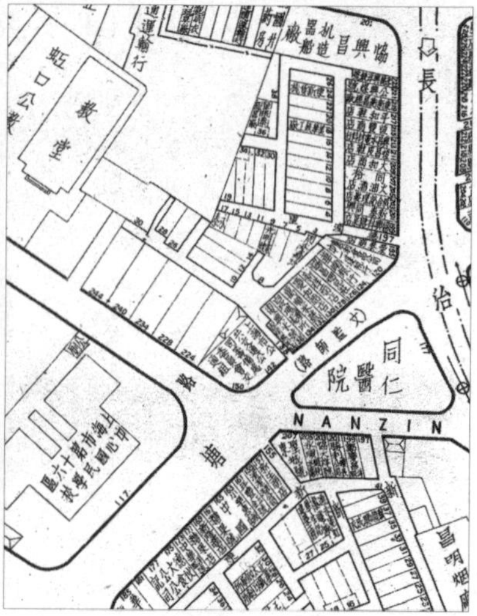

同仁医院地块图

当时银两一两约等于银元1.3元，如此看来，同仁医院的收费标准是不算高的。

“西华德路”即今长治路，“中虹桥”即虹口港长治路桥，同仁医院的院址即今长治路与塘沽路的转角处，今长治路159～177号，是一幢三层砖木结构的西式建筑。1937年“八一三”淞沪抗战后上海沦陷，医院迁到九江路219号的原英国基督教圣公会三一堂办的男校里，而虹口同仁医院的房子被日军占用，成为日军家属宿舍。

3. 圣彼得堂与广仁医院

文恒理是文惠廉的长子，毕业于美国的医科专业，并持有美国的医师执照，同仁医院建立后他也成了医院院长，事实上汤蔼礼已经被排挤出医院，于是他也决定离开救主堂和同仁医院，到其他地方谋求发展。1888年，汤蔼礼牧师在贵州路北京路租借了几间民房作为布道场所，并取名“显主堂”，还在这里附设很简易的男女小学各一所；仅过了二年，房东就收回了房子，于是他又被迫把“显主堂”搬到租界外的新闸路。他很希望有一块属于自己的土地来建一个教堂。就在此时，一位叫李思伦的牧师在上海逝世，留下了一笔不小的遗产。李思伦的遗孀愿意拿出她丈夫遗产中的5000两支持汤蔼礼，而汤蔼礼则用这笔钱买进了爱文义路14号(今北京西路351号)的一块土地兴建“圣彼得堂”(St. Peter’s Church)，并于1898年落成并举行开光奠礼，汤蔼礼就把教堂内的一个小礼堂叫作“思伦堂”——即“李思伦纪念堂”的意思。

教堂开光的第二年，1899年公共租界扩张成功，教堂所在地方被划进了公共租界。租界的城市建设和人口增长较快，这对圣彼得堂的发展带来喜讯，于是，汤蔼礼牧师又操起他的老本行，在教堂边上办了一所医院，英文名为St. Elizabeth’s Hospital(伊丽莎白医院)，另取中文院名为“广仁医院”(与前面讲的，后人常把救主堂办的“st.luke’s Hospital”误译为“圣路加医院”一样，“St. Elizabeth’s Hospital”也被后人误译为“伊丽莎白医院”)。“伊丽莎白”是西方人名中很常见的名字，流传至今的“伊丽莎白”也很多，而被尊为“圣人”(Saint)者只有一人，那就是匈牙利国王安德鲁二世之女伊丽莎白(Elizabeth of Hungary，Slaint，1207～1231)，她嫁给了图林根领子路易，但路易在随十字军东征中死于瘟疫，伊丽莎白遂投奔自己叔父，加入方济各会，创办医院和济贫院，立志终身为贫民和病人服务，被授“圣人”称号。她的事迹和故事被收入文学和艺术作品而广为流传，世界

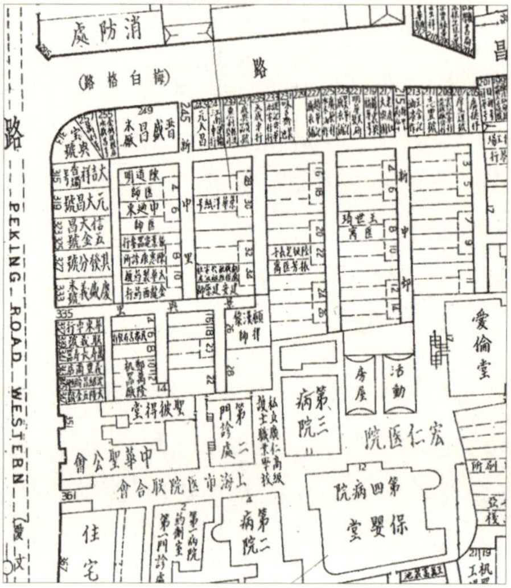

圣彼得堂与广仁医院地块图

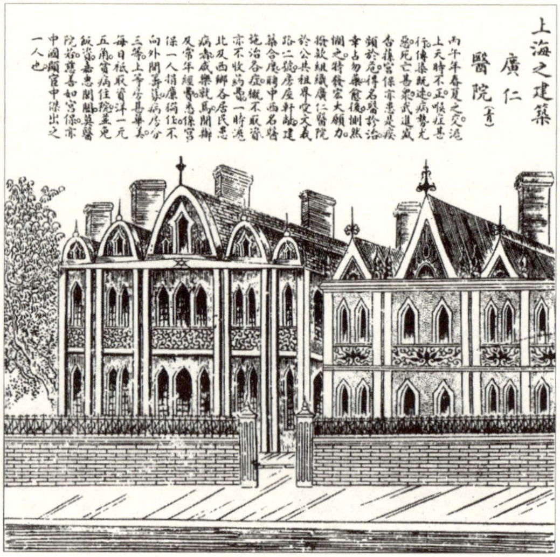

广仁医院

圣彼得堂(张人凤摄)

上许多国家的教会医院被叫做St. Elizabeth Hospital。

汤蔼礼是离开教会自己创业的，圣彼得堂的经费严重不足，所以他的广仁医院采取两种收费标准，挂号费只收取6文，此仅是两只大饼的价钿，穷人的药费可以根据病人自述而减价或免费，而住院费很高，头等每日5元，二等3元5角，三等1元，这主要针对高收入的群体，另外还设普通病房，每日收费仅二角。这样，医院就可以用高消费群体的收入来填补对穷人施诊医药费用的不足，还可以用更多的收入发展医院的事业，使该医院跻身上海名医院之一。

1914年，广仁医院还创办了“广仁高级护士职业学校”，学校就设在广仁医院边上，求读的学生稍加训练后就可以在医院里边学边工作，而毕业后，部分可以留在医院里；护士学校的校长则由广仁医院的医生魏懿德女士(Miss L.P. Wells)担任。后来，医院还为学校建造了一幢7层楼房作为校舍，这也是当时上海护士学校中最具规模的。

1962年圣彼得堂终止宗教活动。前已述及，美国圣公会救主堂设在虹口的“同仁医院”在1937年被迫迁到九江路219号。而当1941年12月7日太平洋战争爆发，美国正式对日本宣战，属于美国基督教的同仁医院和广仁医院将面临被日军接管的尴尬处境。于是，两医院立即改称为私立医院，1944年，两家医院合并，改称“宏仁医院”，并以原广仁医院为院址。1954年，宏仁医院改组为“公立医院”，1957年又改为上海胸科医院。1965年，原圣彼得教堂也划归医院使用。1981年，上海胸科医院迁到淮海西路241号自建的新院址，旧院址的房产则由黄浦区房地产部门收还，又转拨上海市劳动职业病防治研究所使用。

4. 美国圣公会的诸圣堂

20世纪初，一位叫麦甘霖(C.F.McRae)的美国青年被美国基督教圣公会差会派到上海，在虹口救主堂协助教务工作，并取得了一定成绩。1916年，救主堂计划在狄斯威路重建新教堂，而旧教堂的土地已被出卖，教会忙于新教堂筹建工作，救主堂的教务工作就停滞了下来。这位不甘寂寞的麦甘霖牧师就约了一位叫汪孝奎的中国牧师到其他地方开展工作，他们先租下了位于法租界霞飞路贝勒路(淮海中路黄陂南路)附近一条弄堂里的住宅，然后到附近布道，想不到效果颇佳，没多久就发展了几百名信徒，那幢租来的民宅也不敷使用了。而他们的工作和已经取得的成就也得到圣公会的表扬，总部就拔出一笔款子，责成他

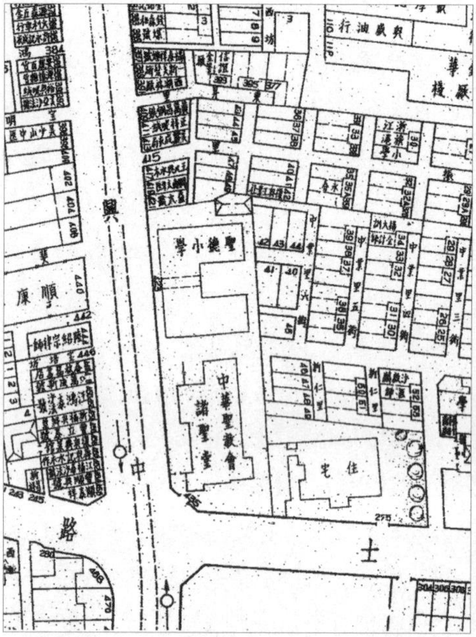

诸圣堂地块图

诸圣堂钟楼(陈立群摄)

们在附近觅一块合适的土地，并计划建造一个教堂。

1900年时上海法租界的西界在周泾，相当于今西藏南路北段。1900年法租界扩张成功，原打铁浜(相当于今自忠路，顺昌路、太仓路和重庆中路)以东的地方划进了法租界新界。到1914年，法租界又一次扩张成功，这一次扩张的面积更大，西界延伸到了今华山路徐家汇，南界则到了今肇嘉浜路。而1920年时，法租界刚扩张后几年，这里还有不少空置农田或坟山。根据中外签订的相关协定中约定，一旦划入租界的地方，就不准在租界里建造坟地，原来已经存在的坟地必须按相应规定进行管理，并在适当时间将其移迁出租界。而法租界新界的“陆家宅”地方是上海洋布公所的坟地，在上世纪20年代，洋布公所实际上已经是一个即将解体的同业公所，根本无力顾及坟地的管理，又无力对坟地进行搬迁。于是，麦甘霖即以较低的价格买下了坟地合计3亩的土地。但是，麦甘霖应该负责旧坟地尸骨的迁葬和处理，所以，麦甘霖在得到这块土地后，先在这里建立了一个简易布道堂，并动员信徒们捐款，及时处置坟地的旧墓和尸骨，此举得到了广大信徒的支持，他们积极筹

复兴路上的诸圣堂(陈立群摄)

款。1925年，麦甘霖就在这里建造了一个教堂，取名“诸圣堂”(The All Saints Church)，即“纪念全部圣者的教堂”的意思，也许，教会借此表示对这块坟地上所有死者表示哀悼和祈祷。这个“诸圣堂”旧址为“Corner of Rue Lafayette and Rue Chapsal”，即“辣斐德路和萨坡赛路转角”，也就是今天复兴中路与淡水路东南转角处。

诸圣堂为砖木机构，建筑样式也颇别致，礼堂设计为双坡屋顶，屋架全部暴露于外，门廊使用科林斯柱式，配以玫瑰形花窗。内部礼堂的设计颇有特色，为“巴西利卡”(basilica)礼堂形式，平面为长方形，礼堂内二侧设计两排列柱，祭台设计为一个凹室。据说，“巴西利卡”是古罗马最常见的市政建筑礼堂形式之一，后来被较多用于教堂。不过，上海“巴西利卡”式样的教堂并不多。诸圣堂有两个礼堂，大礼堂可以容纳600人左右，小礼堂也可以容纳300余人；大礼堂西面与方形钟楼相连，使教堂建筑整体显得雄伟而又别致，被公认为新古典主义建筑艺术与近代思潮相结合的优秀作品。

诸圣堂在1927年利用教堂东边的空地创办了一所“圣德小学”，1949年后一度改为复兴中路幼儿园，是上海质量较高的幼儿园之一。“文革”开始后，诸圣堂终止宗教活动，教堂的全部建筑一度由上海市公用事业局下属煤气公司使用，一直到1982年归还宗教界，大修后于同年圣诞节重新开放，现在是上海市中心区知名度颇高的基督教教堂。

5. 圣约翰大学

西方的教会学校一般实行男女分校的制度，而创办学校也是发展教会事业的重要手段。文惠廉到上海后曾经创办过一所“文纪女塾”(Boone School for Girls)，这也是上海出现最早的女子学校之一。清同治四年(1865)和七年(1868)，救主堂又先后创办了两所男校，即培雅书院(Baird Hall)和度恩书院(Duane Hall)，不少优秀的学生毕业后就由圣公会资助赴美国留学，不少学生学成后回到上海为圣公会工作，为美国圣公会在上海事业的发展起了很大作用。

施约瑟(Samuel Lsaac Joseph Scherechewsky，1831～1906)是犹太人，出生于立陶宛，

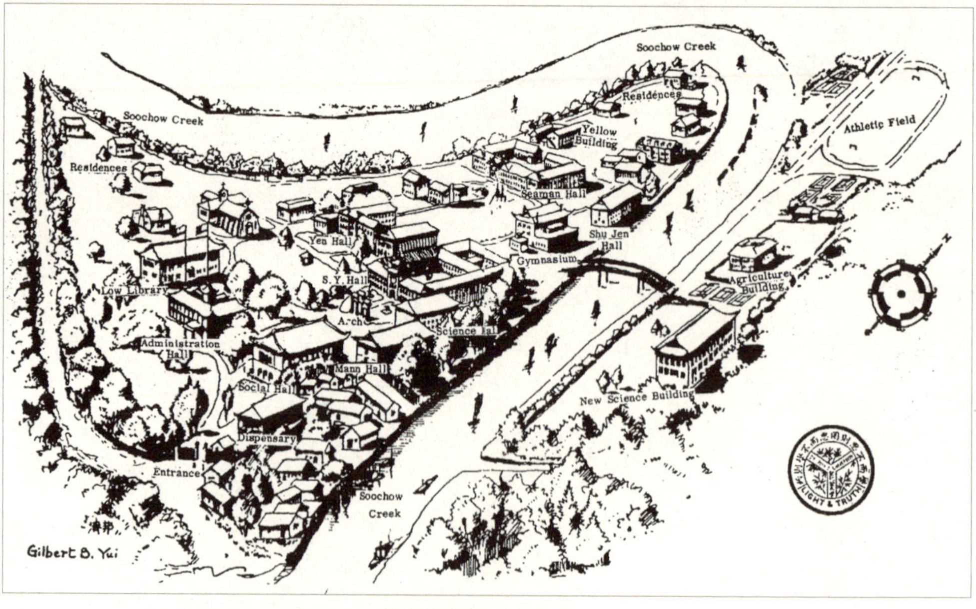

圣约翰校园平面鸟瞰

圣约翰大学怀施堂

后移居美国并成了美国基督教圣公会牧师。1859年受美国圣公会差会的派遣来华，长期在北京传教。1877年，他调上海，任美国圣公会上海区主教。他积极主张通过办学校来“训练中国青年献身基督”，并认为“中国的真正信徒必须是中国人”。他到上海后，认为“培雅”和“度恩”只是两所小学，学生毕业后再接受高一级的教育十分困难，于是决定在上海建立一所高等教育的学校。就在此时，英商兆丰洋行(Messrs，Hayes Fogg & Co.)的老板霍格打算退休回国，并计划卖掉一些他在上海西郊的土地，施约瑟获悉后立即把圣公会在虹口的地产作抵押，以6500两的价格买进了兆丰洋行在西郊的84庙土地，并把原“培雅”和“度恩”两所学校迁到了那里。1879年，新学校取名“圣约翰书院”(St.John’College)，并于这一年的9月1日正式开学。约翰是耶稣十二使徒之一，是渔夫西庇太的儿子，他与兄弟雅各，以及彼得、安德烈同为耶稣选召的门徒，并同为十二使徒的核心。耶稣死前在进最后晚餐时他枕首于耶稣胸前，和耶稣之母玛丽亚等一同侍立于十字架旁，接受耶稣的临终嘱托；耶稣死后他将玛利亚接到家中照料；耶稣复活后约翰又与其他圣徒主持耶路撒冷教会。据说，《圣经·新约》中的《约翰一、二、三书》、《约翰福音》、《启示录》是约翰所著。约翰是圣徒，更是教师，学校取名“圣约翰”是有其道理的。

1904年是圣约翰书院二十五周年校庆，已经派到日本传教的圣约翰书院创始人、第一任校长施约瑟主教从日本发来贺信，信中写道：

> 当我1859年到中国去，在前辈文惠廉主教领导下工作了几年后，我心中非常强烈地涌出，需要建一所教会大学。我决定在我回美国度假时，为这一目标进行了募捐。我深信，接近中国人的最好办法，就是通过办教育。理由有二：一是因为中国人民是有智慧的人民；二是因为他们看重教育的程度，也许要超过其他国家。……愿上帝继续使圣约翰书院兴旺发达，使它对中国的教育事业有越来越大的影响——这该是我经常盼望的和为之祷告的。

圣约翰书院的经费大部分由教会提供，少量来自学费。初创时仅设国文部和神学部，第二年才增设医学部，可以看出，这是一所以培养中国的神职人员或教会服务人士为主的学校。当时的上海开埠已经三十余年，城市的商业发展很快，社会上亟需精通中英文的人才，而通英文的中国人也可以在社会上谋到一份很好的职业。圣约翰书院在开学后就面临资金不足的困难，于是从1881年起就增设英文部，此部学生一律全额收费，每月仅学费一项为8元，全年80元，而当时一个全劳力男工的月收入仅2、3元，圣约翰书院的地价也不过只有80元一亩，可见，这个收费标准是很高的。而圣约翰书院的商业化运作，也使圣约翰书院逐渐从以培养神职人员为宗旨中游离出来，向为社会培养有用人才方向发展。

卜舫济(Francis lister Hawks Pott，1864～1947)出生于美国，1883年毕业于哥伦比亚大学，旋入纽约总神学院攻读神学。在此期间，他经常在中国人中教授英语，也使他对中国产生了兴趣，1886年，他受美国基督教圣公会差会派遣，到上海圣约翰书院教授英语，第二年他就向美国圣公会总部呈上了一份关于教会学校应该加强英语教育的报告，并建议将圣约翰书院列为重点，理由是：

一、教授英语可以训练中国人的智力，如同给外国青年教授希腊文和拉丁文，所能成就是同样的性质。

二、这样做可以铲除学生的排外偏见。

三、训练青年与外国人交往和在商界任重要的职务，可以促进东西方之间的了解。

四、我们可以证明，对培养人才为社会做出有益的服务方面，可以指望基督教会提供这样的服务。

1914年是卜方济校长50岁生日，这是圣约翰师生赠给校长的寿幛(估计是复制品)

美国圣公会总部十分重视并认可了卜舫济的报告，决定破格提拔这位年轻人。1888年，年仅24岁的卜舫济出任圣约翰书院校长。直到1939年，已经75岁高龄的卜舫济才正式提出辞职，担任圣约翰书院(大学)校长时间长达51年。

卜舫济上任后对学校的办校方针和制度作了重大调整和改革，逐步将除中文课之外的课本和讲课一律使用英文。他毫不掩饰地讲：“圣约翰大学就是一所在治外法权庇护之下设在中国领土上的一所美国人学校”(An institution on chinese soil but under extraterritorial jurisdiction)，所以卜舫济也尽力使学生置身学校而不受中国政府和教育部门管辖。

1896年，在卜舫济领导下，圣约翰书院增设大学部，开设文理、医学、神学三个科，文理科相当于“预科”，学制三年，毕业后可以进入神学科，学制四年，而医学院一般只收医预科，学制四年，毕业后就可以拿到文凭而入医生之列。1905年，“圣约翰”向美国哥伦比亚特区注册，正式改组为“圣约翰大学”(St. John’s University)，下设文学院、理学院、工学院、医学院、神学院，并附设研究院和圣约翰青年中学(St. John’s Y. M. C. A. School，是大学的预科)，圣约翰大学向美国注册，所以毕业生可以获得与美国同等学校的毕业文凭，可以直接报考美国相应的学校。据1926年度毕业生统计，圣约翰大学毕业生在中国政府任职者53人，其中部长级7人，局长级16人，外交官6人，铁路局官员24人；在商界158人，其中经理24人，买办107人、银行界27人。卜舫济领导的圣约翰大学逐渐摆脱单纯教会学校的阴影，逐步成为一所社会性的公共大学。一流的教育也培养出了一流的学生，大批“圣约翰”毕业生走上社会后都能寻到一个很好的职业，“圣约翰”的校友们分散到中国的政界、商界，甚至军界发挥了很大作用，而这些校友的成就足以使“圣约翰”成为中国最有影响的大学，同时，为美国基督教圣公会在上海，在中国的事业蓬勃向上起了很大作用。

1925年上海爆发规模空前的“五卅运动”，卜舫济校长坚决禁止圣约翰的学生们走出校门参加运动，于是，部分师生为了参加“五卅运动”而发起“离校”运动，8月，因参加“离校”运动而被勒令退校的师生在学生家长和社会支持和资助下，另行组织“光华大学”(1951年，光华大学与大厦大学合并成立“华东师范大学”)。1927年，北伐军逼近上海，圣约翰大学因无法预料局势的发展而一度关闭，副校长沈嗣良和部分美籍教师另行组织“丁卯学社”(这一年的干支纪年为“丁卯年”)代行圣约翰大学校务。1927年南京国民政府成立后，政府的亲美政策已经确定，就派有美国基督教背景的宋子文任圣约翰大学董事长，次年，该校重新开学。1939年，卜舫济辞去校长之职，沈嗣良接任圣约翰大学校长。1951年，该大学由上海市人民政府接管，1952年全国高等学校的院系调整中，原圣约翰大学下设的学院和系分别并入复旦大学、华东师范大学、上海医科大学、同济大学，原校址上建立华东政法学院，今址为华东政法大学使用。

早期的俾文女校

6. 圣玛利亚女子中学

1851年，美国基督教圣公会女传教士琼斯(Emma Jones)奉文惠廉之命，在虹口救主堂相近的地方租借民房创办了一所女子小学，英文名 Boone School for Girls ，中文名“文纪女塾”，主要吸收附近的中国女孩入学。而在此前一年，来华的

禅文女子中学

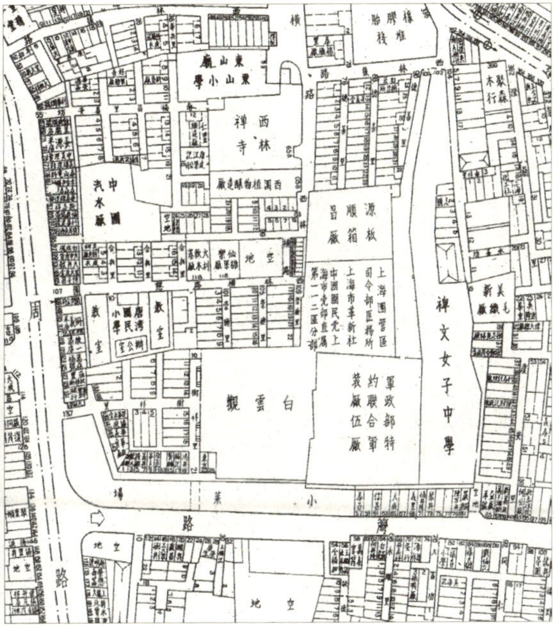

禅文女塾地块图

著名美籍传教士禅治文(Elijah Coleman Bridgman, 1801～1861)的夫人齐拉脱(Eliza Gillette)已经在上海县城西门外“白云观”隔壁创办了一所教会女子小学——“禅文女塾”(Bridgman School for Girls)，这也是上海出现的第一所教会女校。这是一所泛基督教女校，办校经费主要来自各基督教会的拨款和社会捐款，其中又以美国基督教女公会(Women’s Foreign Missions of American Church)和美国基督教会圣公会的捐赠款为最多。后来，这两个教会在办校方针等问题上出现了很大分歧，美国圣公会上海主教施约瑟就决定退出禅文女塾，在施约瑟在沪西创办圣约翰书院的第三年，他就把在虹口的“文纪女塾”和在南市的“禅文女塾”属于圣公会的部分一起搬迁到了圣约翰书院内，合并后改名“圣玛利亚女校”(St. Mary’s School for Girls)，黄素娥任女校校长，这无形中打破了教会学校男校与女校不设在同一个校舍的规矩。不过，早期的圣约翰书院实际上只是college，而当时上海的college相当于现在的高中，而圣玛利亚女校也只是一所女子小学，所以男女同校还不至于发生男女学生越轨的“花边新闻”。但是进入1920年后，“圣约翰”早已从college变成了university，而

圣玛丽亚女校1938届学生在校园合影

“圣玛利亚女校”也变成了“圣玛利亚女子中学”(St. Mary’s Hall High School)，大学里的学生已是英俊青年，而女中的学生也是情窦初开的大姑娘，虽然学校用篱笆把男校和女校隔开，但当春情萌动的时候，难免发生“一枝红杏出墙来”的尴尬。一直到1923年，教会在白利南路(长宁路1187号)另外买了十几亩土地，兴建圣玛利亚女中的新校舍。圣玛利亚女中和中西女中、晏摩氏女中合称上海“三大教会女中”，也是旧上海的贵族女子学校。

美国基督教圣公会从裨文女校撤离后，该校即由美国基督教女公会独立办校，宋庆龄的母亲倪桂珍就是这所女校的毕业生。1930年该校向上海市教育局注册，1951年，由上海市人民政府接管，改名“沪南女子中学”。1953年又改名“上海市第九女子中学”。1966年取消女中，遂改名“上海第九中学”，今校址为方斜路西林后路102号。

圣玛利亚女子中学则在1952年与原美国基督教办的“中西女子中学”合并，改称“上海市第三女子中学”，并迁入江苏路155号原中西女中校址，1966年取消女中而改称“上海市第三中学”，今复名为“第三女中”，是目前上海市唯一的一所女子中学，也是上海市重点中学。而原长宁路1187号圣玛利亚女中校舍被多家单位先后使用，“文革”后曾为上海纺织轻工学校使用，校舍的旧建筑大部分在本世纪被拆，因是违规拆房，拆房工程被勒令停止，今仅剩一教堂而已。

二、美国基督教监理会

监理会(Methodist Episcopal Missionary，South)又叫“监理公会”，是从基督教新教卫斯理宗(Methodist Church)中分离出来的一个教会团体。而卫斯理宗则是从英国基督教圣公会中分离出来的一个宗派。在英国，卫斯理宗是仅次于基督教圣公会和天主教的第三大宗派。

1533年英王亨利八世宣布英格兰圣公会为国教会，并宣布英国国教会不再受治于罗马教廷，此后，英国圣公会就成了英国资产阶级和新贵族为主体的基督教。1726年，英国圣公会会士约翰·卫斯理(John Wesley，1703～1791)当选为牛津大学林肯学院院士，在此期间他的弟弟查理也在牛津，还与一些大学生组织了一个小组，认真学习《圣经》，并定期到牛津的监狱里传教。约翰·卫斯理也被邀请加入这个小组，后来被推选为组长。他们称自己的小组为“圣社”，小组成员为“methodist”即“循规蹈矩者”的意思，所以卫斯理宗(Methodists)也被译为“循道宗”。约翰·卫斯理认为英格兰圣公会只是一个上层阶级的宗教宗派组织，这个宗教组织放弃了中层和下层的市民和贫民的工作，既有悖于耶稣创教的宗旨，更不能适应新的社会发展的要求。于是，他提倡和号召牧师们到街头、矿山、贫民中去，到更广阔的社会中去布道，约翰·卫斯理也被人们叫作“贫民牧师”。

在约翰·卫斯理逝世后第四年，即1795年，卫斯理宗与圣公会决裂。在以后一段时间里，卫斯理宗也从一个宗教团体发展成为一个基督教教派，这个宗派又随英国对北美的移民而进入美国和加拿大。而在美国“南北战争”前，美国又分为代表种植业为主的“南派”和代表新兴工业资本主义为主的“北派”，于是，卫斯理宗在美国也形成了两大派系，其中“南派”叫Methodist Episcopal Missionary，South，它在1848年就进入上海，并被汉译为“监理会”；而“北派”叫做Methodist Episcopal Mission，North，一直到1900年末进入上海，并被以英文的缩写——“M. E. M”而被汉译为“美以美会”。它在上海只有一个“办事处”，没有独立的教堂或其他事业。但是，属于“北派”的“美以美会”则得到“南北战争”中战胜“南派”的代表工业资产阶级利益的“北派”政府的支持和资助，其传入世界各地后，"美以美会"就成了以美国为主的世界性宗教组织。1939年，美国从原卫斯理宗分离出来的监理会、美以美会和美普会又实行合并，称之"卫理公会"，于是在中国的监理会也改称"中华基督教卫理公会"。不过，"卫理公会"在中国的时间并不长，到1949年新政权建立仅10年，其间还经历了多年的抗日战争，许多人仍把"卫理公会"叫作"监理会。"

1. 泰勒与监理会堂

1848年初，泰勒(Charles E. Taylor)和秦佑(Benjamin Jenkins)受美国基督教监理会差会的派遣赴上海。他们从波士顿启程，约8月中旬抵达香港。同时来华的秦佑的妻子经不住海上长期的颠簸生了大病，于是秦佑只得暂留香港照顾妻子，而泰勒则继续北上，于9月20日抵达上海，他也成了美国基督教监理会进入上海的第一位传教士。不过，上世纪30年代上海通志馆编印的《上海研究资料·事物原始·宗教》中把"泰勒"译为"戴乐"，并说：

> 第一任美国监理会上海差会传教士是秦佑及戴乐(Revs B. Jenkins and Taylor)，于1847年(清道光二十七年)到沪。

这可能是所引资料不同而产生的歧义，这里必须作一说明，以免引起误会。

约1850年泰勒就购进"洋泾浜"附近的一块土地建了一个教堂，这也是美国监理会在上海建造的第一个教堂，这个教堂大概在1880年后就从纪录中消失了，所以很难确定它的准确位置。1929出版梅朋和傅立德(B. Maybon et Jean Fredet)合著的《上海法租界史》(*Histoiry de La Concession Francaise de Changhai*，1983年上海译文出版社出版倪静兰中译本)中提到了这个泰勒的监理会教堂，抄录如下：

> 洋泾浜是1915年填平的，它是法租界和英租界的分界线，这条小河(crigue)——这是上海法侨的说法(英语称creek)，或者按交趾支那的讲法是小河浜——上面有三座桥。一座是很美的中国式石桥，两端有三四级宽阔的石级，筑在一条大路口，这条路现在已经没有了，但是辣厄尔路(即1860年前的贞德路)可以看作是这条路的延长部分。再过去是北桥，从那儿有一条路直通县城的北门，

该路由中国捐客出资铺造，美国教士叫它北门路。它的路线大致和现在的北门街(即1860年前的皇帝路)相同，在洋泾浜南岸，有一条横马路和它相通。爱棠标明这条路是法国区居民往北城去的通道。最后，在现在的杜浪路那儿是泰勒氏桥，它是美国基督教监理会的传教士泰勒建造的，因而这样命名，这座桥大概和北桥一样，是木头造的，桥头有一条小路，和该处弯成弓形的洋泾浜正巧配成一条弓弦。稍往前，小路分成两条，一条朝东，沿洋泾浜经过福建会馆，即今之法公董局及其附属机构所在地，和北门那条街相连；一条向南，通往泰勒牧师的监理会教堂和住宅，它们离北门约四百五十来左右，再往前就通到浸礼会的房屋，它们更靠近县城。

《上海法租界史》的这段文字是在描绘1853～1855年间，也就是小刀会起义时期上海县城与城外租界的地形和地貌，作者叙述得很详细，描绘得很准确。“洋泾浜”就是现在的延安东路，它是上海英、法租界的分界河，浜南是法租界，浜北是英租界；“杜浪路”的法文路名为Tourane，Rue，当时的中文路名叫“郑家木桥街”，就是以这里的洋泾浜上的一座木桥——郑家木桥而得名，就是今天的福建南路，在稍早一点而又比较精细的上海地图上可以看到，郑家木桥街与东新桥街之间的洋泾浜形成了一个急弯，地形确实很像一张弓。据作者讲，这“郑家木桥”是一座木桥，是美国监理会牧师泰勒建造的，所以被叫作“泰勒氏桥”。泰勒氏桥堍有一条沿着洋泾浜的小路，沿小路向东可以到达“福建会馆，即今之法公董局及其附属机构所在地”。“福建会馆”正式名称是“泉漳别业”，是福建泉州、漳州地区在上海的同乡会馆产业，这个会馆的人员是小刀会义军的主要成员，小刀会被镇压后，这里的产业被法国人收买，后在这里建公董局楼，原址今为公安局黄浦分局址。“一条向南，通往泰勒牧师监理会教堂和住宅，它们离北门约四百五十来”，可见，泰勒牧师的教堂就在今福建南路延安东路西南角，这里到北门(即“老北门”)的距离大概就是450米左右。

1853年9月7日上海爆发的小刀会起义是会党策应太平天国的武装暴动，义军当天就占领和控制了上海县城，上海租界当局无法判断清廷与太平天国谁胜谁负，于是提出“武装中立”口号，持观望态度。第二年，清军与租界达成协议，租界同意帮助清军镇压小刀会，清军结集到与城墙很近的泰勒牧师的教堂里，并利用教堂作掩护向城里开炮和发动进攻，教堂也遭小刀会还击而损失严重。战争结束后，清政府给泰勒牧师的损失以巨额补偿，泰勒就用这笔款子修复了教堂，还购进了两块土地，一块位于上海城内虹桥，他在这里兴建了“化善堂”，约1880年，化善堂产业被出卖，教堂被拆除，旧址相当于今天复兴东路望云路西南角，现在已无任何遗迹；另一块则在“八仙桥”附近，后来这里被建成“慕尔堂”。

2. 林乐知•慕尔堂•中西女中

泰勒利用清政府的补偿重修了他的监理公堂，还用这笔款子购进了英租界“八仙桥”的附近一块土地。但此时监理会在沪的牧师极少，“八仙桥”的工地一直空置在那里。直到1859年，美国基督教监理会又派蓝伯(J. W. Lambuth)牧师到上海，他就在“八仙桥”的空地上建造了一些简易房子，结构和设施极为落后。这里被叫作“监理会堂”或“监理会礼拜堂”，于是美国基督教监理会在上海有了二个牧区，即郑家木桥牧区和八仙桥牧区。就在蓝伯到上海后的第二年，美国爆发了“南北战争”。这场战争长达四年，几乎全部来华的美国基督教监理会传教士与国内差会失去了联系，他们得不到总部的资助而进退唯艰，许多传教士只得到商事机构谋取一份职业来维持自己的生计。据说，泰勒主持的郑家木桥牧区也因经费不足而被迫关闭了，而蓝伯仍依靠自己的努力而勉强维持八仙桥牧区的教务。一直到1887年，美国监理会总部收到堪萨斯州一位叫慕尔(J. M. Moore)信徒的巨额捐款，并指定用于监理会在中国上海的事业，蓝伯在得到捐款后就将旧建筑拆除，在原址兴建新的教堂，为感谢这位慷慨相助的慕尔先生，新堂取名为Moore Memerial Church，即“慕尔纪念堂”的意思，正式的中文名就叫作“慕尔堂”，这多少改变了美国监理会在上海的处境，而监理会在上海事业的进步更依赖一位叫林乐知的牧师。

林乐知(Yoang John Allen，1836～1907)出生于美国南方佐治亚州伯克郡，从小就失去了父母，由姨夫收养成长。他中学毕业后考取了弗吉尼亚的亨利学院，后转学到佐治亚州的埃默里大学，获文学学士学位，这一年他22岁。也在这一年，他与佐治亚州卫斯女子学院毕业生玛丽•豪斯顿举行了婚礼。

1858年底，美国基督教监理会举行年会，林乐知应邀出席，当时监理会负责人希望林乐知到中国传教，这使他有点意外和措手不及，想不到他新婚的妻子表示愿意随丈夫去中

林乐知

中西女校旧楼

早期中西女校师生合影

国，于是，林乐知开始在美国学习中文和中国文化。第二年12月，林乐知就带着妻子和只有5个月的小女儿登上了一艘从纽约启程到上海的货轮，经过二百余天的海上颠簸，终于在1860年6月到达上海。

林乐知到上海后即师从王韬学习汉语和汉学，仅一年后美国的“南北战争”打响了，他失去了美国监理会的资助，而他还须养家糊口。他在给友人的一封信上讲：“我们有四年之久，收不到差会一块钱，也接不到亲友的一封信”，于是他只得在上海做“掮客”的行

1952年7月5日中西女中和圣玛利亚女中合并成立上海市第三女子中学

挂校牌

当，就是从中国人那里收购一些物品卖给外国人，又从侨民那里批一点货再转手卖给中国人。1863年，翰林院编修冯桂芬在上海创办“广方言馆”，这是上海成立的第一所“外国语学校”。经冯桂芬介绍，林乐知就在“广方言馆”当了一年的英文教习，但薪水收入仍无法维持开支，他又在许多地方兼职。美国的“南北战争”影响了他的生活，打破了他原来的理想，但也使他有更多机会接触更多的中国知识分子、官吏、商人和平民，更深刻地了解

每年5月舞蹈会向家长开放

中国社会和中国文化，他已经是一个很地道的“中国通”了。

1867年，徐寿等人在江南制造局设立翻译馆，他又应聘任翻译，这样，他才有了稳定的收入。到1883年林乐知辞职时他翻译或与人合译的书约二十余种，如《印度国史》《俄罗斯国史》《德国史》《欧罗巴史》《万国史》《格致启蒙化学》《格致启蒙地理》《格致启蒙天文》《格致启蒙博物》《地学启蒙》《列国岁计政要》《新闻纸》《列国陆军制》《东方交

跑马厅，远处可见正在施工中的慕尔堂

涉》等。他还应“字林洋行”(North-China Herald & North-China Daily News)之聘，兼任中文的《上海新报》编辑，这更使他成为旅沪侨民中最著名的贯通中西的学者之一，其知名度和社会地位急剧上升。

林乐知任《上海新报》编辑期间，又以“林华书院”主人的名义自费办了一份中文期刊——《教会新报》。这份报纸下设教事近闻、政事近闻、杂事近闻和格致近闻四大栏，

其中政事近闻的篇幅占了约一半版面，所以，这份称之《教会新报》的报纸实际上是一份政治时事性为主的综合性报纸。《教会新报》从1868年9月5日创刊，到1883年7月林乐知忙于创办“中西书院”而停刊，共出版750期，是近代中国较有影响的报纸。

1880年，林乐知奉命接替蓝伯任慕尔堂的坐堂牧师，负责牧区的工作，于是他逐渐辞去了兼职。1880年，他创办了美国基督教监理会“中西书院”。同年，林乐知委派监理会的另一位牧师步惠廉(William B. Burke，1854～1947)创办“中西女塾”，为纪念美国监理会创始人墨梯(McTyeire)，学校的英文名为McTyeire School for Girls，后来该校出版的纪念刊的封面上大多印有两个大大的“墨梯”，于是也被人误叫作“墨梯女校”。1880年中西女塾开学，女传教士海淑德(L. A. Heygood)任校长。学校最初只设初小班，四年的初小课程结束后就须转入其他小学续读，大约20世纪初增设高小班，这样可以使学生读完6年的小学课程。宋庆龄的父亲宋嘉树是美国基督教监理会牧师，也是步惠廉在美国时的大学同学，所以，“宋氏三姐妹”都是中西女塾学生，1905年宋嘉树遭清廷通缉而流亡日本，“宋氏三姐妹”即托付给步惠廉，1907年，步惠廉又将“宋氏三姐妹”带到了美国。上海市孙中山宋庆龄文物管理委员会收藏一份美国驻上海领事馆签发的宋庆龄赴美国护照，宋庆龄的身份即McTyeire School学生。

监理会在八仙桥的土地约1.5庙，东临云南路，西临“泥城浜”，南面靠汉口路，教堂在云南路汉口转角，而女校则在靠“泥城浜”一侧。1916年，上海填“泥城浜”筑成西藏路(即今西藏中路)，使这里的地价急剧上涨，而中西女塾又不断扩大招生，也使校舍显得十分紧张。于是，教会把靠近云南路一侧的一块土地以较高价格转让给了英商扬子银公司(Yongtsge Finance Co. ltd，)后来扬子银公司就在这里建造了“扬子大楼”，即今云南路281号的“扬子饭店”，并用所得款项购进沪西忆定盘路八号(今江苏路155号)原中国颜料商奚某的宅基和住宅，在这里了设立高小部(Mç. Tyeire High School for Girls)，后来又增设中学部，1930年正式称“中西女中”，著名教育家薛珍女士长期担任该校校长。

1930年正式称“中西女中”后，学校对校舍进行了重新规划和建设，校区的中心是一块很大的草坪，草坪的北区设计为教育区，使北区的教学楼的主立面朝南面对大草坪。教学楼为假四层建筑，叫作“莲吉生堂”(Richardson Hall)。莲吉生女士(Miss Helln Richardson)曾协助步惠廉牧师创办中西女塾，1917年又主持沪西校舍的购买和学校建设，并担任分校校长。莲吉生堂由旅沪著名建筑师邬达克设计，为砖木结构假四层建筑，外观简洁，很符合教会女中的特点，以中间的大门为中轴线，两侧对称，进大门后是一个很大的厅，足以容纳数百人，一旦遇上雨天，这里就是学生课间休息的活动场所；楼内共有宽畅的走廊分割，假四层的空间也很高，部分作为学校职工宿舍，大部分作为学校图书馆。莲吉生堂北侧是颇具教堂色彩的大礼堂，拥有1192个座位，足够当时学校的全体师生合

美国基督教监理会在西藏路的摩尔堂

用。草坪的东区是生活区，学生宿舍、食堂及其他生活设施分布在这里；草坪的南区则为体育活动区，运动场、健身房、篮球场等均设在这个区域内。

1952年，原美国基督教圣公会玛利亚女中并入中西女中，并改称“上海市第三女子中学”(简称“市三女中”)，“文革”初取消女子学校，遂改称“上海市第三中学”。该校被公认为国家名誉主席宋庆龄的母校，1981年宋庆龄逝世，次年8月，经上海市教育局批准该校恢复女中，全称“上海市第三女子中学”，也是如今上海唯一的一所女子中学。

宋庆龄的父亲宋家树是美国基督教监理会牧师，他的子女们全部是监理会忠实的信徒。民国以后，宋家已经是最显赫的家庭，宋庆龄是孙中山的夫人，是国母，宋霭龄是国民政府“财神”孔祥熙夫人，宋美龄是蒋介石夫人(1927)，是中国的“第一夫人”，而宋子文是南京国民政府政要，任财政部长，行政院长等职，毫无疑问，宋家的势力为抬高美国监理会的地位所起作用是十分巨大的。到上世纪20年代后，那幢建于1887年的慕尔堂已经有三十多年历史，与今日美国监理会的地位相比较，旧教堂显然显得老气横秋，于是在1924年，教会决定将旧教堂拆除重建，新教堂的正大门被移到了早已是车水马龙的西藏路上。

新的慕尔堂由旅沪著名建筑师邬达克(Ladislaus Hudec，1893～1958)设计，在此之前，邬达克已经在上海留下了不少杰作。工程于1929年动工，1931年建成。

慕尔堂为砖木结构，建筑平面呈长方形，中间为大礼堂，设有千人的座位(正厅560位，楼座380位，唱诗班60位)。大门朝西，经门厅进入礼堂，南北两端均设有扶梯，礼堂内长方形的柱子，楼座的栏杆及讲经台均使用人造石作饰面，这在当时是一种很时尚的装饰材料。天花设计为幔式的穹顶，使用黄色玻璃。阴天，弱光透过黄玻璃会有一种沐浴在阳光之下的感觉，而晴天，强光被黄玻璃阻隔，同样也是这种感觉，使人总是被一种“神秘主义”的色彩包围。

许多人在参观了慕尔堂后，认为这是基督教在远东最好的建筑。1936年，一位信徒到上海旅游观光，当他在慕尔堂做礼拜后，表示愿意出资在钟楼上装一个5米高的十字架，并用当时很时髦的霓虹灯装饰，底座装有马达，到了夜里，慕尔堂顶上发光的十字架徐徐转动，足以使人眼花缭乱。此举使慕尔堂名声大振，同时它又开创了一个纪录。以前，上海的基督教教堂一般不在教堂外面装十字架的——此是首例。

1958年，慕尔堂改称“沐恩堂”，“文革”初停止宗教活动，1979年9月重新开放，是上海知名度最高的基督教堂之一。

3. 中西书院

林乐知在上海取得了卓著的成就，他也成为19世纪后期上海的著名人物。在长期与中国人的接触中，他深知“万般皆下品，唯有读书高”这句话在中国的意义，人们只有从小刻苦读书才能参加科举考试，而通过科举考试又是人们走上仕途的主要途径，中国的官吏和中上层人士就是一个庞大的“读书人”群体，而处于社会下层的平头百姓还对“读书人”怀着一种景仰和敬畏心理。当然，教会也只有创办学校，培养出一批亲美的“读书人”，才能真正树立美国基督教会在中国的地位。

1881年9月20日的《万国公报》发表了林乐知《振兴中华布道事业》一文，讲：“布道”最要三端：一为设立教会大学，二为译书撰报，三为创立印书馆。他是这样说的，也是这样做的。同年9月24日，《万国公报》又刊登林乐知《设立中西书院启事》：

> 拟于上海英租界洋泾浜造一大院，名曰“中西书院”，专为中国人造就良才；又于虹口及西门外法租界造一书院，教以浅近之学，肄业三年，然后拨至大书院，渐习天文、地理、格致、理学、化学、重学、数学等。现已商定先于西门外法租界八仙桥“三一堂”以东建校，业已开工。两分院延请中西名师，教授西学及中国儒学。学校规矩悉照泰西之法，惟信从耶稣教之事，各随已见，断不勉强。此外，拟于分院内另设女学，令长女美丽教授女徒，半日学西学，半日学西法针线。

《启事》中提到的“拟于分院内另设女学”，就是后来的“中西女塾”，而“学校规矩悉照泰西之法，惟信从耶稣教之事，各随已见，断不勉强”，说明中西书院是教会办的学校，但不强迫学生信奉基督教。林乐知讲的“拟于上海英租界洋泾浜造一大书院”，这个“大书院”最终并没建成，倒是“虹口及西门外法租界各造一分院”被落实了。

中西书院在虹口的学校于1884年2月竣工。据说，这块位于乍浦路和昆山路西南转角处的约13亩土地是著名的广东香山(今中山市)籍买办徐润捐赠的，他与林乐知是好朋友。

书院的主体建筑是一幢假三层砖木结构西洋建筑，是一幢实用的美国式学校建筑，在建筑上没有什么特色可言。不过，当时的虹口虽是“虹口美租界”，这里属于“外虹口”，相对还比较荒凉，在这里突然冒出一幢体态颇大的三层建筑，使它有一种鹤立鸡群的突兀。

虹口的中西书院开学后，林乐知就把自己工作的重心移到教育上，他自己也在书院附近买了一块地，建造了“林家花园”。这个花园仅见于著录，不知道确切的位置。1983年，受正在筹建中的“宋庆龄故居”之托，笔者曾几次拜访过原“景林堂”谢颂三牧师，他告诉我，“林家花园”在四川北路横浜桥南堍的西侧，1949年后这里被建为“虹口区第二工人俱乐部”，也就是今天的四川北路1711～1735号之间，从花园到学校，步行或坐马车只有十几分钟。谢颂三牧师还告诉我，林乐知工作很忙，为了管理学校，后来他又在书院对面买了一块地建造住宅，这幢房子就是“林华书院”，不过它不是书院，而是林乐知的宅院，林乐知大部分时间是在这里度过的，这里后来被建为“景林小学”，即后来的昆山路小学。

林乐知在《万国公报》中刊登《中西书院课程条规》：

> 诸生先在分院习二年，然后选升大院，习四年，学有长进又愿意再学者，又准在院二年，前后八年。
>
> 第一年，认字写字，浅解辞句，讲解浅书，习学琴韵。
>
> 第二年，练习文法，翻译字句，习学西语。
>
> 第三年，数学启蒙，各国地图，翻译选编，查考文法。
>
> 第四年，代数、格致，翻译书信。
>
> 第五年，天文、勾股、平三角，弧三角。
>
> 第六年，化学、重学、微积分，讲解理性，翻译诸书。
>
> 第七年，航海，万国公法，翻书作文。
>
> 第八年，富国策，天文、地学、金石类考，翻书作文。

从课程设置分析，中西书院的教育进度是很快的，在8年的时间要完成相当于今天我们小学到高中的12年教育。也许，林乐知急于在中国人中培养出一批奋进向上的人才。

林乐知也是一个聪明人，他深知功名和通过科举考试走上仕途对任何一个中国人来讲是极重要的事，于是，中西书院专设一个“文社”，请社会名流出题，要求学生解题，还请鸿儒到校析题，而且对学生们请求参加科考不加阻止，不论考取或未考取功名者，仍可回校继续读书。其目的，还是希望争取更多的优秀学生在中西书院读书。

中西书院的办校经费一部分来自教会和社会的捐款，一部分则是学生家长的资助款，一份叫作《中西书院存款永远肄业》的启事中讲：

> 无论官商士庶，捐助书院洋五百元，俾得存本生息者，准其子弟永远住院肄业；即使子弟业已成业，无容学习，或宗族，或姻戚，指名送院、概不再捐。

五百元大洋在当时是一笔巨额的财富，一个中等富裕的家庭，也许5～10年内也积储不到这笔钱。中西书院规定，只要你向书院捐助500元大洋，你可以每年提取规定的利息(当时年息一般为四厘)，但是本钱则归书院，而你可以选一名子弟免费在书院读书，这个子弟毕业后，你还可以再选一名亲戚的子弟免费到书院读书。与现在的“借读生”须交纳的高额学费相比，中西书院的“借读生”收费实在不算高。

同样，从中西书院的课程设置上可以看出，书院不设宗教课程，不强迫学生奉教，宗旨在于培养中西贯通，文理兼备的优秀学生，所以，中西书院在上海近代教育史上占有极重要的地位，并对中国近代教育体制的改革起了积极而重要的作用。

林乐知还兼任美国基督教监理会苏州教区主教，苏州还有几所美国监理会创办的学校，著名者有苏州博习书院、宫巷中西书院等。

苏州博习书院原名苏州存养书院，由美国基督教监理会创办于1871年，只是一所养存贫苦子弟的小学，1884年，教会得到一位叫巴芬顿的美国信徒的捐款，扩建为中小学，即以巴芬顿之名命名为Baffington Institute，中文校名为“博习书院”，美国监理会传教士潘慎文(Alvin Pierson Parker)任校长。宫巷中西书院由林乐知委派孙乐文(D.L.Anderson)牧师创办，1896年开学，校址在苏州宫巷而被叫作“宫巷中西书院”，教育设置仿“上海中西书院”。

1900年，中国的北方爆发义和团运动，在华的八个国家组成“八国联军”攻打北京。

昆山路东吴二中

吴经熊

1901年9月7日，清廷被迫与列强签订了《辛丑条约》，这是比《南京条约》更惨烈的不平等条约，条约规定，清廷赔偿列强因义和团运动而损失的经费4亿5千万两，此项赔款分39年偿还，年息4厘(即4%)，合计本息9亿8千2百多万两，而当时清廷一年的全部财政收入估计为一亿两，此赔款额之大可想而知。这就是近代史上的“庚子派款”，简称“庚款”。与其他国家相比，美国政府还算比较理智，他们当即宣布，将第一年所得赔款全部用于发展中国的文化教育事业(1909年，美国政府又宣布将剩余的“赔款”本身全部用于发展中国文化教育事业，以及充作中国赴美留学生的教育经费)。林乐知已经在开展美国基督教在华事业和推进上海教育事业上取得了很大成就，他立即向美国政府申请，将上海的中西书院和苏州的博习书院、宫巷书院合并后改组为大学，由此他获得了一笔数目不小的“庚款”。同年，上海中西书院迁入苏州博习书院，成立“东吴大学”，即今苏州大学的前身。

上海中西书院搬迁到苏州东吴大学的工作延续了几年，一直到1905年才告结束，不

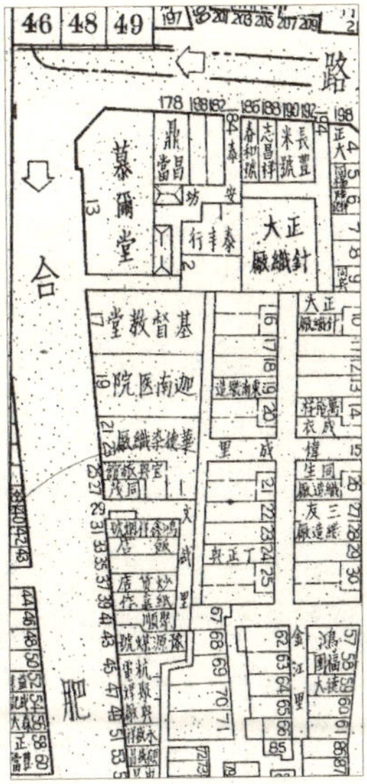

慕尔堂女子小学地块图

过，上海中西书院旧址仍然是美国监理会的产业。1915年，这块土地上建立了东吴大学第二附属中学(第一附中在苏州)，1917年，东吴大学在上海增设“东吴大学法律科”，法学院就开设在“附中”里，并由“附中”校长代理法律科教务长。进入民国以后，中国的资本主义法制体系逐渐建立，社会亟需各种各样的法律工作者，东吴大学法律科发展很快，借用的“附中”已不敷使用，教会又得到一笔“庚款”。1923年法律科购进“附中”东侧相邻土地约6亩，兴建属于自己的独立校舍(址今昆山路146号)。1926年又增加硕士班，规定本科毕业生可以直接升入硕士班，教师大多是兼职的在华法官和律师，如美国驻华按察司大法官罗炳吉(C.S.Lobingier)，1924～1928年任上海工部局总董的美国大律师费信惇(Stirling Fessenden)，1893～1907年任美国驻上海总领事，后任上海美国律师公会会长的大律师佑尼干(Tomas R Jernigan，今沪西仙霞路旧名“佑尼干路”，即以他的名字命名)，以及中国人王宠惠、罗潘辉、梅华诠等。1927年南京国民政府建立后，中国争取收回教育权的呼声一浪高过一浪，原美国教务长萨莱德(G Sellett)被迫辞职。1929年法律科正式改组为“东吴大学法学院”，英文校名为Soochow University law School，并向中国教育部注册。原籍浙江鄞县，1920年东吴大学法律科毕业生，后又留学美国的吴经熊任第一任校长。(吴经熊(1899～1986)，字德生，西文Joho C.H.Wu。1949年后先后在美国夏威夷大学，台湾中国文化学院任教授，并任国民党中央评议委员等职。著有《法律哲学研究》《哲学与文化》等)。1952年全国高校院系调整时，该院各系分别并归华东政法学院和上海财经学院(今上海财经大学)，虹口校址长期作为上海财经学院的夜校部。1990年拓宽昆山路时，原校门被拆，并沿街建新楼，新楼北面的楼是1923年建的老楼。

《启事》中讲的“西门外法租界”的分院就是慕尔堂分堂旁边办的学校，它于1882年3月9日正式开学，据记载，第一期学生就已有二百余人。此地只是中西书院的分院，学生只在这里读二年，二年后，优秀的学生才可以转入虹口中西书院继续读书。当时读过两年书的人一般已经脱离文盲，能阅读和写一般的信，所以，上海即使贫穷的人家，也会把男小孩去读书的。当1901年中西书院迁往苏州东吴大学时，这个书院就改称“慕尔堂小学”，1930年，沪西亿定盘路的中西女校改为中学后，其设在慕尔堂的小学部就与中西女中分离，改为慕尔堂女子小学，1949年后，慕尔堂女小和男校合并，改名为“合肥路第一小学”，地址为合肥路13号，这里已被拆除而建为新的住宅区了。

4. 景林堂

虹口的中西书院里有一个兼作教室的小礼堂，这是书院专用的，不向外开放，一般被叫作“监理会堂”或“书院教堂”。1907年4月25日，上海的基督教会在上海举行纪念玛礼逊主教来华百年庆祝大会，工部局决议，把虹口的一条小马路命名为“玛礼逊路”，它就是与吴淞路相通的茂林路，圣约翰大学校长卜舫济则更春风得意，他以中华基督教教育委员会主席的资格号召教会，建议在华的教会学校办得规模小一点，办得更好一点，而林乐知以有目共睹的成就而更受到人们的尊敬和吹捧。林乐知太兴奋了，几天后就脑溢血而中风了，5月30日清晨，在上海寓所逝世，享年71岁。

林乐知逝世后，教会进行了隆重的悼念活动，美国基督教监理会决定将由林乐知主教创办的虹口中西书院内的那个教堂命名为Allen Memorial Church，即“林乐知纪念堂”，并正式取中文名为“景林堂”。司马迁《史记·孔子世家》中记，当年司马迁登泰山，到曲阜去拜祭孔子，他突然把山东的孔子和泰山联想在一起，说：“高山仰止，景行行止，虽不

昆山路景林堂

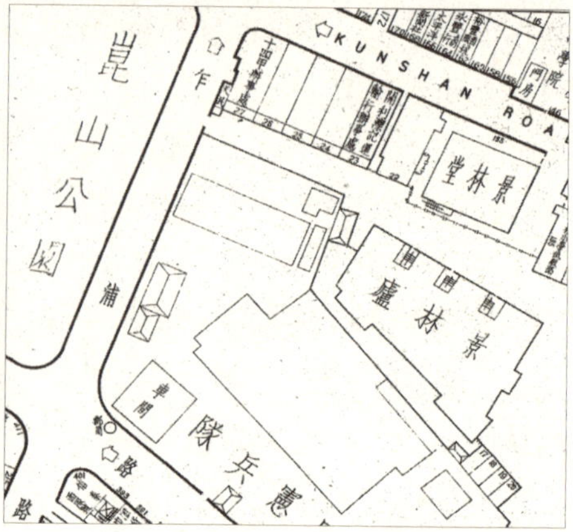

景林堂地块图

能至，心向往之。”大意讲：孔子的学问和品行犹如泰山那样地高耸和伟大，令人景仰和钦佩，我们虽无法达到如孔子那样地崇高，但孔子永远是我们学习和追求的榜样。汉语中“景仰”一词即出典于此。而“景林”即“景仰林乐知”的意思。

在1922年东吴大学法律科购进昆山路146地块准备兴建自己的校舍时，它的对面，即昆山路135号是中国基督教女青年会(Young Women' s Christian Association of China)专门帮助困难妇女的宿舍，而此时女青年会已拟在其他地方重建宿舍，这一地块就被监理会收买，并决定在这块土地上建造新的景林堂。

江长川(1884～1858)，上海市人，西名Z.T.Koung，早年就读于中西书院，后随中西书院进苏州东吴大学，攻读神学。1908年被美国基督教按立为牧师，1918年回上海任景林堂牧师。1926年获美国肯塔基州阿斯佩来学院神学博士学位，回上海后仍任景林堂坐堂牧师。1954年当选为中国基督教三自爱国运动委员会副主席。

江长川主持了景林堂新堂的筹备和建设工作，新堂于1923年建成开光。而当景林堂新堂完工后，原中西书院的宅基被房地产商收买后建为共和里和同庆里里弄住宅，即今昆山路172弄和乍浦路344弄及沿街住宅。

新的景林堂为砖木结构建筑，建筑坐南朝北，正门开在昆山路上，正门下设计为台阶，拾阶而上才能进入教堂大门，沿街有铁护栏相围；主楼为三层，地坪上的底层主要是教堂的办公用房，二层以上是礼堂，分割为大礼堂，小礼堂和聚会堂，大礼堂设有800余个座位，小礼堂可容400余人，聚会堂较小，仅可容百余人，主要用于教会内部使用。在1931年新慕尔堂落成之前，景林堂是上海东部最主要的基督教堂。

据谢颂三牧师讲：1927年蒋介石率北伐军到了上海，为了与英美势力强大的上海租界保持良好的关系，希望找一位精通英文而又有英美背景的女秘书，江长川与宋家同是美国基督教监理会信徒，与宋家关系以兄弟相称，于是就推荐了宋家三小姐宋美龄。想不到蒋、宋俩人一见钟情，立即进入热恋和谈婚论嫁阶段，有美国背景，并任广东革命政府财政长的宋子文看不起行伍出身的蒋介石，并设法阻止妹妹的这桩婚事，但妹妹的主见已决，决不反悔。于是宋子文又提出，他家是基督教世家，而蒋介石有结发妻毛氏在家，要求蒋介石须与毛氏离婚后才能娶宋美龄，而蒋介石又是一位十分传统的中国绅士，坚决遵守中国古训——“糟糠之妻不可弃”，坚持不能与结发之妻离婚。由于宋美龄表示坚决要嫁给蒋介石，这个做哥哥的宋子文也无可奈何，最后还是提出，蒋宋的婚姻必须要举行宗教婚礼后才能操办世俗婚礼，这一条件被蒋介石接受了，于是蒋介石和宋美龄又想到了他俩的介绍人——江长川，并一起到景林堂，希望江长川为他俩在景林堂主持宗教婚仪。

想不到江长川牧师的脾气更耿直，他直接而又干脆地回答蒋介石——当初我只是帮你介绍一位女秘书，并不是为你介绍女朋友，更不是为你寻老婆。我这里是教堂，我是牧师，你有结发妻子在家，现在又要讨第二个老婆，宗教的法律叫作“重婚”，是犯法的，侬要我在教堂里主持犯重婚罪的人的婚礼，勿就是敲我的饭碗头吗？！(“饭碗头”即“饭碗”，在沪语中有“依赖生活的工作”的意思)。蒋、宋俩被江长川训了一顿后也无可奈何，最后只得请时任中国基督教青年会全国协会(Young Men’s Christion Association of China)总干事余日章(1882～1936，湖北蒲圻人，1905年毕业于上海圣约翰大学，1908年赴美国留学，在哈佛大学研究院攻读教育学，获博士学位。1921年随北京政府代表团赴美参加华盛顿会议，1923年后任中华全国基督教协进会会长)来主持他俩的宗教婚礼。1927年12月1日午，蒋、宋的宗教婚礼在西摩路(今陕西北路369号)宋宅举行，余日章主持了婚礼，下午，蒋、宋的世俗婚礼在大华饭店(Majestic Hall)举行，成为近代中国一段佳话。

宋家是近代中国最显赫的家族，宋家又是美国基督教监理会忠实信徒，据说，在筹建新景林堂时，宋子文就捐了很大一笔款子，谢颂三牧师曾告诉我，景林堂的礼堂里有宋庆龄母亲倪桂珍的“专座”，倪桂珍来做礼拜时就坐在这个座位上。

笔者以前住在虹口，家与景林堂很近，就读的小学就是使用原来东吴大学法学院的操场，我童年时又经常随祖母到景林堂做礼拜，所以，景林堂留给笔者很深的印象和太多回忆。“文革”开始后，景林堂停止了宗教活动。1981年归还宗教，大修后改名“景灵堂”开放。不过建筑的主立面已被作重大改动，沿街的原台阶两侧空地被建为与教堂相连的房子，沿街的铁栅栏早已消失不见了。

三、美国基督教北长老会

加尔文(Jean Calvin，1509～1564)是法国神学家，16世纪西欧宗教改革最重要的人物之一。他出生于法国一教会法律顾问家庭，12岁就开始领取教会俸禄，14岁时就在巴黎马歇学院和蒙太古学院学习拉丁文和神学，获文学硕士学位，后又进奥尔良大学修法律。

1531年，23岁的加尔文回到巴黎，并出版了他的处女作《寒涅卡尔仁慈论注解》，他已从一位有人文主义思想的天主教徒转变为宗教改革的积极倡导者，他也被法国王室视为异端，被迫去了当时的新教活动中心——瑞士巴塞尔。1536年，他又发表了对时代有极大影响的《基督教原理》，年仅28的加尔文就成了受人尊敬的新教发言人。次年，他又完成了《信仰教程》。1541年，他得到日内瓦市政当局的支持建立了归正会，制定教会规章。归正会(Reformed Church)的词源为reform，即革新、改良、改过、改邪归正，所以被汉译为“归正”，就此表明归正会正式脱离天主教之决心。加尔文创立的“归正宗”与安立甘宗、路德宗被称为基督教新教的三大主流派。

加尔文制定的教会规章，每一教会设教师、牧师、长老、执事等职，由信徒选举产生。由牧师和不授神职的长老集体管理的教会，称“长老会(Presbyterian Church)。而实际上有些归正宗教会不实行长老制，而称之“长老会”的则是归正宗的一部分。约16世纪英王爱德华六世(1547～1553)时归正宗传入英格兰，又主要通过英国对北美的移民而传入美国，美国的长老会与其他教会均积极参加美国的独立运动。在1861年美国“南北战争”之前，由于美国的南、北社会制度不一样，北方是以新兴工业为主的资本主义制度，而南方还残剩以种植业为主的奴隶制度，于是美国长老会也因在“蓄奴”问题上存在和发生分歧，于是，在北方的称“北长老会”(America Presbyterian，Church，North)，而在南方的称“南长老会”，而进入上海的是“北长老会”的差会，英文名为American Preslyterian Mission，North。简称“A. P. M”或“P. N”。

早在1837年，美国基督教北长老会就组织成立了向海外布道的差会，中国也是他们争取发展工作的东方国家之一。但是，美国基督教中是哪一位传教士最先进入上海就有不同说法，一说以为是娄理华，另一种说法认为是克陛存和怀德。

娄理华(H. lowrie)出生于美国的一个参议员家庭，从小就接受良好的教育，当1837年美国基督教北长老会成立海外布道会后，他就报名参加，并希望到中国去传教。1838年他就搭乘货轮到达广州，当时的中国禁教，娄理华没能踏上中国大陆的土地，于是只得到了澳门，又从澳门到了南洋，在华侨中布道，同时也学习中文。当鸦片战争结束后，中英《南京条约》规定上海、宁波、福州、厦门、广州五口对外开放，于是他又取道澳门到了浙江的宁波，创办了一家叫American Prebyterian Mission Press的印刷出版机构，直译应该是“美国基督教长老会出版社”，但它取了个叫“花华圣经书房”的名称，原来，美国的国旗是星条旗，色彩和图案很“花哨”，中国人叫作“花旗”，称美国为“花旗国”，直到今天，一种美国产的西洋参还被叫作“花旗参”，所谓“花华”实际上就是“美华”的意思。花华圣经书房主要印刷出版《圣经》及介绍基督教的中文书刊。约1847年，娄理华因出版上的事而来到上海，他拜访了墨海书馆的麦都思和雒魏林牧师，走访了美国圣公会上海主教文惠廉，上海给他留下了良好而又深刻的影响，他决心把宁波的花华圣经书房搬到上海来。他曾对人讲：“凡有外国人聚居的地方最终会成为同中国本土很不一样的租界。而且，每一件事情都表明，若要对改变中的中国能有一个影响它的总部，这里(指上海)正是理想之地。”他的理想未能实现，因为在他启程从上海回宁波的路上，他搭乘的货船在杭州湾遭到海盗抢劫，他也葬身大海了。由于娄理华是出差经过上海，所以，史志并没把他作为进入上海的第一位美国北长老会的传教士。

克陛臣(Michael Simpson Culbertson)和怀德(J.K.Wight)是当年随同娄理华一起来华的传教士，宁波的花华圣经书房建立后，他们就在书房工作。早期的《圣经》中译本是传教士个人翻译的，各人或各教派的译本会出现歧义，尤其对《圣经》中最重要的词——God的译名就不一样，有的译作“上神”，又有的译作“上天”、“上苍”，当然也有译为“上帝”者，而《圣经》中God译名的不同，会严重影响布道，影响教会在中国的发展。早在1847年美国传教士俾治文就在上海组织成立了一个叫做“圣经委员会”的机构，希望各教派合作重新翻译《圣经》，并希望大家使用统一的《圣经》中译本。于是1850年克陛臣就作为美国基督教北长老会的代表被派到了上海，参加并主持《圣经》的重译。他到上海后不久，就在城里火神庙街(后为抚安街16号)租借了一间民宅，并于1851年9月2日正式开堂。现在无法知道，这个教堂是否有正式的名称，但它确实是美国北长老会在上海建立的第一个教堂，所以，旧志也把美国基督教北长老会进入上海的年份确定为——1850年，即清道光三十年。

克陛臣在上海的事业取得了一些成就，而就如已故的娄理华牧师所讲的那样，上海是教会发展最有利的地方，于是，原来已在宁波的几位传教士也奉命来到了上海，其中有娄理华的弟弟娄理仁(R. lowrie)夫妇，梅理士(C. R. Mills)夫妇、甘撒母耳(S. R. Gayley)夫妇等。美国北长老会总部提出了一个“基督应为社会谋利、冀天国来临人世”的口号，号召在外差会应尽力设立一些为社会服务的机构和组织，于是，在上海城里的北长老会教堂设立了一个“普益社”的组织，而普益社的经费大部分来自教会拨款，而又积极参与和组织社会性的公益活动，于是那个教堂一度被人们叫作“社会礼拜堂”。

《同治上海县志》中记：“小武当即紫霞殿，在大东门外。明万历十三年建。国朝乾隆五十三年，邑人建三官殿；咸丰三年(1853)毁于兵(即毁于小刀会起义)；五年，僧濬然募捐重建。”又据《上海市大观》中讲：“紫霞殿在十六铺，又名小武当，清时香火昼夜不绝。相传建于前明，庙貌轩昂，嗣不戒于火，重建，大逊于前。光绪末，僧人奇缘不守清规，被县令驱逐、屋宇召卖，即今内地电灯公司基址。”紫霞殿是上海县城大东门外的一寺庙，清代时香火很盛，但是僧人收入太多，生活也腐化了起来，经常把妓女和附近的女人召到庙里宿夜，此事被上海知县知道了，就下令驱逐僧人，把紫霞殿拍卖了，新建的上海内地电灯公司就买进了这块土地，在这里创办了公司的电灯厂(旧时上海人把发电厂讲作“电灯厂”)。电灯厂的噪音和煤尘污染很严重，附近的居民们联合起来反对，这家电灯厂也迫搬迁到其他地方，于是北长老会买下了这里的土地，并在这里造了一幢四层楼房，这里就成了普益社的服务中心，他们服务的对象主要是妇女，楼里设有诊所、妇女补习班、幼稚园，还特地辟了一家女子公共浴室，据说，这还是上海，乃至中国出现的第一家女子公共浴室。大楼里也设了一个教堂，叫作“谦心堂”。

不过，关于紫霞殿被拍卖还有一种说法，那就是内地电灯公司希望在这里寻一块土地建造电灯厂，就官商合作制造了僧人不守清规的证据，然后将庙产没收后卖给了内地电灯公司。

上海普益社后来的地址为篾竹街43号。它的英文名机构名称叫Nanto Christian Institute，许多人查不到“Nanto”这个词，也无法知道“Nanto”是什么意思。实际上“Nanto”是上海特有的地名，可以写作“南岛”，特指上海南市东门外到黄浦江之间的地方，至于侨民们为什么把这一带叫作“Nanto”，这又是一个十分复杂的问题，这里就不作解释了。

1. 清心书院和清心堂

早期来沪的美国基督教北长老会传教士中最有影响的人物应该是范约翰牧师。

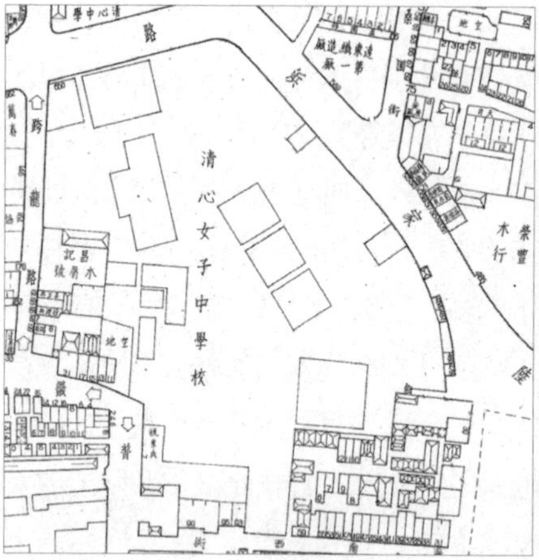

清心女中地块图

19世纪末清心书院

范约翰(John Marshall Willongbby Farnham，1830～1917)约1854年搭乘海轮到达上海，又立即启程赶到宁波，负责宁波“花华圣经书房”的工作。真如娄理华牧师所预言的那样，上海将是教会布道最理想的地方，美国基督教北长老会的江南中心已开始由宁波向上海转移，1860年，范约翰负责将宁波“花华圣经书房”的全部设备运到了上海，租英租界领事馆路(后来的地址为“北京路靖远里”，即今北京东路288弄靖远里)的地方设立“美华书馆”(Presbyerian Misson Press)，而此时英国伦敦会麦都思牧师办的墨海书馆已经关闭，在很长一段时期里，美华书馆就成了上海最主要的印刷出版机构。

1860年及以后的几年是上海的一个“非常时期”，这一年，南京的太平天国为了摆脱清军“江南”和“江北”大营对南京重重包围、封锁的压力，派忠王李秀成率军突围后发起东进，在很短时间里攻克镇江、常州、无锡、苏州、杭州、宁波等苏南浙北的大部分城市，东进军还一直攻到上海周边地区。于是，苏南浙北大批难民进入上海和上海租界避难。以英租界为例，1860年前英租界常住人口不足2万人，而1865年的统计近20万人。租界原是为避免“华洋杂居”而分划出来的一块侨民“居留地”，而1860年后，租界又成了“华洋杂居”、五方杂处之地。难民中的一部分是江南豪门，他们携带的大量现银就成了租界早期开发的“启动资金”，而更多的是破产的小手工业者和农民，他们则成了上海租界的廉价劳动力。所以，1860年及以后几年也是上海城市人口和城市经济发展最快的一段时期。

战争也造成了大批失去父母和家庭的孤儿，这些孤儿也随逃难的人群进入上海，在上海城外麇集了许多无家可归的孤儿。于是，上海道应宝时号召和动员上海的社会团体收容孤儿以维持上海社会秩序，范约翰则通过教会拨款和社会捐款方式购进了上海南门外原明徐光启“桑园”旧址的一些土地，收容了许多孤儿。他还派了一些教师和“义工”管理这些孤儿，后来，他们又按年龄和性别把孤儿们分班变成了学校，这就是后来的“清心书院”和“清心女塾”，同时，他还在这里建造了一个简易的教堂，为纪念最早来华的美国基督教北长老会传教士；这个教堂就取名Lowrie Memorial Church，即“娄理华纪念堂”的意思，另取中文名为“清心堂”，范约翰也许希望用耶稣的福音使那些受苦受难的孤儿们摆脱俗世的苦难和烦恼。

这座清心堂早已消失了，而历史留下的记录又很简略，所以它的确切位置在哪里，一些著述避而不谈，更多的还是张冠李戴。据清光绪十一年(1885)《上海城厢租界地图》中所标，这座清心堂在糖坊弄和南门外大街之间，陆家浜之北，它的北面与“灵山禅院”相邻。糖坊弄今天还在，它的向南延长线就是桑园街，南门外大街则是今天的跨龙路，而陆家浜被填平筑路，就是今天的陆家浜路。如认真核对地图，已经可以找到它的位置了；另外，灵山禅院又叫“灵山寺”，一直到解放初还在，址为今东江阴街236号。由此可见，当年的清心堂就在后来的清心中学(今市南中学)的北边。

范约翰后来又购进了桑园街一带的土地24亩成立“清心书院”(Lowrie Institute)，他自任校长，那些孤儿就成了书院的学生，以后又相继吸收了附近居民的孩子入学。1882年，范约翰忙于创建闸北宝通路的北长老会堂，就由薛思培(John Alfred S；lsly)接任校长，1909年正式改称“清心中学”，并实行董事会制，中国牧师郭秉文、高凤池先后任会长，1926年，董事会聘张石麟为校长，他成了清心中学的第一位中国校长。1937年“八一三”淞沪战争爆发，学校因位于战区而一度借用惠中中学校舍上课，一直到1946年迁回原校址，1953年改为上海市市南中学，校址为陆家浜路597号。

在清心书院成立的同时，范约翰将孤儿中的女班建为“清心女塾”，并由他的妻子范玛利任校长，学校的英文名为“范玛利女校”。原来男校与女校使用同一校址，只是中间用篱笆相隔。1909年学校改为“清心女子中学及附设小学”，后来学校得到一笔数目不小的社会捐款，在清心中学对面购买了26亩土地自建校舍，并于1918年迁入新校址。1937年“八一三”

清心女中校园

市八中学

清心堂

市南中学

淞沪战争时，学校的中学部借协进女校(校址为今南京西路1550号，即今上海市公安局静安分局)上课，小学则租静安寺路(南京西路)591弄5号为临时校址。抗战胜利后，中学部迁回原校址，1953年改名“上海市第八女子中学”，即今上海市第八中学，简称“市八中学”，校址为陆家浜路650号。而小学部则仍留原地，1953年改名为“南京西路第一小学”。

最初，“清心”的男校和女校在同一校址，只是中间用篱笆分割，男生与女生也使用同一个教堂，当1918年女校迁到自建的新校址后，女生必须过马路到对面男校里的清心堂做礼拜，这对男校和女校来讲都很不方便，于是，两校董事会决定在学友和学生家长中募捐，择址另建清心堂。不久，学校就募捐到一笔款子，购进两校东面“大佛厂”旁一座叫“野三官堂”的宅基，1923年，新的清心堂建成并交付使用。

新的清心堂占地面积不大，建筑也没有什么特色，但是礼堂却与众不同，一反传统教堂的平面布局，而是呈曲尺形的，讲经台设在这曲尺的直角上，曲尺的两翼分别设为男席和女席，而男席与女席的中间则是教师和员工的坐席，这样，就把男生和女生分隔开来。有人把清心堂的教堂形状讲成“蝴蝶形”，但是，中间的隔离坐席并不能阻止青年男女学生的交往，不少学生们后来真的结成伉俪。新的清心堂地址为南门外大昌路30号。

2. 美华书馆与鸿德堂

美国基督教北长老会在上海的另一位重要人物是费启鸿博士(Dr. George F. Fitch，1845～1923)，1923年他在上海逝世，沪上各大中英文报纸相继发表各种文章，悼念和缅怀这位曾对上海作出杰出贡献的美国传教士。

费启鸿也是受美国基督教北长老会派遣来华的，1870年到达上海，不久就被范约翰派到苏州，在苏州设立北长老会的传教站。由于范约翰身兼数职，难以应付，于是费启鸿又被调回上海，替代范约翰主持美华书馆的工作。费启鸿接管美华书馆后对书馆业务作了调整，除了继续印刷出版《圣经》等宗教书籍外，还大量出版社会需要的各种实用书籍，为配合人们学习英语之需，他们编印的《英字指南》多次重印，印数达数万册之多，这样使美华书馆的知名度和社会地位不断提升，同样又获得了相当不错的经济效益。

美华书馆的前身是宁波花华圣经书馆，1860年迁入上海时，大部分书局的中国员工也随书馆搬迁入上海，其中一位叫鲍哲才的中国员工后来被按立为北长老会牧师。1882

年，费启鸿与鲍哲才一起在北京路的美华书馆建立了一个教堂，英文名与范约翰创建的清心堂一样叫Lowrie Memoriel Church，但中文名则叫“思娄堂”。1887年11月1日，以传教士韦廉臣(Alaxander Williamson)、李提摩太(Timothy Richard，1845～1919)、慕维廉、艾约瑟、林乐知、丁韪良(William Alexander Parsons Martin，1827～1916)、李佳白等为主的侨民在上海组织成立“同文书会”(Society for the Diffusion of Christian and Genera Knowledge Among the Chinese)，这是一个以介绍西方宗教为主的学术文化团体，“同文”即秦始皇的“车同轨，书同文”，即使用同一文字，也就是将西文译成中文，与该会实际做的工作不符。1892年，同文书会就改组为“广学会”(Christian Literature Society for China)，该会的宗旨是“以西国之学广中国之学，以西国之新学广中国之旧学”，成为上海最大的以传教士为主体的泛宗教出版机构。广学会的机关设在虹口北四川路窦乐安路(四川北路多伦路)口(1931年搬到今虎丘路128—130自建的“广学会大楼”)。由于该会有大量的印刷出版业务，于是，费启鸿也把美华书馆及印刷厂搬到了与广学会相近的北四川路(相当于今四川北路1844号附近)，以便与广学会建立长期的业务合作。美华书馆也成为19世纪末至20世纪初上海规模最大，设备最先进的出版和印刷机构。1890年5月21日，基督教中华教育会(Chian Christian Education Association)在上海美华书馆成立，费启

费启鸿

美华书馆

多伦路鸿德堂，建筑样式已明显中国化

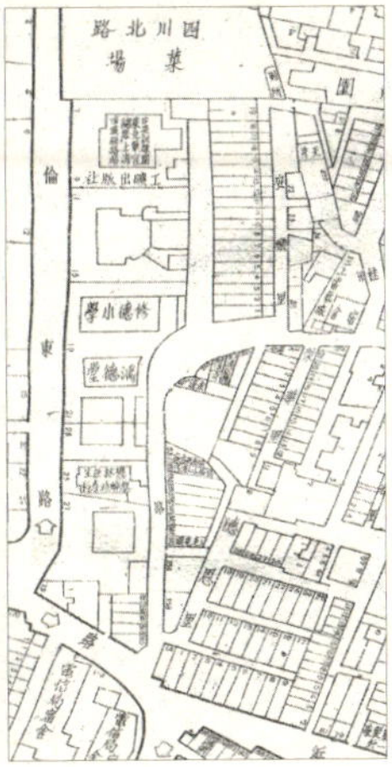

鸿德堂地块图

鸿当选为委员；6月9日，他又当选为基督教传教士全国大会通讯委员会主席，1893年5月他又当选中国基督教勉励会副主席。

19世纪后期，基督教在华差会开始把在华工作的重点转移到对青少年的教育上，如1896年基督教中华教育会的年会上，美国北长老会传教士，大会主席潘慎文发表题为《中华教育会与整个教育的关系》的讲话，其中讲："作为基督教教育家的协会，我们要在力所能及的范围内，用各种方法掌握中国教育改革运动，使之能符合纯基督教的利益。"具体办法还包括编写和出版教科书。而与此同时，在中国改良和革命思潮推动下，中国的教育事业已开始摆脱传统的"两耳不闻窗外事，一心只读圣贤书"的以科举考试为目的的方式，社会亟需大量符合潮流的新教科书，美华书馆是教会办的印书馆，它不可能承接过于世俗，甚至与教会相悖的教科书，于是，费启鸿决心培植一家泛宗教性质的出版印刷机构——它就是后来成为中国最大的书局——商务书局。

北长老会中国籍牧师鲍哲才与范约翰、费启鸿的关系很密切，他的两个儿子鲍咸恩与鲍咸昌都是北长老会清心书院的毕业生，毕业后都在美华书馆工作，他们从排字、刻字、印刷工做起，成了美华书馆管理人员，另两位叫高凤池和夏瑞芳的人也是上海清心书院毕业生，毕业后也在美华书馆工作，他们得到费启鸿的支持，带领美华书馆的16名工人及部分设备租借江西路德昌里(今宁波路74弄)创办了"商务印书馆"，费启鸿承接的不少业务也委托商务印书馆印刷，仅过了十几年，商务印书馆就发展成为上海重要的出版印刷机构。

1923年费启鸿博士在上海逝世。1926年后，广学会决定在博物院路自建"广学会大楼"，计划将虹口窦乐安路北四川路的旧房和宅基地出卖，与广学会关系密切的美国基督教长老会"近水楼台先得月"，买下了这块土地，并在这里建造了一座教堂，为纪念费启鸿博士而取名Fitch Memorial Church，即"费启鸿纪念馆"，中文名为"鸿德堂"，即缅怀费启鸿博士恩德的意思。鸿德堂与费启鸿与鲍哲才创建的位于北京路老美华书馆里的"思娄堂"一脉相承，所以，不少著作把鸿德堂的创建年代定为1882年，也就是思娄堂的创建年代，这里也顺便作一个交待。

鸿德堂创办了一所"修德小学"。1937年"八一三"淞沪战争后虹口沦陷，教堂被迫中止宗教活动，而修德小学迁公共租界"黄家花园"上课。抗战胜利后鸿德堂恢复宗教活动，修德小学部分迁回虹口，于是，修德小学有北校和南校之分，1949年后，北校改称多伦路第一小学；南校则并入北京西路750号的兆璋小学，并改名北京西路第三小学。

鸿德堂于“文革”中停止宗教活动，一度归虹口区文化馆使用，现已归还宗教界，并改称“景灵堂分堂”对外开放。

3. 闸北北长老会堂

范约翰在上海主持美华书馆，创办清心书院，还致力于上海的其他文化教育事业。1874年，美国基督教北长老会的传教士在福州创办了一份叫《小孩日报》(*The Children's Nes*)的少年读物，使用福州方言，在福州发行。但是，福州的印刷很成问题，1875年，范约翰就将《小孩日报》迁往上海，由上海清心书院出版发行，美华书馆印刷。到上海后《小孩日报》的英文名称几经改变，曾用过*The Child's Paper Llndenominational Monthly*、*The Sunday School Child's Paper*等名，范约翰任主编，该刊辟有诗歌、故事、博物、科学、名人传记等栏目，不论是福州，还是上海的《小孩日报》均被公认为中国出版的最早的画报和儿童读物，对近代中国有一定影响。1880年，他又与丁韪良、林乐知及中国籍牧师顾咏经、吴虹玉、鲍华甫等人仿照英国圣书制度成立“中国基督圣书公会”(Religious Tract Society)出版了不少中文读本。范约翰与许多来华的西方传教士们一样，一方面他们不断向中国传播西方文化，向中国人灌输西方的基督教思想，而与其同时，在与中国人的交往和接触中，他们也不断被中国人和中国文化同化。他的具体作为与美国基督教北长老会总部授予他的使命差距甚大，于是，范约翰与教会总部的分歧就难以避免了。1882年，他被教会解除了清心书院校长，清心堂坐堂牧师、美华书馆主任等职。

范约翰失宠后不久即去了宁波，他曾在那里干了多年，有相当的社会基础，他又带领了宁波籍牧师俞国桢到上海，租借“虹口美租界永祥里”(在今虹口区商丘路汉阳路口)创建了“虹口长老会堂”。他们的工作进展很顺利，1904年，俞国桢又租克能海路(康乐路)海宁路口较宽畅的民宅，并将“虹口北长老会堂”迁往那里——现在这里属静安区，而在当时这里仍是“虹口美租界”，其在“虹口”的西部而俗称“西虹口”，所以，这个教堂仍被叫作“虹口北长老会堂”，或被叫作“西虹口北长老会堂”。一直到1915年，俞国桢才有能力购进了一块位于闸北宝通路(今宝通路340号)的土地，自已建了一个教堂，于是这里被叫作“闸北北长老会堂”，简称“闸北堂”。

由于范约翰是被美国基督教北长老会解除了职务，事实上范约翰也与美国北长老会脱离了组织上的关系，所以范约翰和俞国桢在上海创办的虹口或闸北北长老会堂与美国教会没有组织上的关系，“闸北堂”也被认为中华基督教在上海创建最早的“自主”教堂。1906年俞国桢在上海发起成立“中国耶稣教自立总会”，1920年，“自立会”举行第一次全国代表大会，年近古稀的俞国桢牧师当选为终身会长。

四、“本色运动”与基督教建筑“中国化”倾向

近代以来，许多传教士受他们国家教会的派遣到中国传教，教会给传教士们以经费、组织、制度上的保障，而传教士必须听命于教会有序地在中国开展工作。而当这些传教士到中国十几年或几十年后，他们以自身的努力取得了成就，使教会成为在中国的一股势力，他们也成为在华有身份、地位，甚至财产的侨民，他们可以完全凭自己的能力在中国生存和发展，就不甘心被他们的总部所控制、摆布，在背后指手划脚，希望成为一个可以自己做主的教会，也就是希望“自主”，最好的理由就是他们的教会脱离总部而“本土化”、“中华化”。

基督教有教派之分，这种教派传到别的国家后又有国别之分，如圣公会原是英国的国教会，传到美国后就形成了美国基督教圣公会，传到加拿大是加拿大圣公会，各国的圣公会只是同一宗派教会，并不存在依赖和从属的组织关系；又如长老会属归正宗，在英国为英国长老会，传入美国后为美国长老会，而在美国又因南北社会制度不同而被分为北长老会和南长老会，彼此也都是独立的教会，没有从属的组织关系。与历史上的印度佛教传到中国后形成中国佛教，中国佛教传到日本后形成日本佛教一样，宗教在传播过程中大多会出现“本土化”的事实，只不过，不发达的农耕年代“本土化”的过程会长一点而已，所以，基督教“本土化”是必然会发生的事实。

当然，近代中国也是被西方列强殖民和奴役的国家，诚如哲人所讲的那样——没有西方殖民主义的入侵，中国也会缓慢地从封建主义向资本主义发展；而西方殖民主义的入侵，加快了这个进程。西方文化、思想传入中国，在较短时间里培养出一大批进步的知识分子。到19世纪末以后，中国要求变法维新的呼声越来越高，反殖民主义运动也一浪高过一浪，在华传教士们也知道，只有将教会融入中国的体制中才能确保自己的安全，确

保自己的发展，才能达到“为基督征服世界”的目的。这次基督教运动被叫作Indigenous movement or naturalization of christiianity in China，直译是“在中华的基督教本土化或归化运动”，最通常的译名是“基督教本色运动”。

据统计，到1920年时，各国在中国的基督教差会有150多个，其中属于英国系统的有40多个，属于美国系统的有70多个，其余则属北欧诸国和加拿大。到辛亥革命后，在华不同国别同一宗派的教会开始联合组织起来，如1912年各国的基督教圣公会召开“中华圣公会总会”会议，组织了“中华圣公会布道会”，1920年各国基督教信义会联合组织“中华信义会大会议”；1916年，各国基督教长老会成立“中华长老联合会”。而同属于基督教卫斯理宗的美国基督教监理会、美以美会、美普会也于1939年宣布联合成立“卫理公会”。

一直到1922年5月在上海召开了“全国基督教大会”，共70多个在华差会的一千二百人参加，其中外籍传教士和中国神职人员各占半数，会议通过成立“中华全国基督教协进会”(National Christian Conuncil)。“协进会”不是传教团体，而是“为在华基督教势力设置的一个咨询和协调机构，其任务是消除壁垒，造成一个更深的团契精神”(《基督教在华传教手册》)，总干事是中国籍牧师诚静怡。

这次召开的全国基督教大会通过和发表了《教会的宣言》，对“本色教会”做出了解释：

> 我们对于西来的古传、仪式、组织，倘若不事批评，专做大体的抄袭，卑鄙的摹仿，实在不利于基督教永久实在的建设……所以我们请求国内耶稣基督的门徒通力合作，用有系统的捐输，达到自养的目的，由果决的实习，不怕试验，不惧失败，而达到自治的正鹄；更由充分的宗教教育，领袖的栽培及挚切的个人传道，而达到自传的目的。
>
> 我们宣告时期已到，吾中华信徒应用谨慎的研究，放胆的实验，自己删定教会的礼节和仪式，教会的组织和系统，以及教会布道及推广的方法。务求一切都能辅导现在的教会，成为中国本色的教会。

“本色运动”从19世纪末开始，到1920年代时，已不是仅仅通过改换招牌那样，在教会团体的名称上加上“中华”两字，而是对西方宗教的“古传、仪式、组织”作新的评估，可以“自己删定教会的礼节和仪式，教会的组织和系统，以及教会布道及推广方法。”而最具教会形象特征的当然就是教堂及教会的其他建筑，它们也随基督教“本色运动”而被“本土化”了。前面在讲美国基督教圣公会在1917年重建的主教堂时，教堂已出现明显的“中国化”倾向。

1928年建造的鸿德堂，旧址为窦乐安路19号(今多伦路59号)，二层砖木结构，建筑平面呈南北长方形，主立面朝北临窦乐安路，礼堂设在二层，主立面为四层钟楼，三层和顶层均设计为中国最传统的飞檐坡顶，顶层又以中国传统圆木柱支撑屋顶，这是中国建筑中城墙或宫观中的“望楼”，以装饰性很强的中国斗拱支撑的中国屋顶更增添了许多东方情调。

在上海，基督教建筑出现“中国化”的倾向是很明显和普遍的，坐落在市中心西藏路金陵路口的基督教青年会大楼也是“代表作”之一。还得补一句，20世纪后的中国，基督教宗教建筑出现“中国化”的倾向，是基督教“本色运动”的结果。

五、美国基督教浸礼会

浸礼会又叫作“浸会”，是基督教新教浸礼宗(Baptists)的教会。浸礼宗的基本信仰与其他基督教新教没有太大分歧，但是教规和受洗仪式则与其他基督教宗派明显不同。该宗派只对信徒施洗，他们认为洗礼是基督教徒的标志；同时他们仅对用点水或注水给信徒洗礼的仪式持异议，而应根据《圣经》将受洗者全身浸入水中，并以三位一体上帝之名进行，象征信徒分有基督教的生命，与基督教同受死与复活，因此被叫作“浸礼宗”。

一些学者认为浸礼宗是受再洗礼派的影响而产生的，但许多学者又不赞同这一说法，更多的学者认为浸礼宗起源于17世纪英国的清教主义，是从公理宗衍生出来的。不过，浸礼宗也分成两大派，一派遵奉加尔文的理论，认为基督仅为特选的人而死，所以叫作“特选派”；另一派则认为基督是为一切人而死的，是“普救众生”，于是被叫作“普救派”，此仅是教会在教义认识上的差异，并不造成宗派分歧，犹如中国佛教的“大乘佛教”和“小乘佛教”一样，小乘佛教认为佛驾驶一小船，拯救该救的人，而大乘佛教认为佛驾驶一只可以载无数人的大船，可以超度、普济众生。中国佛教的“小乘”与“大乘”之分，包括高僧在内的行家也只是讲讲而已，谁能分得清呢。

浸礼教通过英国对外扩张和殖民传到世界各地，其中又以美国的势力最强，浸礼宗在美国的基督教中是主要宗派之一。在美国南北战争前，由于南北制度不同而造成南北行政区划上的割裂，浸礼宗也被分为南北两大派，南方的教会称“南方浸礼联合会”，进入上海的差会叫“美国南浸信传道部”(Foreign Mission Board of the Seathern Baptist Convention)，简称“美国南浸会”或“南浸会”。北方的浸礼会在美国为“全国浸礼联合会”，在上海势力极小，只有一个叫作“传耶稣安息日浸礼会”(Seventh Day Baptitst Missionary Society)的教会，影响就更小了。

1. 晏摩太和北门自理堂

晏摩太(Matthew Tyson Yates, 1819～1888)是最早进入上海的美国基督教南浸会传教士，他写过一本《太平军纪事》的书，后来被研究太平天国运动的学者广为引用，这使后人对他的印象加深，上海早期侨民的著作中也经常提到晏玛太，还有，上海留下不少于晏玛太有关的故事，如今天的石门一路曾同时被叫作同孚路，燕子路，晏芝路，晏摩氏路，但它的英文名只有一个，就是Yates Road，这个Yates就是晏玛太的中文名字。所以晏玛太也是上海颇具神奇色彩的人物之一。

晏玛太出生于美国北卡罗来纳州的一个农场主家庭，父亲是南浸礼会的信徒兼执事，所以他很早就接受洗礼而加入南浸礼会。1840年他考入福雷斯特大学。就在毕业前夕，他写信给南浸礼会差会，说：“我经过祈祷和默想，放眼观看地球，除了中国，再没有别的地方更加吸引我的了。”1846年8月，他得到南浸礼会正式批准，决定派他到中国去当传教士。这一年9月，他与恋人莫林(L.Morin)结婚，10月即被按立为牧师。第二年4月，晏玛太夫妇搭乘海轮来华，他们到达广州后，与另一位先期抵达的浸礼会传教士叔克(J.L.Shuck)会合，再从广州到上海，并于9月13日抵达上海。不过，叔克的妻子到上海后就生病了，他就把妻子送回美国，只有晏玛太夫妇留在上海。

晏玛太是带着一大笔南浸礼会差会的拨款到上海的，他到上海后立即买进了上海县城北门外约一亩多土地建造了住宅，并用多余房间建立了Baptist Church，取中文名为“自理堂”，也被叫作“浸会堂”，这是美国基督教南浸礼会在上海建立的第一个教堂。据晏玛太自己讲，教堂初建时只有四名中国信徒，其中一位叫黄品三的信徒在晏玛太培养下成了牧师，他则是美国基督教南浸礼会的第一位中国牧师。

1847年自理堂建立时，北门外还是中国地界，两年后，即1849年上海法租界建立后，法租界与华界以城墙的护城河为界，自理堂就被划进了法租界。1853年，上海爆发小刀会起义，开始，上海的侨民无法判断清军与太平天国的战争会将是谁能取得最后的胜利，他们不敢贸然支持哪一方，同时，为了租界安全，他们就提出“武装中立”政策，既不明显支持小刀会，也阻止清军借道租界进攻城里的小刀会。当然，就住在上海北城脚下的晏玛太也目睹了小刀会起义的过程，他的《太平军纪事》中讲：

> 过了几天，即在1853年9月7日，为孔子诞辰(笔者注：在封建社会里，中国政府定于二月和八月的第一个“丁日”祭祀孔子，叫作“丁祭”，其中又以八月的“丁祭”最隆重，地方官吏、绅士等必须到孔庙祭礼。1853年的“丁祭”是农历八月初五，公元历为9月7日)。我与两友于上午二时同到上海城，盖欲到孔庙参观祭孔典礼也。我们见街上栅栏皆大开放，而警勇守备皆不在岗位。官吏们大概已知险期已届，因为没有一人到孔庙行礼。天曙时，警备紧张，各城门奉令关闭，盖县街已经发生战争了。友人与我趋赴县街，即见一大队党人各持刀械由衙门走出来，向看我们前进。我们见有一捆一捆的红布由窗户掷出街上，大约每隔五家便有红布掷出，革命党人即拾红布而作包头布，因此他们被称为“红头”，而太平军人则被称为“长毛”……

小刀会起义打响后，义军分几路行动，一路直奔县衙门，知县袁祖德还试图观劝义军“放下属刀，立地成佛”，但当场被乱刀斩成肉酱，另一路直奔上海道台衙门；

> 我们所遇见由衙门涌出的大队党人，蜂拥到道台衙门，那里稍有抵抗。大炮响了数发，枪声也响了一阵，但没有死人。道台(即吴健彰)将上海兵备道印信献于刘(丽川)，刘盖广(东)帮首领，而闽帮首领为陈阿林，即斯金纳(J、Skinner，他是较早进入上海的英国商人，1853年4月8日，侨民成立上海义勇团时，他是五人委员之一)氏之马夫也。

小刀会义军的广东帮首领本来就是上海道台吴健彰任职旗昌洋行时的跟班，与吴的关系至为密切，而福建帮首领则是英国商人斯金纳的马车夫，这些错综复杂的关系已经决定了小刀会只是一个行帮的暴动。小刀会起义时，在黄浦江边上的海关里堆放着还没来得及解运的二百万两税银，而福建帮已捷足先登抢走了这些白银，这也使广东帮十分不满，一定要与福建帮平分这些白银，于是广东帮与福建帮之间的内讧也难以免避了，他们的失败也是不可避免了。

上海道吴健彰被小刀会义军活捉后，晏玛太立即把此事报告美国公使马沙利(Hamphry Marshall)，于是，美国人又与刘丽川演出了一场“营救”吴健彰的“捉放曹”闹剧。《太平军纪事》中讲了“营救”吴健彰的过程：

> (义军)因赃物分配发生了问题，又因刘(丽川)氏欲释放献印而降之道台，而陈阿林则要杀他。由是两帮党人发生严重冲突。陈阿林的人出城商议，刘氏的人即关闭城门，美公使请求刘氏把道台交与他照管，但他不肯或不能做到。此时有两个外国人来了，这是道台的救星。他们寻到道台放在城门内坐在官轿中等候出城。他们叫他跟着走，待他到西门。他们把他改扮了平民装束，再带他在城墙上走到北门，然后用一匹布作为绳子，大家缒城而下。一个外国人首先缒下，以作引导，道台继之。但将到地时，道台下堕，幸未受伤。他们经过陈阿林的队伍，安全出险。他们先到我宅中，复到旗昌洋行即美公使的寓所。

文中提到的“他们先到我的宅中”的“宅”即“自理堂”，也就是晏玛太的住宅。前面提到，美国基督教监理会传教士泰勒的住宅也在北门外，与自理堂离得很近，所以他俩成了莫逆之交。当泰勒回国时，晏玛氏又将自己的信件、笔记、报告等交付泰勒带回美国，后来泰勒就将这些文稿整理后汇编成《晏玛太传》(The Story of yates the Missionary, as told in His letters and Reminiscences)并于1898年在美国田纳西州纳什维尔出版。

清政府希望外国人帮助他们镇压小刀会，一年多后，外国人也看清了小刀会义军成不了气候，当然也从清政府那里得到了许多好处和承诺，同意配合清军攻打小刀会。清军考虑到自理堂离城墙太近，这里可能成为战区而发生危险，希望他撤离自理堂，但晏玛太坚决不愿意，他在给一位友人的信中讲：

> 我仰望我主的引导，我认为看守教会的产业是我的职责。我深信，只要我能装作勇敢，不论是官军还是叛军(指小刀会义军)，就不敢加害于我，也不敢闯进我的住宅进行抢劫。

1855年初，清军在洋人炮火的开导下分几路向城里的小刀会发起进攻，其中一路就是利用晏玛太的住宅作掩护冲进了上海城里，当然，晏玛太的自理堂和住宅受到了损失，战争结束后，清军作了赔偿，1855年6月26日晏玛太致美国南浸会牧师诺里师(S. P. Norris)信中讲：

> 今年二月上海县城落入官军手里后，政府即把那坍败不堪的教产归还我们。我立即进行修理，使房屋恢复原状，现已焕然一新。从中国政府所得的赔款五千元足敷修复所有教产，而且留下少数余款存入教会库房。我个人受战争的损失(姑且不谈所碰到的困难和危险)为数是一百元。这是一笔细账。

战争使上海百姓家蒙受巨大的损失，城里的许多豪门和平民均遭到义军和清军不同程度的掠夺或洗劫，但有一点是事实，就是不论是官兵还是义军均不敢轻易侵犯有教会背景的人家，一些难民也曾得到教会实质性的帮助和救助，于是原来对教会持怀疑或排斥态度的上海人就似乎领悟到——西方的耶稣比中国的菩萨实用得多，于是信教人数也逐渐增加，也如晏玛太的一封信中所讲：

> 在这困难重重之中，市民听到和平福音的真理，战后比战前更有趣。他们过去所以靠的偶像(即中国道教、佛教的神道像或烂泥菩萨)在被扔到沟渠里而显得毫无能力的情况，是他们所亲眼看到的。

晏玛太在上海发生小刀会起义期间的表现受到美国南浸礼会本部的嘉奖，他也成为旅沪美侨中一位活跃而著名的人物。不过，仅几年后美国的南北战争爆发了，总部根本不可能顾及在海外的差会，即使在南北战争结束后，南浸礼会是“南派”，也就是战败的一方，本部仍无法顾及海外差会，于是，他只能通过兼职来维持开支。1866年9月，他当选法租界公董局董事；1868年3月，当选公共租界工部局董事，1971年4月，任美国驻上海领事馆副总领事兼翻译，晏玛太获得的荣誉和地位，也使他领导的美国基督教南浸会在困难的时期取得较大进展。

晏玛太的自理堂在现在的福建南路与人民路的西北转角处，虽然在小刀会义军被镇压后的1855年进行过一次修葺，到1875年也有了20年，于是他又购进自理堂对面，即今福建南路人民路东北角之地重建，并于1875年2月14日建成使用，晏玛太培养的中国牧师黄品三任坐堂牧师。

新建的自理堂为两层砖木结构建筑，据称礼堂可以容千人，这在当时来讲也是颇有点规模的教堂。1912年上海拆城筑路，原来的北城墙和护城河被筑成民国路，即今天的人民路，原来沿护城河而筑的自理堂受到一定的损坏，于是于1918年又重新翻建为三层，由于占地面积太小，难以参照西方教堂样式建造，它只是一幢三层的房子而已，地址为后来的人民路704—706号。

1918年自理堂利用教堂空余的房子创办进德小学，1923年又在公共租界慕尔鸣路(今茂名北路65号)设立进德小学北校。1951年，进德小学改称黄浦区中心中学，北校改名茂名北路小学。“文革”初，自理堂停止宗教活动，教堂归小学使用。1991年小学及原教堂全部被拆除，被建为新的住宅小区。

《晏玛太传》中收录一封他于1855年4月29日致笃弼牧师(Rev. T. W. Tobey)的信，说：

> 我们的教产即可恢复原状，我已于两个月前迁入家中。晏师母所办的学校，正在一个更合适的地点予以重建。从今以后，我们的礼拜堂改名为教化堂，再过几天，圣会堂也可开堂使用。

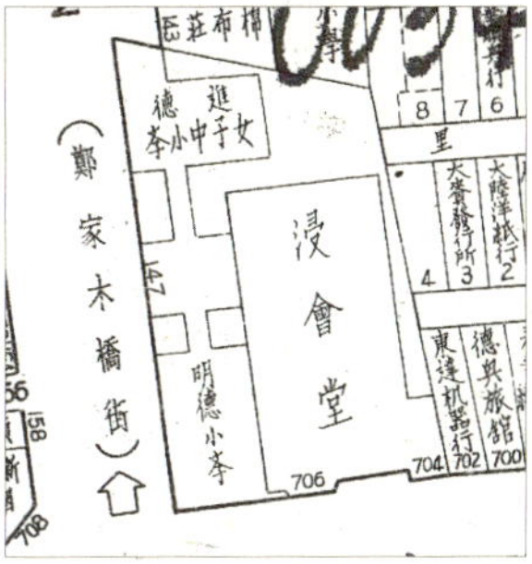

浸会堂地块图

字里行间可以感受到，在小刀会战争发生之前，晏玛太夫人(晏师母)已经在他们在北门外的自理堂里办了一所女子学校，当战争结束后，学校并没有迁回自理堂，而是“已在一个合适的地点予以重建”；又据上海辞书出版社出版的《上海近代大事记》1857年10月4日条中讲：

美国南浸会传教士晏玛太在上海小南门外“圣会堂”开办主日学校。该校系该会在上海开办的第一所主日学校。

参照晏玛太的信，“大事记”中的“小南门外”应该是“北门外”之误，这个“主日学校”应该就是在北门外的自理堂里。惯例，教会学校的男孩与女校是分校上课的，一直到1876年，晏玛太得到中国牧师黄益三的资助购进了一块当时属于宝山县童家浜附近的一块

怀恩堂前合影

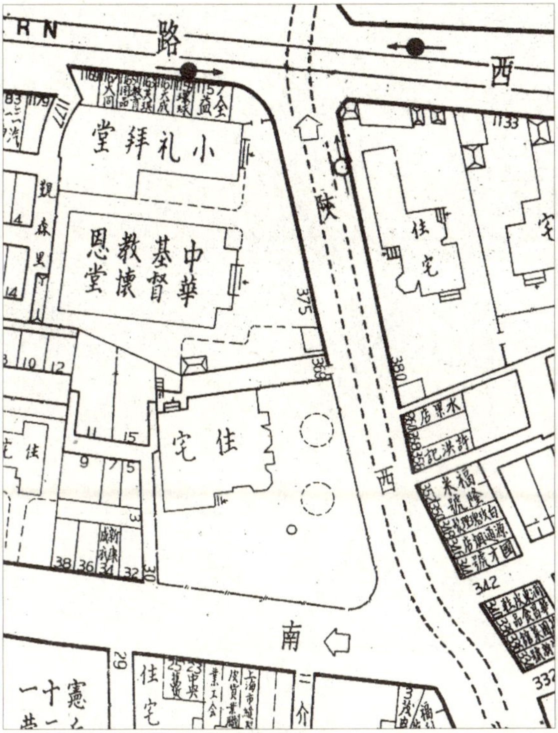

怀恩堂地块图

怀恩堂

土地，在这里造了一所学校和教堂，但是这里离市区太远，小学生不可能到那么远的地方上课，教堂的工作进展也很困难。不久，学校和教堂的工作全部停下来了，但这块土地仍是南浸会产业，被人们叫作“浸会庄”，英文名为“Baptist Compound。”“庄”在汉语里指很大面积的庄院，而compound也是指有围墙或篱笆相围的山庄，而当时的宝山县基本上是农田，地价很低，估计这个“浸会庄”的面积一定很大。

晏玛太长期主持美国南浸礼会在上海的工作，一直到1886年，美国南浸礼会总部才派万应远博士(Robert T. Bryan，1855～1936)到上海，两年后，1888年3月17日晏玛太在上海逝世，万应远接替了晏玛太任南浸会主教之职。也许南浸会在上海的事业是晏玛太夫妇开创出来的，其他中国籍牧师也是他们一手培养出来的，所以，尽管万应远接替了主教的职务，但要开展工作仍有许多人为的阻力，一直到1897年晏玛太夫人逝世，才使万应远博

私立怀恩中小学小学部第廿二届毕业生师生合影(1946.6.29)

士有施展鸿图的机会。就在这一年，万应远博士任命南浸会女牧师柏乐缇(L. W. Price)为校长，接管了晏玛太夫人在北门自理堂的女校；第二年，万应远也接管了晏玛太创办的男校，更名为“明强中学”(Ming Jang Academy)。据称，女校“嗣经柏女士热心擘划，校务乃能蒸蒸日上”，而明强中学在万应远博士的支持下，也取得很大进展。

1905年，美国想通过延长《限禁来美华工，保护寓美华工条约》继续禁止中国向美国输出劳工，于是全国以上海为中心掀起了“抵制美货”为主的反美运动，上海南浸礼会的中国牧师和神职人员也借此机会组织起来反对万应远博士，这使万应远的处境十分困难。不过，没多久他就得到美国总部转交的一笔可观的捐款，他就用这笔钱买进了位于宝山县境内北四川路狄思威路(四川北路溧阳路，相当于今四川北路1953弄，1963弄、1973弄)的土地，在那里造了一座教堂——怀恩堂，以及一些校舍，把女校的中学部改称“晏摩氏女中”，与男校——明强中学一起搬迁到新建的怀恩堂，男生和女生是同校分班上课。

1917年，广东巨商郭氏财团的永安公司在上海南京路开业，永安公司的职工大多数是广东人，他们与上海的许多广东人一样居住在虹口，此时，1路有轨电车以虹口公园和静安寺为起讫点，经过北四川路和南京路的永安公司，永安公司计划在北四川路兴建一批永安公司的职住宅，并看中了南浸礼会怀恩堂在北四川路的宅基，经过一段时期的谈判，1924年万应远就将怀恩堂的宅基地全部卖给了永安公司，永安公司在这里兴建了多条里弄住宅——永安里，而万应远另购东宝兴路重建怀恩堂，还创办怀恩堂小学。1937年“八一三”淞沪战争中，怀恩堂及学校被炸毁，于是只得暂借西摩路静安寺路(陕西北路南京西路)口的平安大楼的商场改作礼拜堂，一直到1940年才购进西摩路375号的约3亩土地再建怀恩堂，并于1942年建成。再建的怀恩堂为两层砖木结构。外墙统一使用红砖墙，配以白色的门框和窗框，色彩对比度强烈，平添一点“古典”的气氛，礼堂为二层，可容1700余人，是上海较大的礼堂；建筑的东南角设计有四层方形钟楼，使人感到这里应该是一座教堂。“文革”初停止宗教活动，1980年改名“沐恩堂”重新开放。

怀恩小学则迁公共租界“黄家花园”民宅上课，旋增加中学部而称“怀恩中小学”。1945年抗战胜利后，中学部迁回东宝兴路原址。1951年改名“培青中学”，1955年又改名上海市第七十中学，旋与粤东中学合并，迁四川北路1702弄32号原粤东中学校址，称四川初级中学。而小学部则在1951年改称北京西路第二小学，校址为北京西路605弄55号。

2. 白保罗堂与崇德女中

美国基督教南浸礼会传教士叔克、晏玛太夫妇是取道广州到上海的，他们也是在广州学的汉语。而在他们之前，已有多名美国南浸礼会的传教士进入广州，在那里设立教区，建造教堂，其中最著名者当推罗孝全(Issachar Jacob Roberts , 1802～1871)，他是第一个到广州和到中国的美国南浸礼会传教士，罗孝全1844年进入广州，1846年就在广州南关东石角建立了一个教堂。据罗孝全回忆：

> 约在一八四六年或次年，有两位中国人来到我广州寓所，宣称意欲学习基督教道，其中一人未几即回家，但另一个则继续留在我处约有两月余。在此期间，他研究《圣经》，听受讲道，而其品行甚端，此人似是洪秀全，即今之革命领袖。

《太平天国典制通考》收录类似古代帝王《起居注》的《太平天日》中也记录：

> 年三十三岁，在丁未(即清道光二十七年，也即公元1847年)二月初，主与干王仁玕到广东省城礼拜堂，后干王仁玕回归，主独留礼拜堂，与花旗番罗孝全共处数月。

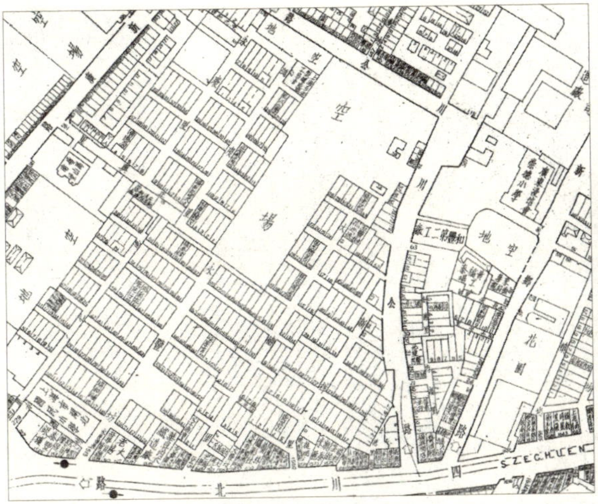

保罗堂地块图

虹口新乡路的中华基督教白保罗堂

罗孝全给洪秀全详细讲授了教会出版的《劝世良言》，这也成了洪秀全“闹革命”的理论武器。在广州，由美国基督教南浸礼会与当地信徒们成立的“广州基督教浸信会”的势力是比较大的，而在上海开埠以后，广州浸信会信徒也随着广东人移迁上海而进入上海。

旅沪的广东人大多居住在虹口，虹口也是广东人最多的地区。1905年，万应远博士在虹口美租界老靶子路(今武进路，原校址相当于今地铁10号线在这里的车站处)，创办了一所女子学校——崇德女校(Shung Tak Girls’ School)。由于这里是上海广东人最集中的地区，学生大多是旅沪广东人的子女，所以不少人误以为这是一所广东人子弟学校。1912年，老靶子路道路拓宽和改造，于是学校又搬迁到白保罗路(新乡路)自建的校舍里。几乎与此同时，旅沪广东人为主体的“粤浸信会”(Central China Baptist Mission)也将教会迁到了白保罗路，并在这里建了一座教堂，正名为“粤浸信会教堂”，即以该教堂在白保罗路而被叫作“白保罗堂”。这里还须作一说明，白保罗路筑于1913年，是以一个叫Bachet的侨民的名字命名为Bachet Rood，白保罗堂是以在白保罗路上而得名，而不是先有白保罗堂才有白保罗路的。

1929年，由于火烛不慎，白保罗堂和崇德女校被烧毁，同年，教会筹资重建白保罗堂和女校，但是学校的课程不能耽误，就先租东江湾路的一幢民房上课。当白保罗的学校

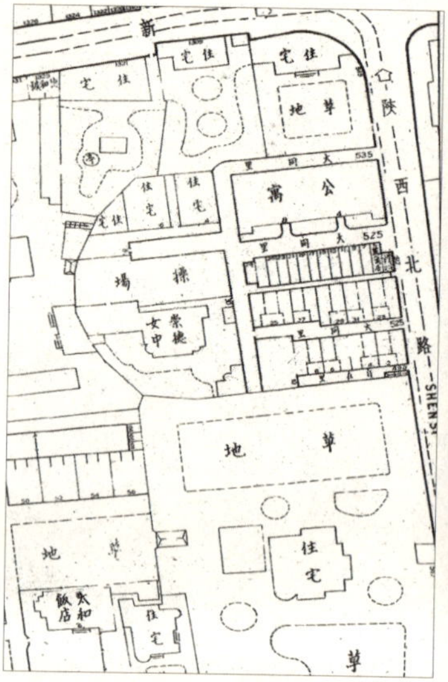

崇德女中地块图

崇德女中篮球队员合影

重建完工后，小学部即迁回白保罗路，现在这个校址由川公路幼儿园使用。抗日战争爆发后，位于东江湾路的学校很不安全，于是学校买进了公共租界西摩路(今陕西北路535弄30号)一个叫王远清的人的住宅，这个住宅占地2010平方米，是一幢三层洋房，并于1940年正式将中学部迁到那里，但是美国南浸礼会办的晏摩氏女中也因战争而被迫停课，也暂时迁到这里上课。1953年，该校与进德女中合并改称“上海市第七女子中学”，1958年改称“七一中学”。

重建的白保罗堂于1930年建成。也许是受过火灾的原因，重建的白保罗堂为钢筋水泥建筑，共二层，底层为教会使用，二楼为礼拜堂，1949年后停止宗教活动，曾作为会场，提供租用。1961年上海全面实行火葬后，骨灰盒的需求量极大，白保罗堂就被上海工艺品一厂使用，主要生产骨灰盒，址为新乡路66号。

浸礼宗在美国基督教中是一个比较重要的宗派，虽然美国的浸礼会也有许多宗派，但美国是一个移民国家，许多小的宗派只是信徒来自不同的国家和地区才产生一些“门派”，并没有宗教意义上的宗派之分。“南北战争”前，由于美国南北社会制度的不同，北方是代表近代机器工业的新兴资本主义，而南方则是以种植业为主的农场主，南北对峙无形之中也把美国划分为南北两大块，于是，包括浸礼会在内的许多基督教也被分为南方和北方两个宗派团体，而他们只是因区划被割开形成的二个宗派团体，所以当战争结束后，随着美国南、北之分的消失，许多宗教又南、北合二为一。

美国基督教北浸礼会在上海的差会的英文名为American Baptist Foreign Missionary Society，中文名为“美国浸礼会真神堂”；它在上海设立的时间说法不一，如《民国上海县志》定为“光绪二十八年”，即1903年；而同样权威的《民国二十四年上海市年鉴》又定为1907年，这可能是由于资料取舍上的差异而造成的。

在上海近代经济史上，邬挺生是一个比较重要和显赫的人物，但是很少有人注意到，在上海近代基督教史上也是一位重要的人物。

邬挺生(1877～1935)，字卓然，原籍浙江宁波奉化，出生于一个牧师家庭，早年就读于林乐知创办的上海中西书院，毕业后回到浙江宁波定海的一所教会学校教书，在此间认识了定海人，上海滩著名的买办朱葆三。约1897年，经朱葆三推荐进一家在上海资格很老的美国商行——“晋隆洋行”(Muslard & Co.Inc， 后也被叫作“老晋隆洋行”)做“跑街”，就是推销员，负责当时已经在上海设厂的美国卷烟推销。由于他有美国教会的背景，又是美国人林乐知办的中西书院毕业生，精通英语，他不仅与美国老板马斯塔德(L.W,Mustard)混得很好，而他的努力也使美国卷烟打开了上海市场。根据惯例，他可提取推销商3%～5%的佣金，他也跻身上海富人之行列。1902年，英国和美国的烟草集团为避免竞争而给各自带来损失和伤害，双方达成协议，即英国的卷烟不进美国市场，美国的卷烟不进英国市场，双方联合建立“英美烟公司(British—American Tobacco Co,.ltd.)”共享国际市场，于是在上海的多家英国和美国的卷烟厂合并为英美烟公司工厂，控制和垄断了中国的卷烟生产和市场。1904年，邬挺生就成了英美烟公司的买办，任公司驻北京代表，从清政府和北洋政府手中为公司获得减免捐税等多方面的特惠；他还帮助英美烟公司组建了子公司——协和烟公司，任总经理。1913年熊希龄任北京政府国务总理时他被聘为国务院咨议。1924年任全国烟酒税局总稽查，1928年组织成立华商烟厂联合会，任会长，并致力在河南等省推广烟叶种植，并试图控制中国的烟叶市场，1935年在许昌被刺杀。

1903年，邬挺生在上海小东门租借民房建立北浸礼会教堂，信徒大多是旅沪或来沪经商的浙江宁波、绍兴人。1907年，在美国基督教北浸礼会牧师高雪山(J,R,Goddard)帮助下，该会正式取名“美国浸礼会真神堂”(American Baptist Foreigh Missionary)，成为美国北浸礼会的差会。所以，关于美国北浸礼会来沪的年份就有了两种说法。

1907年“真神堂”建立时就在虹口美租界文监师路899号(相当于今塘沽路800号附近)，这只是一幢民宅的客堂。一直到1920年，真神堂购进闸北宝山路信义巷，即今东宝兴路与宝山路相交处的西北转角处建立教堂，这里地处上海之北，于是被叫作“沪北浸礼会堂”，此时，邬挺生的儿子邬志坚刚从美国回国，就担任沪北浸礼会堂的牧师。

1932年“一・二八”淞沪战争和1937年的“八一三”淞沪战争中，闸北都是战区，沪北浸礼会堂被毁了，以后也没有重建。总之，美国基督教北浸礼会在上海的势力远不及南浸礼会，不过，他们曾参与过的一件事载入史册——即参与创办上海沪江大学。

3. 浸会创办的沪江大学

到“异教徒区”创办教会学校是基督教教会公认的传播福音的捷径和好办法，于是，各教会在上海创办的学校也开启了上海乃至全国近代教育的大门。

1877年5月10～24日，在华基督教传教士在上海召开第一次中华传教士大会，大会期间，美国北长老会传教士狄考文(Calvin Wilson Mateer，1836～1908)、监理会传教士林乐知、南浸礼会传教士丁韪良(William Alexander Parsens Martin 1827～1916)、英国伦敦会传教士韦廉臣(Alexander Williamson，1829～1928)、圣公会传教士傅兰雅(John Fryer，1839～1928)等联合发起成立了一个叫“基督教学校教科书编纂委员会”(The Committee of School Texbooks)的机构，统一编纂基督教学校教科书。据说，汉语学校教育使用的课本“教科书”(textbook)即出典于此。1890年，经基督教传教士全国大会通过，这个教科书委员会改组为“中华基督教教育会”(China Christian Educational Association)，总部设在上海。除了继续负责编纂教科书外，更着重于创办和办好教会学校，以掌握中国教育的方向和发展。1896年的中华基督教教育会第二届年会上，大会执行主席，美国监理会传教士潘慎文(Alvin Pierson Parker，1850～1924)作了题为《中华教育会与整个教育的关系》的演讲，称：

> 作为基督教教育家的协会，我们要在力所能及的范围内，用各种方法掌握中国的教育改革运动，使它能符合纯基督教的利益。

沪北浸礼会堂(1937)

“八一三”淞沪抗战中被毁的沪北浸礼会堂

1902年的中华基督教教育会第四届年会上，潘慎文又拟定了一份《向国外差会请求派遣有训练的教育家来华工作的呼吁书》，称：

> 教育是传教最得力的助手。……我们已获得了一个多么有力的据点来推进基督教的发展，一个重要的事实是，几乎所有的这种教育的实权都操纵在男女基督徒手中……现在中国的新教育制度实际上是在代表各教育团体的基督徒控制之下——这事实上就是使人类大家庭中的四分之一的青年都受到基督教会的控制。

19世纪末20世纪初是中国教会学校增长和发展最快的时期，在教会学校影响下，中国非教会办的“近代学校”也蓬勃发展，最终的结果就是清廷被迫宣布结束了中国延续了千年的科举考试制度。

1900年，北方爆发了声势浩大的义和团运动，义和团的口号就是“扶清灭洋”，教会及教会学校在北方不断受到冲击和打击，迫使他们向安全的地方转移。而控制长江流域的湖广总督张之洞和两江总督刘坤一并不希望义和团的势力蔓延到长江流域，于是他们与列强订立《东南互保条约》和《上海城厢内外保护条约》，共同防卫和保护长江流域的安全，而上海则是最安全的地方，于是，北方教会的学校和教育资金全向上海转移。

早在1900年，美国基督教南浸礼会和北浸礼会就协商在上海办一所教会大学，但是由于北方爆发义和团运动，全国的形势很紧张，这件事就被搁置下来了。一年多以后，义和团运动平息下来了，清廷被迫与列强签订了《辛丑条约》。1902年，美国南浸礼会代表万应远博士与北浸礼会代表柏高德(John Thomas Proter，？~1927)在杭州举行浸礼会的“南北对话”，会议后立即成立了一个“教会大学筹备委员会”。会议结束后，双方各自启程回美国向总部汇报，并向总部申请拨款，他们共募到6万余元美元，后又返回上海。同时，美国已宣布将《辛丑条约》中清廷向美国政府的第一年赔款用于发展中国的教育文化事业，他们又申请了一笔“庚款”。1905年，原来的大学筹备会改为“上海浸会道学书院”(Shanghai Baptist College and Theological Seminary)，学校董事会推举万应远为书院的神道学院院长，柏高德为大学院院长。

当时上海有多块基地可供书院选择，一块就是前面提到的位于宝山童家浜的“浸礼

1930年代沪江大学全境

庄”，一块则是位于北四川路狄斯威路的“怀恩堂”土地，但是书院董事会最后还是选择了沪东临黄浦江的一块土地。在几年内，书院相继买进了估计165亩的土地——就是今军工路上海理工大学的校址。

这块土地离市中心外滩约9公里，东面临黄浦江。不过，在1899年公共租界扩张成功后，租界的东端已延伸到杨树浦底，租界已经或正在筑的几条道路(今杨树浦路、平凉路、长阳路等)可以到达学校，租界规划中一条从十六铺到杨树浦底的有轨电车线路即将动工，所以学校与市中心的交通没有问题。学校西面是一条古老的黄浦江的护塘——衣周塘，塘外是低洼的滩地，地价十分便宜，而当时上海20世纪初最主要的水利工程——疏浚黄浦江的工程刚开始动工，被挖上来的淤泥正愁没处可运，学校可以不付任何费用取得泥土来垫高滩地。当然，学校的校董们受美国大学校园设计理念的影响，希望把大学建成一个真正的campus学校。

沪江大学魏馥兰校长去思碑

据说，campus成为“校园”的概念还得归功于美国《独立宣言》的起草者，美国第三任总统托马斯•杰弗逊(Thomas Jefferson)。中世纪的大学在建筑形式和布局上与宗教笼罩下的时代相一致，学校往往以高耸的哥特式教堂作为校园中心，并以这个中心统辖全局，象征宗教文明的绝对统治地位，也寓意世俗对宗教的顶礼膜拜。这种校园就是源于中世纪欧洲封闭、与世隔绝的神学院。建筑师出生的杰弗逊坚定的认为，开明开放的教育才能培养出美国青年一代捍卫民主自由的生活信念，主张把大学选址在乡下或城市郊区，那里远离喧闹的城市，而且地价便宜，学校应该有低密度的空间，建筑物应该与大自然相融合，让莘莘学子时刻处在风景如画的校园之中，这样浪漫和人文主义的气氛和环境，使学生得以树立起信义。1817年杰弗逊主持设计的弗吉尼亚大学成为美国大学compus的典范，该校的compus以绿地为中心，不设围墙的大学打破了中世纪大学的封闭感。

上海浸会道学书院于1906年开学，1909年大学院正式开学。1915年学校的中文校名改称“沪江大学”，西名称Shanghai College，一直到1931年，西文校名正式称之University of Shanghai。

沪江大学的校舍是分几期建设完成的。1919年，美国的Murphy & Dana建筑事务所的建筑师亨利•墨菲(Henry Killom Murphy)对校区作总体规划，使校区更接近美国的campus模式：进入校门的主干道直通黄浦江边的临江道，主干道南侧由西向东分别为小学区、中学区、运动场；北侧为教职员工住宅区(Faculty Residence)。大学区被安排在校区最东的黄浦江边，形成向黄浦江敞开的“三合院”式的校区。当时参观过沪江大学的人曾留下这样一段叙说：

> 对于1926年来访中国的人而言，如果旅行者是从上海进入这个国家，他的轮船在城郊外会经过一所学校的建筑群，他会被告知，这是由美国浸会办的沪江大学。

大学校园四周都栽着柳树和四季常青的灌木，校园的中央，巍巍地耸立二三十幢洋房。在茶余饭后的时光，同学们更喜欢三五成群，或独自一人，在黄浦江边散步；在草地上坐一霎，看看天上的夕阳和白云，听听江里的潮声，俨然是一幅从弗吉尼亚移来的世外桃源景象。

沪江大学最早的建筑是建成于1908年的思晏堂(Yates Hall)，以纪念美国基督教浸礼会在上海事业的开拓者晏玛太博士，据称，该建筑耗去34万银元，后来，晏玛太之女西门夫人为装修又追加了6000元。思晏堂为假四层砖木结构，占地面积约780平方米，建筑面积约2500平方米，原设计为综合楼，学校的办公室、教室、图书馆均设在这幢楼里，还有一个可容300人的礼堂，后来随着其他楼房建成，这里主要用于学校的行政办公室及礼堂。该建筑四面均设计有宽敞的大门，主要方便学生进出，南主立面的大门设计有石质雨棚，

靳以讲话(沪江大学，1951)

沪江大学党、团支部表扬处分大会(1952春)

雨棚上面是一较大的露台，与露台相通的二层房间是校长办公室；二层檐部有明显腰线，建筑东侧的二层与三层是宽敞的礼堂，所以外窗设计为通层双尖拱券组成的长尖拱窗，便于增加礼堂采光，这也是巴洛克宗教建筑中常见的形式，多少增添了一些宗教建筑的色彩。屋顶设计为尖坡顶，二侧设计有“屋顶窗”，即roof window，上海人把屋顶窗叫作“老虎窗”，即roof window的“洋泾浜语”；山墙上设计为“玫瑰窗”，这也是西方宗教建筑的特色。1956年9月24日，上海杨树浦发生特大龙卷风，据说有人被龙卷风从浦西卷到浦东，思晏堂的上部受龙卷风破坏而面目全非，大修后，建筑面貌已发生很大变化。今为学校现代化教育中心。

魏馥兰博士(Dr. Francis J. White)于1901年到上海，参与沪江大学的筹建工作，1911年继柏高德博士接任沪江大学校长，1928年辞去校长之职，仍在学校教授哲学，1936年退休。

他任校长期间有重大举措，首先，他将校区面积从165亩扩大到303亩，使它成为上海最大和最美丽的学校；其次，他既强调沪江大学的基督教性质，更强调学校的教育水平，认为在中国办的学校必须要有中国人的参与和支持。在他任校长期间，大量选拔中国籍教士。还有，他提倡男女同校读书，所以，沪江大学也是国内第一所男女同校和同班上课的大学。

1936年魏馥兰博士正式退休，沪江大学董事会决定建一“思魏堂”(White Chaper)以纪念他对学校事业的进步作出的贡献，同时也建一座学校的礼堂(auditorium)。1937年5月，思魏堂和礼堂同时建成。Chaper 通常指学校、医院等使用的小教堂，看来，当时的定位是比较清楚的。思魏堂只是学校的小教堂，而礼堂则是学校的公共礼堂。思魏堂位于礼堂北侧，建筑与礼堂联体。但是，思魏堂刚建成不久，“八一三”淞沪战争就爆发了，学校位于战区，校区被日军占据了。1949年2月，学校董事会决定将礼堂也命名为“思魏堂”，这也是沪江大学的标志性建筑。

1927年南京国民政府建立后，积极争取收回教育权，许多教会学校相继向中国的教育部门注册。就在第二年，美国人魏馥兰被迫辞去校长之职，时任中华基督教青年会全国协会总干事的刘湛恩出任沪江大学校长，成为沪江大学的第一任华人校长。

刘湛恩(1895～1938)，湖北阳新人，西名Herman Chan-en liu。毕业于东吴大学，后留学美国，获芝加哥大学教育学硕士，哥伦比亚大学教育学院博士学位；1922年回国，任东南大学教授、大厦大学教授、光华大学校董等职。1928年任沪江大学校长。“九一八”事变后，与马相伯、沈钧儒等联合发表《上海文化界救国运动宣言》，1937年抗日战争爆发后，被推选为上海各界人民救亡协会负责人、上海各大学抗日联合会主席、中国基督教难民救济委员会主席等职。1938年4月7日，刘湛恩在公共租界静安寺路大华路(南京西路南汇路)口被汉奸常玉清的“黄道会”刺杀，葬虹桥公墓。

1928年刘湛恩接任沪江大学后建造了一幢二层的图书馆，1948年，学校增建图书馆，即以原图书馆为基础，在东面建造一样式完全一样的建筑，在旧图书馆与新图书馆之间设计了一风格相近的主楼，并命名为“湛恩图书馆”，英文名为“Hermen chan-en Memorial Library”。

1952年，沪江大学解散，原大学各系并入相关的大学中，校址由华东工业大学，即今上海理工大学使用。校区内的历史建筑大多已被公布为上海市近现代优秀保护建筑。

沪江大学的中文名称和英文名称是以“上海”的地域名命名的，没有宗教和政治色彩，笔者建议，可以将今“上海理工大学”恢复使用“沪江大学”校名。

六、美国基督教安息日会

“安息日”(Sabbafh)也汉译作“主日”。根据《圣经》相关章节中的约定，这一天是“主日”(the lord' s Day)，是休息日，不能参加任何劳动，而应该休息，到教堂做礼拜，所以又叫作“礼拜日”。但由于对《圣经》的理解不同，安息日应该是哪一天就产生了分歧。

犹太教称星期六为安息日，他们根据《圣经•创世纪》第一章中关于上帝六天创造天地的叙述，即“有晚上，有早晨，这是一日”，耶稣是星期五被钉死在十字架上的，所以星期六是安息日，也被讲作“第七日”(Seventh Day)。而基督教则根据《旧约》的其他记载，认为耶稣被钉死在十字架后第三日复活，这一天是星期天，是“主日”，这一天才应该停止任何活动，到教堂做礼拜，这一天才是“礼拜日”。应该讲，犹太教的“安息日”和基督教的“主日”是分得很清楚的，一个是星期六，一个是星期日。

教派和宗派分歧往往是由对《圣经》的不同理解和解释产生的。米勒(William Miller, 1782～1849)原为美国浸礼会牧师，他开创的基督教宗派被叫作“弥勒派”，拥有相当的信徒。1831年，他自称在多年从事《圣经》研究中，根据《但以理书》某些章节中的启示和预言，推算出1843年3月21日或1844年3月21日基督将第二次降临，他的宣传得到信徒们的支持和拥护。但是，当这两个日期过去后，人们发现米勒的预言并没有任何迹象；后来米勒又提出过几次预言，但均以失败而告终，这使其威望大大下降。于是，一些米勒的坚决支持者认为，其预言之所以未能兑现，是信徒没有遵守《旧约》所规定的以第七日为安息日所致，于是他们提出必须遵守第七日为安息日的规定。米勒开创的宗派叫作“基督复临派”(Adventists)，在上海的影响不算大，但正因为他们的“礼拜日”与其他教派不同，才会引起人们的关注。

1. 安息日浸礼会和惠中堂

安息日浸礼会全称“传耶稣安息日浸礼会”(Seventh Day Baptist Missionary Society in American)，是美国北方的浸礼宗吸收了安息日会的理论和制度而建立的一个宗派，所以，在北美他们就被浸礼会和安息日会排斥于外，在美国也是一个很小的宗派，仅流传于美国北方的部分地区。大约1842年，美国安息日浸礼会才建立差会，并开始向海外派遣传教士。约1847年，该会派遣的传教士贾本德(S. Carpenter)和华德乃(N. Wardner)牧师抵达上海。据《民国上海县志》记载，道光三十年(1850)他们购进了上海县城外的斜桥建立了自己的住宅和传教区，还造了一个简易教堂Grace Church，这“Grace”有感化、感恩的意义，这个教堂的中文名为“惠中堂”，也许就是用神来感化中华的意思吧。

由于安息日浸礼会在洗礼方式和礼拜日期上与其他宗派不一样，上海人早已熟悉了天主教是星期日做礼拜的，刚进来的基督教也是星期日做礼拜的，此时突然冒出一个自称基督教，但又是星期六做礼拜的宗派，很难被人们接受，甚至被人们误解为异教。所以，贾本德和华德乃的传教工作遇上了不少困难，他们还得自己编写“安息日期”的表格去告诉人们，他们是什么时候做礼拜的。

西门外的斜桥对上海人来讲并不是一个吉祥的地方。上海县城的南门外有一条东西走向的陆家浜(即今陆家浜路)，从陆家浜再向南到黄浦江边的地方几乎全是坟山，许多上海大户人家的祖茔设在此地；陆家浜在斜桥处引肇嘉浜水向东流，在今南浦大桥处注入黄浦江，古人认为这条陆家浜犹如一道隔离墙，把城里人居住的“阳宅”和浜南鬼居住的“阴宅”隔离开来，“阴宅”里的“棺材煞”不致于冲到县城里，影响“阳宅”里的人的生活。在斜桥的地方，也正是肇嘉浜向东北转弯(肇嘉浜曾是流经上海县城最大的河流，后被分段填平后筑成马路，大致相当于今肇嘉浜路、徐家汇路、方斜路、复兴东路)沿今方斜路进入西门水门，于是人们就在这里的肇嘉浜上造了一座大桥。上海的大部分河流是东西流向或南北流向的，所以大多数桥是南北走向或东西走向的——这种桥的走向是标准或正的，而建在这段肇嘉浜上的桥与众不同，是“东南—西北”走向的，也就是“斜”的，所以被叫作“斜桥”，人们希望南门外坟山里的“煞气”顺这座斜桥窜到上海县城外西北人迹稀少的地方。同样，凡遇出殡，出殡队伍在结束丧仪后，也是走斜桥，绕一个大圈子从西门返回城里的。看来，安息日浸礼会在上海选的那块土地位置也不太好，这也多少影响了其布道工作的进展。

1853年上海爆发小刀会起义，义军占领和控制了上海县城，最初，租界当局提出“武装中立”的口号，禁止清军借道租界攻打小刀会，于是部分清军试图绕开租界从西南方向

美国基督教复临安息日会在上海宝山路的时兆报馆

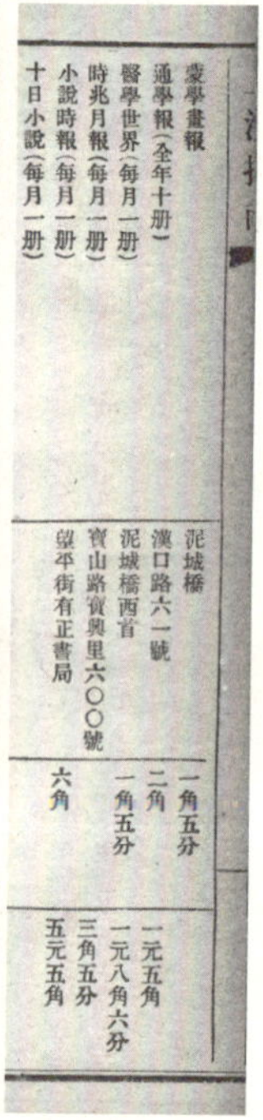

蒙學畫報	泥城橋	一角五分	
通學報（全年十冊）	漢口路六一號	二角	一元五角
醫學世界（每月一冊）	泥城橋西首	一角五分	一元八角六分
時兆月報（每月一冊）	寶山路寶興里六〇〇號		三角五分
小說時報（每月一冊）	望平街有正書局	六角	五元五角
十日小說（每月一冊）			

民国四年《上海指南》登记，《时兆月报》馆在宝山路宝兴里，即今东宝兴路虬江路附近。

攻城，这样，位于上海县城外西南角的斜桥一度成了战场，这使安息日浸礼会受到损失。几年后，即1860年，太平军又发起东进，战火一直烧到上海城外，教会又一次受损失，也许这些原因也是安息日浸礼会在上海工作开展得很不顺利的原因。据说，贾本德和华德内在小刀会起义和太平天国运动被镇压后均从清政府手中获得赔偿，他们拿了钱就回美国去了，斜桥的教会仅留下了几个“看守”，他们没有带给中国人福音，而中国人却“赐”给他们不少钱。

大约到了1880年代，美国基督教安息日浸礼会才又派佛史(D. H. Davis)牧师到上海重振旗鼓，改变了他前任的做法，利用原来教会在斜桥的空地造了房子，1889年办了一所学校——惠中女书院(Grace School)，吸收附近贫苦人家的子女上学，后来又不断扩大学校，增设高小部，这样才逐渐打开了局面，并通过办校吸收了一些信徒。一直到1909年，教会得到信徒捐款，又买进了与教会相邻的宅基地8亩，将旧的教堂拆除，重建新堂，新堂仍称“惠中堂”。新的惠中堂占地700平方米，砖木结构，礼堂可容600人左右；教会又同时扩建了学校，并增设中学部，于是改称“惠中女校(Groce High School)，后来又设男校，又改名惠中中学。1952年改称“五爱中学”。80年代，又改称“李惠利中学”。

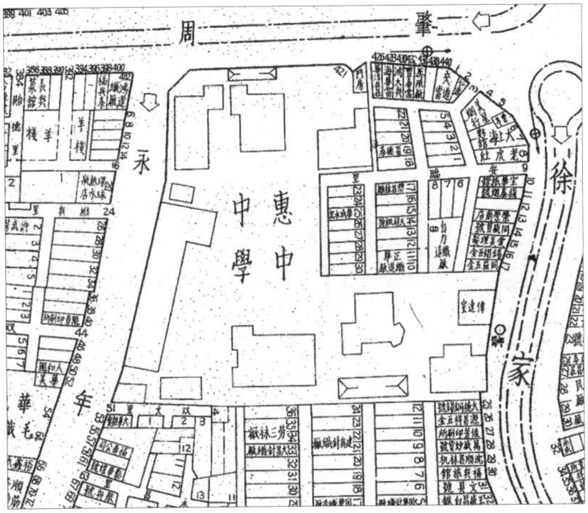

惠中中学地块图

2. 基督复临安息日会

米勒预言的“基督复临”(Second Coming)并没有得到证实，他的追随者就把一切归咎于信徒没有遵守《旧约》规定的耶稣殉难后第七日为安息日之约定，于是，他们积极鼓吹并遵守“第七日”为安息日，一直到1863年，美国才真式成立基督教复临安息日会(Seventh Day Adventist Mission Board)，而进入中国的差会的英文名为(Seventh Day Adventist Mission)。

关于基督复临安息日会进入中国和上海的日期说法不一，如1993年上海人民出版社出版刘卫东主编《近代外国在华文化机构综录》中讲：“基督复临安息日会……该会1902年进入香港和广州。1915年，该会宣教医师米耳勒在河南上蔡等地设立教会机构。后发展很快，在上海设立差会总堂，并建立了东、南、西、北、中、‘满洲’6大传教区，势力遍及中国各省份。”显然，该书认为基督复临安息日会是1915年以后才在上海设会的。

1992年上海人民出版社出版《上海宗教史•上海基督教史》中则讲：“基督复临安息日会”1855年在美国密西根的巴特尔克里克城成立总部，1861年始确定这个宗派的名称，1902年底该会的第一批传教士到达中国大陆。该会传入上海应以1910年美国人史得福(F. E. Stafford)举行布道会作开始，此后差会陆续增派吴德(K. H. Wood)，赫廉德(W. I. Hilliard)和米柔师母(B. Miller)等传教士来沪发展工作。而《民国上海县志・宗教》则记载是“施永福”来上海创建基督教复临安息日会，时间是“光绪三十一年”，也就是1905年；另外，同样权威的柳亚子长上海通志馆编民国二十四年和民国二十五年《上海市年鉴》则又认为美国基督教复临安息日会进入上海的年份是1907年。有了太多不同说法，说明关于这个教会的历史还须深入研究。

上世纪90年代，上海社会科学院卢汉龙研究员作为访问学者任美国明尼苏达大学客座教授，他认识了社会学系的安德森(Ronald E. Anderson)教授。安德森告诉卢汉龙，他的外祖父叫施塔福，早年受安息日会之派遣到中国，负责《时兆报馆》(*Signs of Times Publishing*)工作。他也是一位摄影师，家里还留有他外祖父在中国拍摄的约千余帧照片。但是他对外祖父生平事迹了解甚少，也不知这些照片具体的拍摄地点和内容。在卢汉龙的介绍下，安德森愿意将这些照片的“拷贝”送一套给上海市历史博物馆，后来上海市历史博物馆又选了一部分，由上海古籍出版社出版了《20世纪初的中国印象》。安德森在该影集的序言中讲：

> 1884年2月3日，我的外祖父福兰西斯·尤金·施塔福(Francis Eugene Stafford)出生在美国科罗拉多洲的博尔德市(Boulder, Colorado)，他的父亲是那里政府的一名公务员。17岁时，施塔福搬到加里福尼亚州的山景市(Mountain View, California)，在太平洋出版公司(Pacific Press)搞印刷工作，并逐渐成为一位照相制版和摄影的专家，这使他后来得以供职上海商务印书馆。1909年，他携妻子爱伦·玛丽·森森(Ellen Marie Jensen)和3岁的儿子克拉伦斯(Clarence)远渡重洋来到上海，一家三口在上海河南北路21号租了一套房子住下，开始了他在商务印书馆的工作。六年后，即1915年，他因健康原因返回美国，直至1932年，他作为安息日教会传教士再次到上海住了两年。1938年，他因病去世，安葬在加利福尼亚州的格伦代尔市(Glendale, California)。

应该承认，以上所引各书中讲的“施德福”(F. E. Stafford)，“施塔福”(Francis Eugene Stafford)和“施永福”是同一个人，而他的外孙安德森对他外祖父在上海的情况一点也不了解，他之所以会说他的外祖父是一位制版和摄影专家，一方面是根据他外祖父留下的照片造成的误会，另一方面则是受了上海专家们的误导，因为这些照片中确实有许多是上海商务印书馆的外景和生产车间的照片，很容易使人们认为，这是施塔福在“商务”工作时拍的。

根据笔者收集到的一些零散的资料，对施塔福在上海的活动叙述如下：

美国基督教复临安息日会约1902年进入中国，总部在广州，约1905年，美国复临安息日会差会任命施塔福为“上海暨江苏教区主教”，同年抵达上海，即租虹口美租界“老靶子路沈家湾”(今虹口区武进路吴淞路)的民房建立布道堂，并组建“时兆报馆”(Sings of the Times Publishing House)，主编和出版中文宗教性月刊《时兆月报》(*Sings of Times Monthly*)，(时兆)即“时代的语言”之义，所以，该报除了继承该宗派的创始人预言“基督复临”的意义外，也预言中国的将来，所以又是一份政治、时事性的月刊。据说，该刊最高月发行8万份，这在当时来讲是很不错的业绩。月刊使用照片，该刊使用的照片中很少一部分由报馆自己拍摄(他们也不具备独立拍摄的能力)，大多向“美联社”，《字林西报》馆购买新闻照片的使用权(美国安德森教授收藏的他的外祖父留下的照片就是当年《时兆月报》使用或未使用过的照片，许多照片也已被其他报刊使用过。又如，指明是同一天在不同城市发生的重大事件的新闻照片，不可能是同一个人所拍摄，但施塔福收藏的照片中就有很多，这也至少说明，其中的一部分肯定不是施塔福自己拍摄的)。上海的复临安息日会和时兆报馆的工作进行得很顺利，于是，美国基督教复临安息日会的中国总部迁到了上海，1923年，教会购进武进路建造独立的教堂，以其位于沪北，旧也称“沪北会堂”。教堂占地面积不大，且四周被民宅包围，正门朝北开在武进路上，拾级而上进入大门，再朝里就是教堂；同年，教会又购进与教堂相邻的东侧土地兴建“三育学校”(China Training Institute of Seventh Day Adventists)，1927年，这所学校在江苏句容设立大学，即“三育大学”，原“三育学校”一直留在原地，今正门改开北海宁路上，被海军的一个部门使用。

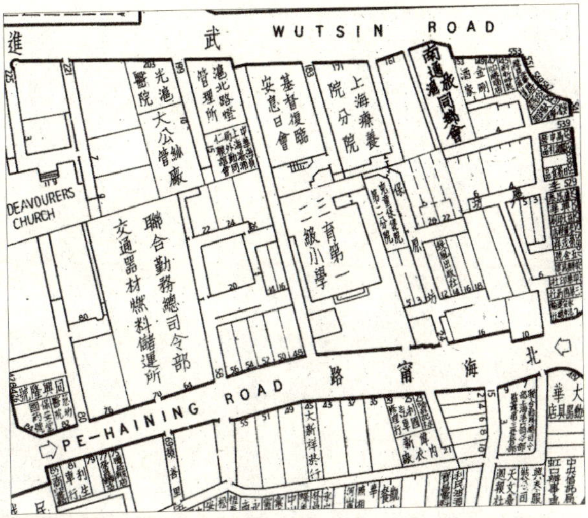

复临安息日会教堂地块图

沪北会堂

1926年，复临安息日会又购进上海西郊罗别根路(今哈密路)150号面积很大的一块土地兴建了当时上海设施最完备的“上海疗养医院”(Shanghai Sanatraium & Hospital，址今为上海市警察学校使用，校区内的老建筑已被公布为上海市优秀保护建筑)，是上海顶级的贵族医院。对当时人来讲，北新泾是离市区很远的地方，不论对病人或需要体格检查的人来讲都很不方便，于是该院院长，著名外科医生密勒(Edard Meisler)又购进武进路东面的地块，兴建五层的上海疗养医院分院(Shanghai Sanatorium Clinic)，这也是上海的一家顶级的贵族医院。以前，在武进路171号大楼的墙脚下还有一块1929年上海特别市市长张岳军(即张群)书写的奠基石，如今武进路路面被抬高了，这块奠基石就被埋入地下了。上海疗养院分院与西侧的复临安息日会教堂仅隔一条弄堂，即今武进路183弄，于是在两楼之间设计了座一天桥，使之相通，这也说明了医院与教堂之间的关系。

上海早期的基督教复临安息日会福音堂。黑板上写有“安息日”，墙上对联写有“救主重临洪福之望”

复临安息日会在中国创办了许多医院、诊所。据说，在全国有规模的医院就有12家以上，小的诊所不知其数。在非常时期，他们还承担向平民施诊医药，所以药品的消耗量很大，于是教会在杨树浦创办了一家“美国制药厂”(American Drug Co.)，生产的药品除提供自己教会的医院和诊所使用外，还大量投放到上海和全国市场。据称，该制药厂也是上海唯一的一家由教会创办和管理的药厂。1949年后，该厂被上海市人民政府接管后改为上海市第四制药厂，今址为长阳路1568号。

时兆报馆除了定期出版《时兆月刊》外，还出版《当代真理》等多种中文报刊，并从事各种书刊的进口、印刷、出版、发行业务，在上海设有印刷厂，在全国的许多城市建有分馆，是继“美华书馆”之后最主要的教会办出版、发行、印刷机构。1926年，美国基督教复临安息日会购进杨树浦今长阳路以南的宁国路土地百余庙，将总部迁到了那里，并在这里兴建时兆报馆新址和新的印刷厂，还在这里创办“远东学院”(Far Eastern Academy Seventh Day Adrentist)。

1937年“八一三”淞沪战争中，杨树浦位于战区，复临安息日会在杨树浦的产业受到重创，仅几年后，1941年12月7日太平洋战争爆发，美国与日本成了“敌对国”，在上海的美国侨民被日本人作为“敌对国”公民投进了集中营，美国政府和公民的财产也被作为“敌产”被日军接管，当然，美国基督教安息日会的全部教产被日军没收了，他们在杨树浦宁国路的产业被日军接管后即被出卖，部分土地在1949年后为上海针织厂厂址。

1981年上海人民出版社出版顾长胜先生著《传教士与近代中国》是中国改革开放初期出版的涉及宗教的著作，全书带着浓厚的“批判”色彩，但该书中有一段叙述讲得还是比较客观的：

> ……到1941年年底在日占区的教会出版和印刷机构几乎全部停闭。广学会迁往成都，时兆报馆迁往重庆。广学会编辑部虽然张罗了一些书稿，但由于纸张奇缺，都未能按计划出版，唯独时兆报馆由于传教士搞到大批纸张、出版了《时兆月报》重庆版，继续利用推销员深入后方各省推销，成为战时教会发行量最大的刊物……
>
> 总之，抗日战争时期……有一些传教士……对中国人民抱同情态度，有的甚至公开谴责日本帝国主义的暴行，帮助中国人民的抗日事业，捐过钱，出过力，并向国外呼吁援华。

另外，沪西愚园路1207弄内有多幢独立的花园洋房，这也是复临安息日会的产业，全部作为教会和下属机构主要负责人的住宅。

第八章 其他教会和教堂

近代以后的上海很快成了移民为主的城市，移民包括两大部分人员，一部分是来自中国沿海和内地，而另一部分则来自海外的侨民，于是，人们常用“五方杂处”、“华洋杂居”来比喻上海的人口结构。上海曾有过英租界、美租界和法租界，所以，侨民中英、美、法三国人数最多，势力和影响也最大，到1894年中日甲午战争后，上海日本侨民的总数迅速增加。在上海开埠后，还有德国、荷兰、加拿大、比利时等国的基督教在上海派有差会组织，或在上海建有教堂，但是势力和规模均不大，甚至一部分教堂只是侨民的专用教堂，并不负有对外布道，吸收信徒的任务，所以，记录到这些教会或教堂的文献很少，保留下来而且能够容易查阅到的资料就更少了，这也增加了后人追踪和叙述其历史的困难。但是，这些仍是上海地方历史的组成部分，我们还得尽可能予以关注。

一、福音会

基督教是一个庞大的宗教组织或体系，但是有宗派和国别的区分，有的教会是同一宗派而不同国别，如英国圣公会和美国圣公会，彼此之间在教派上属同一宗派，只是分属两个国家，所以双方的宽容性会大一些，而排斥性也会小一些。但是，进入上海的教会和信徒之间，既不是同一个宗派，又不是相同的国家，于是，教会与教会之间很难达成默契，一般讲，信徒是不会贸然进入不属于他的教派和国别的教堂去做礼拜的，而作为一个基督徒，到教堂做礼拜，到神那里祷告，与牧师交流是生活中不可缺少的“功课”，于是，不少已经进入上海的侨民为寻不到他们可以去的教堂而烦恼，他们迫切希望在上海有一个不分宗派，不分国别的基督教会和基督教堂。

约1881年，在上海成立了一个不同国家和不同教派的侨民约几十人组成的超国籍和教派的基督教信徒团体，取名“中华福音会”(Free Chistian Church)，这Free就是自由的，不受约束的意思，也表明了这个团体的性质，真是如此，许多在上海找不到他们国家和宗派的基督教侨民就主动加入了这个团体，仅几年后，会员人人数就增加到了百余人，为了避免信徒们仍以国别和宗教引起的分歧和矛盾，这个组织的中文名就改称“中华福音联合会”，英文名则改为Shanghai Christian Church(Evangelical)Services。最初，中华福音联合会没有固定的教堂和活动场所，只是定期或不定期在信徒家中或其他场所集合、活动，一直到1919年他们才在虹口美租界乍浦路480号建造了自己的会所，还建了一个专用教堂，英文名

恩德堂(陈立群 摄)

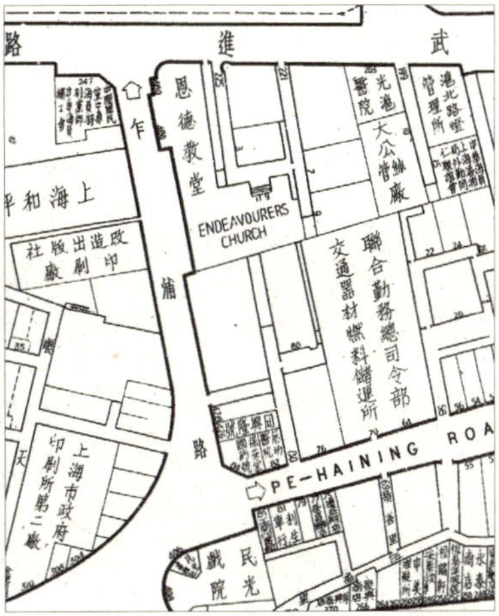

恩德堂地块图

Endeavourers' Church，直译应该叫作“努力教堂”，但上海人大多音译为“恩德堂”。

恩德堂位于乍浦路与武进路转角处，二层砖木结构。可能是这个教会是一个超国别和宗派的旅沪侨民基督徒团体，所以教堂外观设计几乎摒弃了传统教堂应有的一些特征。建筑的主立面朝西开在乍浦路上，楼层设计为办公用房，底层较高，作为礼堂，窗框设计为圆拱，但这样又会使窗架显得太大，于是将一扇窗分为二扇的落地长窗，在视觉上就惬意多了。也许该建筑缺少教堂应有的建筑特征，所以许多住在附近的人也不知道——这，曾经是一座教堂。

1949年后，上海的大多数侨民回国，暂时滞留在上海的侨民总数不多，于是上海市宗教局决定将恩德堂作为上海侨民联合教堂；此后，滞留在上海的侨民们相继分批离开上海，恩德堂停止宗教活动，一度作为虹口区民政局和台湾事务办公室使用。

在上海开埠后一段相当长的时期里，虹口是侨民居住比较集中的地区，到了1920年代后，随着租界的扩展，沪西成为上海中、高档住宅区，许多侨民向沪西搬迁，一些如学校、医院等生活配套设施也向沪西转移，中华福音联合会又在沪西的赫德路(今常德路681号)和新闸路1531号设立分堂，这可能是因为，1949年新政权建立前，新闸路赫德路一带是上海海关税务司所在地，海关的大部分机构就设在此地(赫德路就是以长期任中国海关总税务司的英国人赫德命名的)，而中华福音联合会的不少成员是海关的工作人员。1941年太平

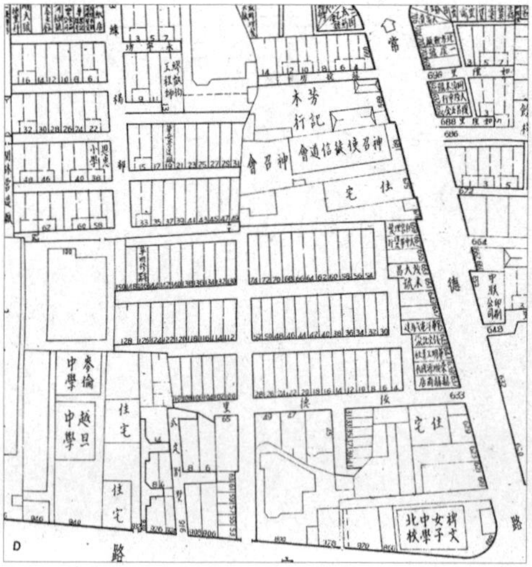

地块图

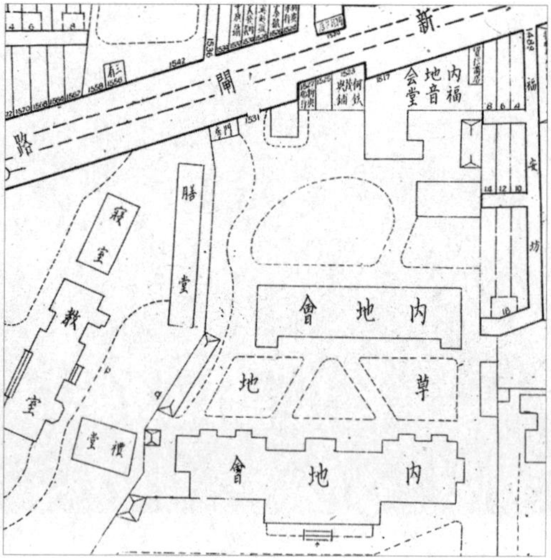

内地会地块图

洋战争爆发后，大部分欧美侨民离开了上海，这个中华福音联合会实际上已解体了。1945年后，常德路681号的教堂被一个叫作“神召使徒信道会”的机构使用，而新闸路1531号的教堂则被相邻的“内地会”占据，成为“内地会福音堂”。

二、海员布道会和圣安得烈堂

英国资产阶级革命后，为了争夺和掠夺海外市场而形成了一支庞大的海军和海员队伍，而许多教会疏忽了对流动性和危险性太大的军人和海员中的宗教管束。约1818年，英国的港口城市利物浦出现了一个叫做“海员布道会”(Mission to Seamen)的基督教机构，在英国是一个小的被人们忽视的宗教团体。

1843年上海开埠后，英国的海员布道会也进入上海，英文名为Mission to Seamen in Shanghai，据说，传教士是乘着属于他们自己的一艘叫作“伯特利”号的船进入上海的，开始他们仍开着船靠到别的船上去布道的。约1860年，他们就买进了一条吨位大一点的报废的海船，像趸船一样泊在黄浦江中，就算是教会的机关所在地，利用船舱改建的礼堂也可以作为教堂，海员们可以到这艘船上做礼拜。

在上海开埠后一段比较长的时间里，进出上海港的海船大多是帆船和机帆船，欧洲

圣安德烈堂(陈立群 摄)

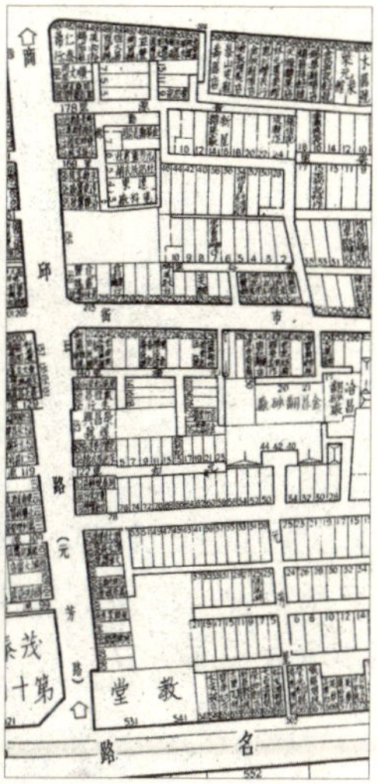

圣安德烈地块图

到上海的航运须绕好望角经印度，再经南洋到达上海，单程航运在半年以上，不少船员经不住长时期的海上颠簸，有的在中途就死亡了。根据海上航运业的习惯，尸体只能实现海葬；有的则在途中生病，到上海后就一病不起，没有亲人或机构为他们料理后事，于是这个海员布道会就主动承担起了义务。布道会购进了一块位于浦东陆家嘴江边的土地，成为布道会安葬海员的专用墓地，这块墓地被上海人叫做“浦东外国坟山”，后来，布道会请建筑师奥里佛(E、H、Oliver)在墓地里设计了一座教堂，有一位叫来斯特(Henry Lester)的营造人承建，造价3500两，并于1867年(同治六年)投入使用。据称，这是浦东出现的第一座基督教堂。约十年前，一位朋友从英国带来一张印刷的铜版画，是从一份约1880年代出版的一份刊物上撕下来的，画面是一座教堂，图片的说明文字为“Pootung Seamen Church”，他知道这是上海“浦东海员的教堂”，所以买下来送给了我。笔者知道海员布道会在浦东墓地教堂的历史，但并没有见到过这座教堂的照片或图片，这使我惊喜不已。

海员布道会在浦东“外国坟山”的教堂是墓地教堂，一般情况下，人们不可能赶到墓地教堂去做礼拜。早期虹口美租界没有明确的界限，但其东面的界限大致在提篮桥一带，而从提篮桥到外白渡桥就是近5华里的黄浦江岸线，进出上海的外轮绝大部分在这里靠岸，在这里启航。海员们的性格粗狂而生活单调，在海上漂泊了几个月乃至半年以上的海员们一上岸就会设法寻欢作乐，沿黄浦江的“百老汇路”(今大名路和东大名路)’一带也成了以海员为对象的服务区、消费区，如王韬《瀛壖杂志》中讲：“近虹口处，间有西洋妓嫂，岁一二至。华人或易西国装束以往。其有江干僦屋，独处无郎；号称西域葡萄者，迩来亦殊甚。”上海人杨光辅《淞南乐府》中讲：

淞南好，海舶塞江皋，罗袖争春登白肚，琉璃卜夜醉红毛，身世总酕醄。

词中的“白肚”就是船身底部漆成白色的一种小舢板船，上海人称之“白肚皮船”，是妓院专门接送海员客人的船只，而“红毛”则是清代对欧洲人的统称。就是这些因素，虹口沿岸一带也成了上海乌烟瘴气的“奸宄之地”。海员布道会认为应该引导海员远离这种靡费、颓废的生活，以宗教信仰约束他们的行为。约1880年，购“百老汇路541号”之地建造了“圣安德烈堂”(Church of St.Andrew)，教会也设在了这里。安德烈是耶稣十二使徒之一，也是第一个被称为使徒的人。

实际上在海员布道会买进浦东的土地建立海员墓地时，上海工部局已经成立了公墓管理处，规定上海侨民的公墓全部归这个管理处管理。但是，海员布道会并不纳入租界的行政系统，管理处难以对海员布道会实施强制措施，而且坟山远在浦东，租界当局更耐何不了他们，后来经协商和谈判，海员布道会得到一些补偿后，浦东的海员公墓才纳入工部局的公墓管理系统。1955年，上海市政府根据人大提案，决定搬迁上海市中心的“八仙桥公墓”和“静安公墓”，将其建为市中心花园——淮海公园和静安公园。与此同时，就将浦东海员公墓的地方扩建为“浦东公园”，公园中保留一块土地作为侨民公墓，并把原“八仙桥公墓”和“静安公墓”已葬侨民的尸骨起棺后根据中国殡葬传统和礼仪，装入甏中后再移葬到浦东公园内的“外国坟山”里。

中国实行改革开放后，到上海观光、旅游、进行学术交流或投资的外国人越来越多，其中有一部分外国人的祖辈曾工作、生活在上海，也有的葬在上海，他们希望在上海找到自己祖辈或亲人的墓地，即使能知道墓的去向就心满意足了。笔者长期从事上海史研究，于是也经常接触到此类外国人，当笔者告诉他们当时上海侨民公墓的迁葬过程后，他们也对此表示赞赏和感激。

上世纪90年代，上海决定在浦东兴建“东方明珠电视塔”，浦东公园全部被拆除，而“东方明珠”三只脚中的一只脚正好插在原“外国坟山”的地基上。

1949年后，圣安德烈堂停止了宗教活动，教堂临大名路一侧的原教会用房被改为民房，而原来的礼堂在1937年“八一三”淞沪战争中遭严重破坏。1958年，该礼堂归一家刚成立的“跃进皮件厂”使用，1960年跃进皮件厂内迁江西省吉安市后，房产仍由房地局收还，改建为民房，如今，这里已因道路拓宽而找不到它的踪迹了。

三、宣道会和守真堂

宣道会(Christian and Mlissionary Alliance)是一个超宗派的基督教联合组织，总部在美国，他们的差会主张到边远、艰苦的地方去传教，约1888年就已有传教士进入中国，主要在北方活动。1900年中国北方爆发义和团运动，宣道会在北方呆不下去了，于是有部分传教士和神职人员逃离北方而进入比较安全的上海，大多居住在虹口美租界。

约1902年，宣道会牧师约翰•伍伯莱将教会设在虹口北四川路702号(今四川北路1598号)，他的夫人就在这里创办了一所女子学校——守真女子中学，它实际上是一个女子补习学校，学生大多是已婚女子，学校的最初英文名为 Beulah Angls-Chinese School，Beulah是希伯莱文《圣经》中特有的词，是有夫之妇的意思，从校名中也可以看出，这是专门补习英语的女子学校。一直到1910年，约翰•伍伯莱才在他妻子管理的守真女子学校校舍里建立起一个教堂，就叫作“守真堂”(Bulah Chepl)。按当时的教徒习惯，一般都去自己最初加入的教会的教堂做礼拜，而这个极

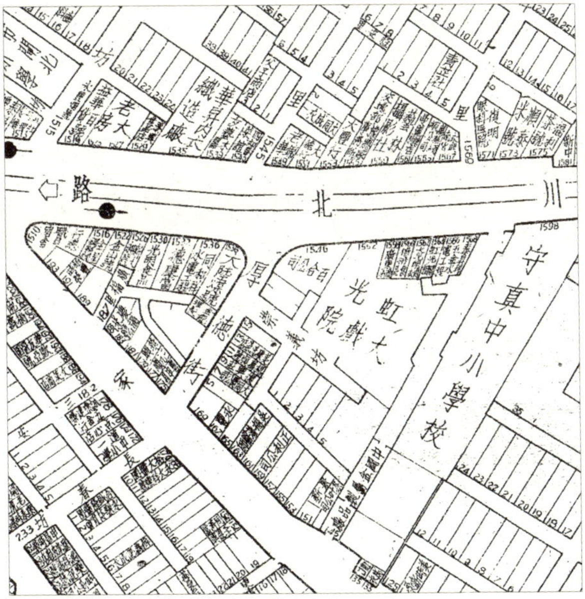

守真堂原址地块图

具个性的教堂的名称也挡住了许多基督教徒，使他们在上海的工作进展非常艰难。柯施恩是笔者的大学同学，他的父亲叫柯震，1949年新政权建立前任上海基督教青年会干事，他曾告诉我上海基督教的许多故事，他在《虹口的基督教教堂》一文中讲："1928年后，该堂(即守真堂)聘请青年会牧师赵世克驻堂讲道，主持工作，信徒日多，到抗战前竟成为全市最兴旺的教堂之一，做礼拜时迟到者往往找不到座位，赵世克也成为蜚声上海基督教界的著名牧师。"

1916年，宣道会对教堂和女校进行重建，被建为三层砖木石混合结构，由于占地面积不大，学校和教堂设在同一楼里，楼层作为教堂。1937年"八一三"淞沪战争中，虹口的四川路是主战场区，教堂停止活动，学校则暂迁公共租界黄家沙花园(今北京西路599弄)25—26号上课，抗战胜利后迁回原址，1953年，原中学部与其他几所学校合并后改称"四川中学"，原小学则改称川公路第一小学，校址为四川北路1578号。

守真堂与守真中小学的旧址基本保存完整，现底层改建为商场，二层以上被出租为办公用房，从建筑结构看，依然能找到教堂的痕迹。

四、尚贤堂

"尚贤堂"的英文名叫作The International Institute of China，直译应该是"中国国际学会"，是一个学术团体的名称，不过它确实是一个扛着学术团体旗号的基督教机构，发起人和领导人是一个叫李佳白的美国人。

李佳白(Gilbert Reid，1857~1927)，父亲是一位美国长老会传教士，他也从小就有赴外传教的信念。1882年，李佳白

美国基督教传教士李佳白在上海霞飞路创立的尚贤堂，这里也是上海早期的社会活动中心

1909年上海道台在尚贤堂欢送美国驻上海领事田夏里回国

刚从纽约的协和神学院毕业，就被长老会派往中国。这一年10月，李佳白到达上海。

根据教会的指令，李佳白先到山东烟台学习中文，于是他开始潜心研究中国的“四书五经”，研究中国的“孔孟之道”。孔子的故乡在山东曲阜，离烟台不远，李佳白就去曲阜瞻仰了孔庙。中国的先哲司马迁在瞻仰孔庙后由衷感叹——“高山仰止，景行行止，虽不能至，心向往之”，把孔子崇高的品格比喻为难以攀登的高山，是人们无法达到而必须仰慕的榜样。李佳白瞻仰了孔庙后也讲——登其堂而瞻仰圣容，感到圣人巍然在上。李佳白为了更好地在中国传教而认真学习中国的知识、文化，渐渐地他感悟到，西方世界出了一位圣人耶稣，东方世界也出了一位圣人孔子，并认为耶稣和孔子是“殊途同归”，于是他首先提出了一个“耶稣加孔子”的新概念，即在中国推广基督教，传播耶稣的福音，必须要与中国孔孟之道的“四书五经”结合起来，这样才能达到最佳效果。于是李佳白在潜心攻读中国儒学著作的同时，还与中国人一样，穿中国服装，戴假辫子，“一如华人仪式，行中国礼节”。

尚贤堂学生合影

李佳白的思想和行为遭到派他来中国的美国基督教长老会的反对，他也干脆脱离了美国长老会。1894年，他以独立传教士身份到了北京，而李佳白主动把孔子与耶稣相提并论的行为却得到中国王公贵族和高层官僚的赏识。在北京他结识了李鸿章、翁同龢等人，“从此日出入王公大人及翰林御史之林”，他在北京的工作“游刃有余”。

得到中国上层官僚和知识分子的支持，李佳白的工作顺利多了，1897年，李佳白在北京成立了China International Institute，中文名为“尚贤堂”，这个“尚贤”就是套用《礼记》中讲的：“程攻积德事，尚贤而进达之，不望其报。”大意是：崇尚贤达人士，并把他们推荐给国家而不追求回报，这是一种崇高的公德。李佳白在《拟设尚贤堂章程·序》中讲了创办尚贤堂的过程和目的：

余籍隶美国之纽约省，夙仰中国盛名，神游久矣。……乃决意创立尚贤堂，实事就是，以期培养人才，裨益全局，斟情酌势，妥定章程，务求有利而无弊。特念事属创举，关系重大，未经中朝允准遽行开办，恐不能见信于友人者，或并有疑于中朝。殊非爱戴圣清之本意。乃将所拟之章程，缮写一通，禀呈总署。光绪二十二年八月十四日，蒙王大臣照会美国钦使，内有查该教士所设堂名及所拟章程，均系为民教和睦起见，其意甚善等因。美国钦使复文，有该教士欲办此事之意，不过欲于中国京师及各省有大益；该教士颇有才能，设立此堂，必能实力办理，故想其必能有成等……

而大清总理衙门在1897年2月给李佳白拟创尚贤堂的批文是这样写的：

美国教士李佳白，在本衙门历次所上禀件条陈事宜及拟办尚贤堂章程，均已阅悉。该教士在华多年，洞悉情形，学有本源，心存利济，殊堪嘉尚。除将条陈各件存本衙门备核，俟该教士创办尚贤堂，如果言行相符，见诸实事，有利无弊，届时由本衙门察看，再为酌奖外，著总办章京将原本发还，先行传谕及嘉奖。

李佳白在北京创办尚贤堂的申请得到清政府批准后，他立即回美国筹款，据说，由于得到大清总理衙门和美国驻华公使馆的批文，仅美国摩根财团和卡内基财团就向李佳白提供了15万美元的捐助款。1900年，李佳白携款回到北京。就在此时义和团运动爆发了，他在北京建立的尚贤堂就被义和团毁了，于是他只好来到上海，在两江总督刘坤一、湖广总督张之洞、实业家盛宣怀等的帮助下，购进当时租界外一块约18亩的土地兴建尚贤堂，并于1903年建成。

尚贤堂大部分是绿地，为了显示李佳白对中国文化的兴趣和尊重，他还特地从上海郊区拆下几座已废弃的牌坊，大修后重新安置到尚贤堂里，主建筑则是一幢三层砖木结构的洋房，这是比较典型的美国殖民地建筑，主立面朝南，建筑平面呈凹字形，在凹字形的两端顶层设计有两层瞭望塔，是这一带最高的建筑，在瞭望塔上可以俯瞰上海。尚贤堂是打着“国际学会”名义的一个泛宗教组织，这里没有国别和宗派之争，同时这里既可以讲耶稣，也可以讲孔子，也不会产生中西之争，所以，从它建立后，许多国家的领事馆会借这里举办庆祝活动，许多团体也会借这里集会或开会，中国和各国的军政要人、达官贵爵、社会名流、海上闻人经常进出此地，尚贤堂也成为上海上流社会的社交中心，李佳白也成了“海上闻人”。

不过，好景不长，1919年北京爆发了以“打倒孔家店”为口号的五四运动并波及全国。6月3日，上海又爆发了规模更大的“六三运动”，运动矛头直指以孔子为代表的中国封建文化，而尚贤堂就是上海最大的“孔家店”，李佳白在上海也呆不下去了。于是，他只得将尚贤堂出租给上海商科大学，自己则外出避风头去了。1922年，反孔的风声平息了，李佳白又回到北京，再次在北京创建北京尚贤堂，1926年，出租的上海尚贤堂合同期满，他有计划把北京尚贤堂迁到上海尚贤堂，年事已高的李佳白经不起折腾，在上海逝世了，这件事就此结束了。而此时，尚贤堂的地块已经处于繁华的法租界霞飞路上，李佳白的儿子李约翰(John.G.Reid)就把这块土地卖了，不久，这里分别被建为“南洋医院”和“尚贤坊”里弄住宅，这个“尚贤坊”之名即源于原来此地的“尚贤堂”，即今淮海中路358弄。1949年后，南洋医院则并入位于重庆南路的天主教仁爱医院(Malson Centrale Hospital)，即今卢湾区中心医院。

李约翰将霞飞路的尚贤堂宅基卖出后，他又租博物院路(今虎丘路20号)英国皇家亚洲文会博物院楼内的房间恢复尚贤堂。不过，此后的尚贤堂已日薄西山，名存实亡，并没有太大影响。上海解放后，尚贤堂也消亡了。

五、德国基督教新福音堂

德国的基督教大多属于基督教新教路德宗(Lutheran Church)，创始人即中世纪欧洲宗教改革的倡导者——马丁·路德。

马丁·路德(Martin Luthe，1483~1546)出生于德意志埃斯勒本的一个天主教家庭。1501年入莱比锡大学，先后获文学学士，硕士学位；1507年领受神父之职，次年入维登堡大学，获《圣经》学士学位，1512年获博士学位，成为著名的神父。

当时，在封建制度笼罩下的西欧政治动荡不定，一些民族的王侯贵族和市民对现状表示不满，下层人民的生活更艰难，而教廷和神圣罗马帝国的威信明显下降。马丁·路德希望通过他对《圣经》和教义的重新理解和解释来提高信徒的信心和信义。正当马丁·路德积极宣传他的新见解时，教皇利奥十世以修缮罗马圣彼得教堂的名义，派教廷大员到德意志各地兜售所谓的“赎罪券”以聚敛财富，引起了百姓的不满和反对，由此引发了德意志信徒对罗马教廷的不满。马丁·路德以教皇兜售“赎罪券”是否符合神的意志为题，进行激烈抨击，最终导致宗教的分裂，马丁·路德开创的宗派即被叫作“路德宗”，信徒主要分布在北德意志。

上海虽然没有德国租界，但是早期旅沪侨民中，德侨是仅次于英、美、法三国的最大的侨民群体，德商禅臣洋行(Siemssen & Co)、谦信洋行(China Export—Import & Bank Compagnie)、礼和洋行(Richards & Co)等都是在华颇具规模的商行。1872年，德意志银行(Deutsche Bank)还在上海设立分行，是继英国之后第二个在上海设立银行的国家。尤其到了19世纪末，由于上海已成为中国的纺织业中心，纺织业需要大量的印布颜料，德国又是颜料工业最发达的国家，中德贸易量很大，德国在沪侨民也不断增加。旅沪德侨中的天主教徒一般到法租界的“洋泾浜天主教”做礼拜，而更多的基督教徒就找不到合适的教堂做礼拜，部分教徒只能勉强到英国基督教伦敦会的天安堂做礼拜。

一直到1900年，旅沪德侨集资购进了一块位于虹口黄浦路礼查路(今金山路)口的土地，这块地正好在德国领事馆对面，兴建了一座教堂，德文名为Deutsche Evangelische Kirche，对应的中文应该是“德意志福音堂”；而英文名为Germen Protestant Church，对应的中文名应该是“德国基督教新教教堂”，而上海人一般无法根据外文来识别教派，就叫作“德国教堂”。

据1910年4月5日上海出版的《德文新报》(*Ostasiatischer Lloyd*)中讲：“因为找不到在这里 (指上海)定居的德国籍建筑师，教堂设计施工事宜已委托英国建筑师莫赫德。”当然，这座教堂也成为德国基督教在上海的第一座教堂。福音堂的占地面积约800平方米，正巧位于黄浦路与礼查路的路口，以朝南临黄浦的一面为主立面，底层设计为有多个连续尖拱券支撑的内廊，底层的房间办了所德国侨民子弟学校(Germen School)，二层以上则为礼堂，形成60° 的尖坡顶覆盖在礼堂上；在黄浦路与礼查路转角处则是一座三层钟楼，底层为尖拱券门，二层和三层均设计为落地长窗，三层上面的尖塔使建筑的高度升高了许多。据记录，1907年时，平均每周有87人来做礼拜，而学校的学生可以到对面德国领事馆的花园里活动。

黄浦路德国福音堂(李圣恺提供)

沪西德国福音堂

1914年欧洲爆发了第一次世界大战，战火向世界蔓延，许多非欧洲国家也被拖进了第一次世界大战的战车。1917年中国宣布对德国宣战，根据国际惯例，在华的德国侨民将被作为“敌对国难民”遣送出境，德国在华产业也要被没收，福音堂也被工部局没收。

1918年第一次世界大战以德国战败而告结束，1920年后中德恢复邦交关系，1921年7月，德国领事馆在黄浦路原址重新开馆，来沪的德国侨民也收还了福音堂。上世纪20年代后，随着租界向西扩张，在沪西形成了新的住宅区，许多原来住在虹口一带的侨民陆续向沪西搬迁，于是福音堂也面临抉择——是信徒不辞劳苦到福音堂去，还是福音堂搬到信徒集中的地方去。早在1866年，旅沪德侨就成了一个个叫“德国俱乐部”(The Germen Club或The Club Concordia)，1904年他们就在外滩22号建造俱乐部楼，并于1907年建成。1917年该楼被中国政府没收，后来被建为中国银行大楼。当德国侨民重返上海后，他们希望在

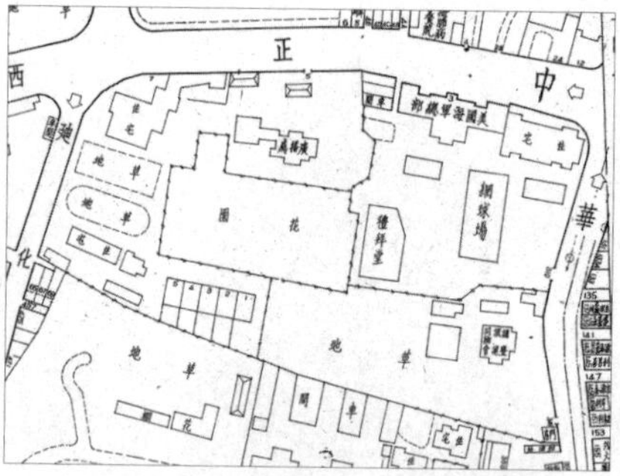

沪西德国礼拜堂地块图

上海再有一个属于他们自己的俱乐部，于是与中国政府协商，索还已被没收的外滩的德国俱乐部产业，但该楼已被银行用于营业大楼，很难或者不可能归还，于是中国政府同意让出一块沪西中国地界上，而且与租界相邻的约50亩土地作为补偿。1928年，德侨就在这块土地上建造了上海德侨活动中心和一所德侨威廉学堂(Germen Community Centre and The Kaiser Wilhelm School)；1931年，又在德侨活动中心土地的中央重新建造福音堂，并于1932年10月建成。

新福音堂由旅沪著名建筑师邬达克设计，主立面朝东向着海格路(华山路)，大门仅一层，设有3扇拱门；南面与门相连的是一个很高的塔楼，塔楼的外立面是通层的水泥方柱，四角的扶壁从底层向上稍有收缩，建筑的主体效果很强，而从远处望去，在视觉上感到塔楼会比实际高度稍高一点，教堂的平面与主立面呈45°，这种不对称也凸显了建筑十分强烈的立体效果。教堂的顶设计为拱顶，二侧山墙则与中国建筑中的“骑马墙”有点相像。而在建筑的取材上也采取就地取材原则，使用中国生产的青砖和红砖，即以红砖间以青砖的墙面，这与已经建成的“中心”的粉墙形成明显的对比和反差。该教堂建成后，业主对邬达克的作品十分满意。

新福音堂正式使用后不久，那幢虹口的福音堂就被拆了，我们可以在历史照片上看到它的样子；新福音堂在“文革”中被拆了，几乎没有留下什么照片，后来我在一位德国人写的《德国建筑艺术在中国》中发现一幢新福音堂的旧照片，据称，邬达克在完成新福音堂后的第二年就为上海西效罗别根路(哈密路)的天主教息焉公墓(Sieh yih Cometery Association)设计了一幕地教堂——息焉堂，这个教堂今在西效公园的动物医院内，可作比较。德国侨民中心的建筑则于1989年被拆除，这里被建为贵都宾馆。

六、中华内地会和官话福音堂

中华内地会(China Inland Mission)全称“基督教中华内地会”，省称“内地会”，是英国基督教传教士创建的跨国籍、超宗派的基督教布道组织，其宗旨和目的是将基督的精神传入中国内地，故称“中华内地会”。传教士从英语系的国家征召，不分国籍，也不分宗派，在中国的总部早期设在上海，后迁至与“内地”相近的武汉，所以，上海并不是“内地会”布道的区域，但是，上海留下了一些“内地会”活动的踪迹。

中国内地会创始人戴德生

戴德生(James Hudson Toylor，1832~1905)出生于英国约克郡的巴因斯力，父亲在当地开了一家药房，还兼任当地一个建筑协会的会长；母亲则是当地一个牧师的女儿。戴德生17岁那年接受洗礼而成了基督教信徒。据说，他在帮助父亲打理药房生意时，偶然从一位牧师那里得到在华的英国伦敦会传教士麦都思写的《中国》这本书，使他对中国产生了好奇和兴趣，决心要去中国。由于《中国》一书中提到中国缺医少药的情况，并提出到中国创办医院是传布福音的最好办法，于是，戴德生开始攻读医学。

1853年，他受英国的中国协会(后改称“中国布道会”)的派遣去中国，经过一段时间的海上漂泊，于1854年3月1日到达上海，他见到了仰慕已久的《中国》一书的作者——麦都思，并在其指导下学习中文和中国历史、文化。英国的基督教中国布道会不从属于任何一个教派组织，所以，戴德生就独自在上海。根据中英《南京条约》及相应的条约规定，外国人可以在已经开放的上海、宁波、福州、厦门、广州居住，但同时又规定，外国人离开居住的城市的最远路程以“一天往返为限”，即如侨民离开上海后必须当日返回上海，否则就被视为违法的行为。而戴德生在1854～1860年的6年中，多次潜入上海附近地区，甚至到离上海更远的地方。经过几年考察，他认为，上海以及其他开放口岸的布道权已经被各国和各宗派的基督教差会控制，自己的英国基督教中国布道会再在这里布道已经比较困难，而对那些既无强大教会背景，又无相当经济实力为后盾的传教士来讲更显得艰难，于是，他决心把方向确定在基督福音尚不能到达的中国内地。

1860年戴德生暂时回到了英国，他到处游说，动员传教士进入中国内地布道，他还在伦敦的一家银行里以“中华内地会”的名义开了一个银行户头，还对外公布了中华内地会的宗旨和组织形式：

一、这个差会是跨宗派的，任何人都可以加入。

二、这个差会是国际性的，任何国家都可以出人出钱。

三、这个差会要求传教士生活、起居、衣着尽量中国化。

四、这个差会的主要目标，不在招收教徒，而是面向中国，以最快的速度传播福音。

五、这个差会的传教士无固定工资，要求刻苦献身。

戴德生建立的中华内地会的布道方向是中国内地，是西方人认为的“异教徒区”或“尚未开化的地区”，这一点十分迎合英国政府和教会向中国内地深入和扩张的计划，同时，深入中国内地传教又吸引了不少喜欢冒险的英国青年的心理。没过多久，戴德生的“中华内地会”账户上增加了许多钱，他的身边也多了许多积极的“志愿者”——1865年，戴德生就携巨款和几十位英国青年到了上海，他决定以上海为基地，将传教士派遣入中国内地。

戴德生到上海后就买进了一块在虹口美租界估计有70庙的土地，这块土地相当于今天吴淞路、塘沽路、乍浦路、昆山路相围的地方，中华内地会的总部就设在这里，在这里建立了“中华内地会医院”(China Inland Mission Hospital)和一座“官话福音堂”(Bible Llnion of China)。这家医院的主要任务并不是收治病人，而是培养医生，加入“内地会”的传教士在这里接受医务训练后再派往内地，这将有利于他们在内地开展工作。同样，官话福音堂也不是教堂，而是一个汉语学校，传教士在这里学习几年汉语以及中国历史、文化、风俗，所以，还建立了一个“传教士公所”(Misssionary Home)，实际上就是传教士宿舍。

从英国和其他国家征募来的传教士们在上海的内地会总部接受一定时间的训练后就被派到中国的各个地方，戴德生是总部负责人，直接负责对传教士的培训，他自己也经常深入内地。1868年8月，戴德生到已经开放的长江沿岸城市——镇江建立传教点，他又利用谈判的空隙擅自闯入并没有开放的扬州城，还在那里租借民房传教。而在此之前，法国天主教传教士金缄三(Joseph Seckinger)已在扬州传教，民间听说金缄三的育婴堂里死了许多弃婴而反对声不断，此时又有戴德生闯入扬州，于是扬州百姓数万人参加了反传教士活动，扬州知府也参与了这一活动。英国驻上海领事麦华陀闻讯后立即调动多艘兵舰驶往南京，并擅自扣留了一艘叫“恬吉”号的中国轮船，还向两江总督曾国藩发出最后通牒。曾

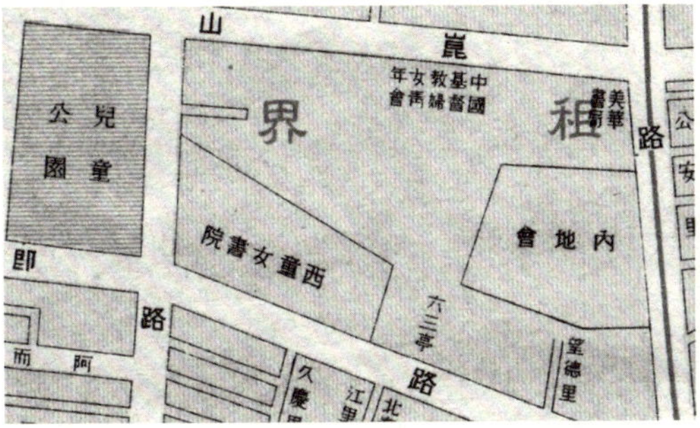

中国基督教女青年会，中国内地会在吴淞路

坐落在虹口吴淞路的中国内地会创办于1865年

国藩为了平息事件，同意了麦华佗所提出的要求，将扬州知府撤职并赔偿教会的损失，这就是中国近代史上的“扬州教案”。但是，曾国藩又通过外交手段向英国政府提出抗议，这也使英国驻华公使感到十分难堪，而伦敦的《泰晤士报》在12月1日发表社论，抨击戴德生与中华内地会的不法行为，还讲，由于传教士的胡作非为几乎导致发生中、英战争，英国上议院也为此事进行讨论，许多议员甚至提出，把那些不受政府管制的“中华内地会”传教士召回接受处分。这样一来，中华内地会在英国人中的信誉骤减，他们能获得的捐款也日益减少，他们在中国的影响和地位也日益下降。

1875年，在中国云南发生了一起所谓的“马嘉理事件”，才使内地会的“复兴”有了一次契机。

马嘉理(Augustus Raymond Margary，？~1875)是英国驻上海领事馆的翻译，1874年8月，他奉命带领6名中国雇员从上海出发，溯长江而上，经湖南、贵州、云南到缅甸接一支由英国和印度政府派出的，由柏郎率领的“中国探险队”。1875年2月，马嘉理一行到达中缅边境，遭到中国边防官兵的阻止，马嘉理立即赶往事发点处理此事，双方发生了冲突，马嘉理遇难，探险队也只得退出中国边境。这本来是一件中国官兵保卫边境，捍卫祖国主权之事，马嘉理属非法闯入禁区，是死有余辜，但英国政府却以此事为导火线，频频向中国施加压力，要求组织中英调查组调查事件发生原因，惩办涉事中国官吏，赔偿一切损失。在英国的压力下，1876年9月13日清廷被迫与英国签订《烟台条约》，条约除了规定惩治“肇事人”，赔偿“被害人”之外，还规定：中国内地及通商口岸凡是与英国人有关的案件，英方都可以指派官员前往“观审”，“倘观审员以为办理未妥，可以逐步细论”；

中国内地会旧址今为上海市儿童医院

条约还另附一个《另议专条》，规定英国可以派人经甘肃、青海，或经四川进入西藏，再转道进入印度等地“探访路程，中国均应发给护照，会驻藏大臣派员照料”，从此，中国除新疆以外的大西南和大西北全部准许英国人进入了。《烟台条约》生效后，英国人取得了可以进入中国内地的权利，中华内地会又开始活跃起来了，于是又有更多的传教士愿意加入戴德生的中华内地会，戴德生的中华内地会立即在上海虹口美租界建造了更多的传教士宿舍和扩大了相应的传教士培训机构。

中华内地会派出的传教士遍布中国的南方，贵州、湖南、青海、甘肃、山西、陕西、四川、湖北等地，基督教公认内地会把耶稣的福音传布到许多教会无法去的地方，而英国政府也从内地会那里获取了中国内地的大量情报，于是戴德生在中华基督教中的地位不断上升，这个不属于任何教派的中华内地会领袖戴德生在1877年出席了在上海举行的全国基督教传教士大会，1890年的全国基督教大会上他又当选为主席。

1900年，中国的北方爆发了义和团运动，内地会在中国内地建的许多教会机构或教堂被毁，于是，许多内地会传教士和神职人员就逃到了上海，上海虹口的传教士公所和官话福音堂成了他们的避难所。直到义和团运动平息后，他们才敢启程离开上海，重赴内地。也许上海离“内地”的距离太远，戴德生就又将中华内地会的总部从上海迁到了武汉。

1865年戴德生在上海创建中华内地会时，上海虹口美租界建立仅十余年，租界的市政建设刚刚起步，租界人口稀少，土地价格也相当低廉，所以他有能力以不多的钱一下子买进近70亩土地。而随着内地会派往中国内地的传教士的人数不断上升，内地会的资金就出现了缺口，而随着上海城市的进步和发展，虹口的地价却不断上升。约1880年，戴德生将内地会西面的一块土地卖给了日本商人，日本商人在这块土地上建造了一个“六三园”，是一家带有花园的综合性旅社，约1892年，日本人又把“六三园”西侧的一块土地卖给了一个叫作“共济会”的基督教团体，他们就在这里造了一所侨民子弟小学——上海西童学校，而它的英文名就叫作Shanghai Masonic School，直译就是“上海共济会学校”，校长就是上海史专家，英文版《上海史》的作者兰宁(G..lanning)，1893年，共济会将学校交给了租界工部局，英文校名也改为The Shanghai Public School。

以后，内地会在虹口的土地分几次转让，其中一块临昆山路的土地被美国基督教监理会买得，在这里兴建了“景林堂”和神职人员住宅——“景林庐”(Young Allen Court)，仅留下一块临吴淞路的土地，1949年后这里长期为昆山中学校舍，现已被建为“金富运大酒店”，地址为吴淞路260号。

而与此同时，在上世纪20年代内地会一面在出让虹口的土地，另一面就购进沪西赫德路(常德路)以东，爱文义路(北京西路)与新闸路之间的大块土地大兴土木，将中华内地会的上海机构迁往那里，其中仍有内地会的医院和官话福音堂。今非昔比，此时的中华内地会已是一个遍布全国的基督教组织，他们的医院已不再是昔日培养医务人员地医院，而是一所传教士疗养院。1959年，该医院的房产由上海房地部门接管后拨给上海市第六人民医院使用，地址在北京西路1400弄内或新闸路1531号，1900年，第六人民医院迁宜山路自建大楼，原内地会的建筑被拆，建为上海市儿童医院。

国际礼拜堂是邬达克的作品

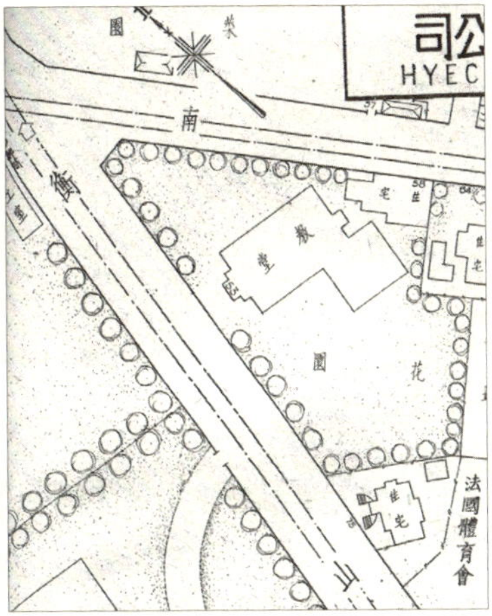

国际礼拜堂地块图

七、不分宗派的美国社交会堂

在西方国家中，基督教会和教堂有明显的国别和宗派之分，一般讲，信徒只会到属于自己国家和自己教派的教堂做礼拜。美国是一个以移民为主的国家，国民来自世界各地，这里，“少数民族”占了国家人口的大部分。虽然，美国的许多城市会形成以某国移民为主的居住区，但仍有许多各国移民杂居的地方，人们不可能为每一个国家、每一种宗派的基督教信徒建一个教堂，于是，美国就出现许多不分国别，不分宗派的基督教堂community church，直译为“地区公共教堂”，早期多汉译为“社交会堂”，又译作“协和堂”。

进入20世纪后，在上海定居的美侨日益增加，据1948年上海市文献委员会编印的《上海人口志略》统计，上海美侨人口数如下表：

年份	1885	1890	1859	1900	1905	1910	1915	1920	1925
人数	274	323	318	562	991	940	1307	2264	1941

虽然美国基督教在上海有多种教派的许多教堂，但是仍有许多美国人找不到合适的教堂做礼拜。约1917年，美国侨民在杜美路(东湖路)租了一幢房子成立了一个唱诗班，1920年9月，就在这里建造了一个简易教堂，英文名Community Chorch，当时通用名称为“美国社交会堂”。1923年，他们又购进贝当路(今衡山路58号)之地重建新堂，新堂于1925年3月8日落成并举行揭幕仪式，教堂的英文名照旧。由于该教堂也接受其他国家的信徒做礼拜，于是中文名也被叫作“国际礼拜堂”，事实上，国际礼拜堂之名远大于旧名美国社交会堂。国际礼拜堂长期为美国侨民为主的基督教堂，1951年起由中国牧师主持堂务，是上海知名度很高的基督教堂，已被公布为上海优秀历史建筑。

八、日本在上海的基督教堂

早在17世纪，日本遭到以荷兰为主的西方国家的入侵，西方的宗教也渗透到了日本。19世纪中期的日本明治维新运动前夕，日本掀起了一股学习荷兰及西方文化为主的运动，称之“兰学运动”，大批官吏及文化使团赴欧美学习考察，日本又邀请西方学者到日本讲课，还有大批留学生赴欧美留学，这样，西方的基督教也加快了在日本的传播。到19世纪末，在日本的基督教组织，按国别和宗派区分，已达数十种之多。

中国与日本一衣带水，互为邻国，从公元四世纪始，日本就派遣“遣隋使”、“遣唐使”到达中国，中日关系和睦。但是自明朝的“倭乱”之后，中日基本处于断交状态。一直到1862年，一艘叫“千岁丸”的日本船驶进上海港，拉开了中日恢复邦交关系到序幕。

1871年7月13日，以日本大藏相伊达宗城，外务大臣柳原前光为正，副团长的日本使团，到上海参加和主持日本驻上海领事馆的升旗仪式，中日正式建交。日本领事馆设在虹口美租界的黄浦江边，也许就是这个原因，大多数日本侨民就追随领事馆居住在虹口，虹口也成为上海日本人居住最集中的地区。

早期来华的日本人大多集中在中国的东北，在上海的日本侨民并不多，据1948年上海市文献委员会编印《上海人口志略》中的统计，上海日侨人口历年变化如下：

年份	1870	1880	1890	1900	1910	1920	1925	1930	1935
人数	7	168	386	736	3361	10215	13804	18478	20242

在1894年中日甲午战争爆发之前，旅沪日侨人数仅几百人而已。甲午战争以中国战败而告结束，清廷被迫与日本签订了《马关条约》，除了规定中国向日本赔偿库平银二亿两之外(当时中国全年税收约一亿两)，条约第四款还规定：

> 日本臣民得在中国通商口岸城邑，任便从事各项工艺制造，又得将各项机器任便装运进口，只交所订进口税。

在甲午战争之前，中国只允许外国在中国的通商口岸进行商业贸易，而不准他们在中国投资开厂，《马关条约》的这项条款就是准许日本人在中国的通商口岸投资办厂。当然，根据“最惠国条约”原则，所有与中国签约的其他国家也同时获得了这一权利。毫无疑问，外国在上海投资量的增加也使上海从一个商业、贸易城市向工业化城市发展。1900年后，上海城市人口以每年增加10万的数量上升，上海的侨民人数，尤其是日侨人数增长最快。

在旅沪日侨中有相当一部分是基督徒，开始，他们没有自己的教堂，部分日本人只能就近到与自己宗派相近的教堂做礼拜，部分侨民则组织起来借用民房做礼拜。直到1911年，日本西差会下辖的日本基督教美以美会派代表到上海，他们购进了日本人居住相对集中的虹口北四川路(今四川北路1447号附近)建立了一个教堂，并附设了一个“日本人会馆”，平时旅沪日侨可以在这里聚会，而到了礼拜天，这里就可以做礼拜，这个建筑没有明显的教堂特征，而且这里是日本人的会所，只对日本人开放，所以，上海人不知道这里是日本基督教美以美会的教堂，只认为是一个日本会所。鲁迅先生的日本朋友内山完造就是一个日本美以美会的信徒，他也是日本基督教青年会在上海的干事。

随着旅沪日本侨民人数不断增长，日本的基督教联合成立了一个叫作“日本基督教委员会”的机构，这是一个基督教联合体，不属于任何宗派，委员会下设的差会负责所有有日本侨民的地区的教务。1920年，这个机构在虹口狄思威路(今溧阳路1040号处)建立了一个“中日公理堂”，除了在日侨中开展教务外，同时也在中国人中吸收信徒，但并无成就。日本战败后被中华基督教接管，改称“灵粮堂”。1949年后，灵粮堂停止宗教活动。

1912年，日本基督教公理会又购进北四川路白保罗路(四川北路新乡路)底的地块建造了一座“中日天理堂”，在1932年的“一•二八”淞沪战争中，日本军队曾以这个教堂作掩护，向驻守在闸北的国民党第十九路军发起进攻，这座教堂也在战争中被毁，如今已找不到任何痕迹。

第九章 中国基督教自立运动

“本色运动”是以在华西方传教士为主，要求在华基督教会摆脱西方教会，推行基督教中华化、本土化的运动，这一运动的结果就是西方教会摒弃了国别差异，让各国同一宗派的教会联合组成新的宗教团体，且该团体名称上冠以“中华”字样，以示在华教会脱离其原来的西方差会，已经实现所谓的“本色化”、“中华化”，如在华长老会成立了“中华长老联合会”，在华圣公会联合成立“中华圣公会联合会”等。当然，“本色运动”之结果在一定程度上使中国的基督教脱离原来西方差会的控制，不过，外国传教士仍把持、控制着教会。

近代以后，进入中国的基督教会凭借特权，在华发展迅猛。基督教在传教的同时，培养了一大批中国的传教士和神职人员。一方面，西方传教士在中国传教过程中，与中国民间和传统礼教的冲突不断，这种“民教冲突”又往往发展成“中西冲突”，爆发教案；另一方面，中国神职人员在接受西方教育后，民族、民主、民权的意识和观念不断提高，他们要求教会摆脱外国势力的控制，积极为中国教会自立奔走，这一运动史称“中华基督教自立运动”(Independence Movement of Protestant Churches in China)。

中华基督教自立的现象可追溯到1870年代，广东的教会成立“粤东广肇华人宣道会”，而其达到“运动”的程度，则在20世纪初开始。

一、基督教自立运动的社会背景

义和团运动虽未波及上海，但由此引发的所谓“民教纠纷”在上海及南方不断出现。义和团运动反映的是中西政治上的冲突，并不完全是宗教上的冲突。但是，对一些民族意识强烈的中国传教士们来讲，这是中华基督教摆脱西方传教士或西方教会操纵、控制的机会，几乎与在华西方教会、传教士忙于“本色运动”时，中国的基督教传教士也提出了“中华基督教自立”的口号。

从19世纪中叶起，美国为了“西部开发”修筑贯通美国中西部的铁路，在中国征募了大量劳工，大量中国沿海居民不断向美国移民。当美国的“西部开发”初告成功后，他们就不希望中国向美国移民。1882年，美国国会即以“保障在美华人之利益”为由，通过了《限制中国工人移入美国》法令，有效期10年；10年后的1893年，已经移民美国的华人正忙于将自己的家人、亲属移民美国，还有更多中国人也积极争取移民美国，而美国国会又准备将已经到期的《限制中国工人移入美国》决议延长20年，此举立即引起在美和准备移民的华人的不满和反对，也引起了清政府的关注。1894年，中美签订《限制来美华工，保护寓美华人条约》，美国政府作出一定让步。首先，该条约有效期从原议的20年改为10年，并适当放宽了赴美限制。

10年后的1904年就是《限制来美华工，保护寓美华人条约》的到期日期，已有更多华人早已作了准备，等待该条约废止时立即移民美国，而美国政府仍决定继续延长条约的有效期，继续阻止华人向美国移民。于是，在美国的华商联合会及其他华人团体联名致电清政府外务部、商务部及大清驻美公使，要求美国废除苛约，清政府也指示驻美公使梁诚与美国商谈废弃或修改条约，均遭到拒绝。此消息传到中国后引起中国人，尤其是沿海人民的不满，所谓“弱国无外交”，人们发现通过外交途径无法解决现实问题时，只能采取自己的方式。于是，就在这一年，中国爆发了以“抵制美货”为内容的“抵制美货运动”，上海就是“抵制美货运动”的中心。不过，多事之秋的20世纪初，中国人面对和应付的事情实在太多了，而且，移民美国只关系到极少数人的利益，这场所谓的“运动”仅“运”了几个月就不“动”了。尽管如此，这次运动在一定程度上影响了美国人在上海的事业和利益，而上海的原美国基督教的中国籍牧师，也趁此机会，推进中华基督教自立运动。

二、俞国桢与中华耶稣教自立会

俞国桢(1852~1932)，浙江鄞县(宁波市)人，字宗周，就读于美国基督教北长老会在杭州创办的育英书院(1910年改组为“之江大学”，英文名均为Hangchow Chirstian College，即今浙江大学前身)。在就读时接受洗礼成了一位忠实的基督徒。毕业后，他被派到宁波的北长老会教堂任执事，约1892晋牧师，先后在宁波、杭州、湖州等地主持堂务。1894年，应万应远博士之邀，俞国桢来上海任虹口北长老会教堂牧师。

上海是基督教势力最强的城市，俞国桢到上海后不久，基督教的“本色运动”以上海为中心发展，这对俞国桢的思想有很大影响，而义和团运动加剧的“民教冲突”，以及1904年上海发生的“抵制美货运动”在相当程度上影响和阻碍了在华美国基督教会的传教和势力的发展。也就在“抵制美货运动”平息后的次年，俞国桢就联络了以原美国基督教会为主的牧师召开会议，讨论了带有美国背景的基督教会如何摆脱当前的困境，解决当前教会面临“忧教案之烈，悲外患之日极”的困难，决定成立“中华耶稣教自立会”。1910

年，俞国桢又联合已经声明“自立”的教堂成立“中国基督教自立总会”(The National Free Church of China)。

俞国桢在1906年组织建立中国耶稣教自立会会议上主张：“有志信徒，图谋自立、自养、自然，……绝对不受西方教会管辖。”所谓“自立”就是“独立”，即independence。但是，1910年“中国基督教自立总会”正式成立时，英文名称并不使用independence，而是使用了free(自由)，看来，这位有深厚美国背景的俞国桢牧师根本难以和无法摆脱来自美国北长老会的影响和支持，只是在“抵制美货运动”之后，美国人在上海和中国的形象发生变化之后采取了一种补救措施，但毫无疑问，不论是independence还是free，基督教自立运动为以后中国基督教走向自治、自养、自传开辟了道路。

当上海基督教自立运动发展的同时，全国各地的基督教自立运动也在发展。1920年7月，各地自主教堂代表在上海召开第一次自立会的第一次代表大会，宣布成立“中国耶稣教自立会全国总会，俞国桢当选为总会长(后又为终身会长)，并制定和公布了该会章程。该章程第四条中规定：“信徒不分宗派，凡受圣餐人数满15人以上，即可成为分、支会。”于是，各地联合信徒十几人，经上报经总会批准就成了一个分会或支会，显然，从组织制度和体系来讲，“自主会全国总会”是松散的。下限定于民国十七年(1928)的《民国上海县志·卷八·宗教》附有“上海基督教会堂表”，其中属“自立会”的教堂如下表：

上海基督教自立会教堂分布表

名称	宗派	创办人	创办年	地点	建筑与事业
长老会堂	北长老会	范约翰俞国桢	1891年	闸北宝通路	1915年重建新堂
基督教会	自理会	高凤池等	1901年	闸北恒业路	赁屋，设分会三处
真神堂	北浸会	逢路	1903年	邬卓然	赁屋，并附设小学
地方第一自立会	中国耶稣教自立会	宝山路义品里	1907年	俞国桢、黄乃裳	赁屋，办理小学
基督自理会	基督会	美租界正平街	1908年	金定沛	
基督自理会	基督会	提篮桥	1908年	李赖生	赁屋，办理小学
禧年堂	福音会	美界兆丰路	1908年	周世光	建礼堂，住宅及市房
信道会堂	使徒信心会	宝山路	1909年	盛永保	1916年建礼堂，附设女校

基督自理会	基督会	静安寺	1910年	彭约翰•金定沛	
苦力福音会	自理会	闸北新民路	1914年	英国马达生	建礼堂，附设小学
旅沪广东富吉堂	中华基督教会	北四川路横浜桥	1915年	黄其馨、邝富灼	1917年建礼堂，办郇光女校
粹德堂	自理会	龙华丰林桥	1916年	夏鲍氏	建堂
沪东浸会	浸信会	杨树浦	1916年	董景安	建堂、住宅及沪江大学房属共计四百间
苦力福音会	自理会	嘉兴路	1917年	英国马达生	附设小学及留养所
闽人三一堂	自理会	博物馆路	1917年	林幼诚等	
布道会堂	自理会	沪北天同路	1918年	吴锡庚、黄兆麟	
伯特利教堂	自理会	沪南制造局	1918年	石美玉女士等	自建礼堂、医院、住宅，附设看护女校
自立祈祷会	中国耶稣教自立会	塘山路	1919年	陈宝珊方路得女士	赁屋，附设学校
神恩堂	自理会	沪北虹镇	1920年	吴锡庚、黄兆麟	建堂，附设小学
自立教堂	自理会	浦东花园	1920年	张经余田	
沪北浸会堂	北浸会	闸北宝山路	1921年	委员会	1925自建堂
自立布道堂	中国耶稣教自立会	嘉兴路	1921年	朱保罗、丁义成	赁屋，并办校
全备福音堂	使徒信心会	闸北中兴路	1921年	美国杜伯云	
浙瓯旅沪自立堂	中国耶稣自立会	小南门外	1922年	陈宝麒、陈鹤鸣	
基督自理会	基督会	沪西刘家宅	1922年	王福林	
耶稣教堂	使徒信心会	蓬莱路	1922年	陈敖鱼	
使徒工作会	自理会	太阳庙后	1922年	俞富卿	
旅沪岭东教堂	中华基督教会	川公路	1923年	林章荣、杨益惠	赁屋，附议义校
江淮旅沪自立堂	中华耶稣教自立会	闸北张家港北	1923年	智培英、宋昆山	赁屋，附设妇女教养所

中国基督教自立运动的口号和方向是基督教在中国的自立、自养、自传，而在实际或

具体操作中就面临许多问题。首先，大多数加入“自立”的教堂和传教士本来就存在国别和教派背景，俞国桢本人就是美国基督教北长老会的牧师，同样，在自立会中有影响的人物，如鲍咸昌、夏粹芳、高凤池等商务印书馆的创始人也均有美国基督教北长老会背景，无形之中，“自立”就成了北长老会扩大势力的活动。

第十章 基督教青年会

基督教青年会(Young Men's Christian Association. 简称YMCA)是以通过团体活动和公民训练发扬基督教高尚品德为宗旨的跨教派的国际性组织。1844年，英国的青年商人威廉斯(George Williams)发现，在外经商或谋业的青年生活单调，精神空虚，于是他联合了一批青年在伦敦建立了一个青年人俱乐部，俱乐部除了组织青年开展正当的有利于健康的活动外，还主张以基督教的精神提高青年的灵性修养。这样的组织很快在英伦三岛发展起来。约1851年，青年会被介绍到美国。由于这种组织更适合美国社会，于是它也从以宗教活动为主发展到包括文化、教育、体育、娱乐等多样化的活动，并以《圣经》"非以役人，乃役于人"训词作为会训。1855年，欧美各国的青年会在巴黎举行第一次国际会议，会议决议成立"基督教青年会世界协会"(World Alliance of the YMCA)，这样，"基督教青年会"作为跨宗派、国际性的基督教青年组织就被确定下来。1878年，该会正式在瑞士日内瓦设立办事机构；1889年，美国和加拿大的青年会联合成立"基督教青年会北美协会"(International Committee of the YMCA)，这个协会得到美国政府和财团的支持和资助，向欠发达国家推广青年工作，对中国的基督教青年会的产生和发展有很大影响。

基督教女青年会(Young Women's Christian Association , 简称YWCA)与基督教青年会是互不相属的两个组织。

一、上海西侨青年会

基督教青年会世界协会是一个国际性的组织，各国或各地区的青年会一般冠以国别或地区名称，如"澳大利亚基督教青年协会"，"基督教青年北美协会"等，近代以后，随着上海开埠和租界的建立，在上海的西侨青年人数日益增多，约1876年，旅沪西侨就组织成立了一个基督教青年会，因为成员来自世界各国，难以用国别和地区区分，于是被叫作Foreign YMCA，上海人称之"西侨青年会"或"上海西侨青年会"。

上海西侨青年会的早期活动记载不详，难以作比较全面的叙述。1909年，西侨青年会在北四川路底建造了自己的独立会所，会所里有一游泳池，泳池长60英尺，宽20英尺，最深处7英尺，最浅2.5英尺。游泳池在西侨青年会会所内，只向西侨开放，拒绝华人入内，此事引起了上海基督教青年的不满，他们指出：青年会本来就是跨宗派、超国别的基督教青年的组织，其会训是"非以役人，乃役于人"，是为所有青年服务的基督教青年组织，

万国商团在跑马厅操练，背景为建造中的西侨青年会

西侨青年会的游泳池不对中国的基督教青年开放，有悖于青年会宗旨。于是两年之后，即1911年，西侨青年会游泳池开始对上海基督教青年开放，还为上海的游泳运动员提供训练场所。虽然在此之前的1892年，上海侨民的“游泳总会”(Shanghai Amateur Swimming Association)已经在跑马厅(今人民广场)中央的空地上建造了一个泳池，1905年上海划船总会(Shanghai Rowing club)也在苏州河边的俱乐部里造了一个室内泳池(即1949年后的黄浦游泳池)，但这两个游泳池都是“俱乐部”泳池，只对会员开放，于是，北四川路底的西侨青年会游泳池被公认为上海出现的第一家公共游泳池。

青年会游泳池原是为上海西侨青年设计，建造年代又较早，当它作为公共游泳池对社会开放后，原来的设施就难以符合对公共开放的要求，尤其是卫生指标均不达标，1931年被工部局下令关闭，须改造后才能对外开放。实际上，此时西侨青年会的大楼已在建造中，大楼内有更精良的体育运动场馆和设备，当然也有室内泳池，于是西侨青年会顺水推舟，把这个游泳池以56100两的价格卖给了相邻的日本海军陆战队，成为日本海军陆战队

二十世纪三十年代金门大饭店和西侨青年会

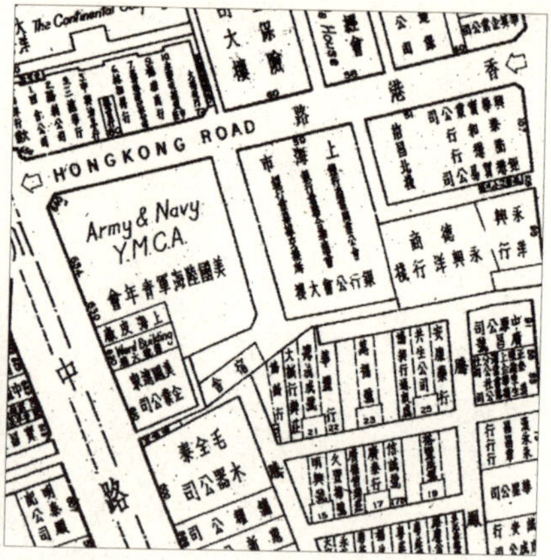

四川路美国海军青年会地块图

游泳池，简称“海陆游泳池”。1945年日本战败后，该游泳池归国民党海军而被叫作“海军游泳池”；1949年后，游泳池及附近一带建筑归中国人民海军414医院，游泳池仍对社会开放。1991年414医院扩建，游泳池也被拆了。

1914年，西侨青年会还在虹口租界外的地方建造了一个运动场。这次他们吸收了游泳池的教训，体育场除了为西侨提供运动场地外，还为附近的学校提供上体育课或举行学校运动会的场地。1937年“八一三”淞沪战争后上海沦陷，这个体育场也荒废了，1949年后一度被建为“红旗中学”，原址在今虹口区四达路一带。

1920年代是上海经济发展较快的年代，上海的城市面积迅速扩大，城市建设加快，城市人口迅速增长，其中外侨人数已经超过二万人，在沪的美国人费吃、洛克菲勒、克瑞、达莱等人得到基督教北美协会的资助，倡议重建西侨青年会会所，1928年，西侨青年会大楼在静安寺路(今南京西路150号)破土动工，一直到1932年建成开幕。大楼由上海哈沙德洋行的教会建筑师安铎生设计，建筑占地面积2110平方米，高10层，大楼外观参照了美国芝加哥的瑞莱斯大厦，是一幢典型的美国近现代主义风格建筑。从空中俯视，建筑呈马蹄形；建筑的主立面朝南临静安寺路，横向可以清晰感到分为三个层面，底层作为一个层次，采用深棕色墙砖作凹凸处理，二层和三层则为另一个层面，使用通层科林斯柱作支撑的连环穹形长窗，外墙配以浅黄色和深棕色的墙砖，拼出菱形的格子花纹，四层及以上则是另一个层次，采用凹凸条装饰手法。从某种意义上来讲，该建筑的第一和第二个层面的建筑构件上保留了许多古典主义的特征，外墙处理上更具装饰派艺术的特有的魅力，也许，它还可以被称之装饰派艺术在上海最具个性的建筑。

大楼底层后部是一个室内泳池，二楼和三楼则设计为多用途的体育设施，设计有排球、篮球、弹子房、健身房等，而四层以上则是旅馆和办公用房。这里也成为上海最好的室内体育运动场所。西侨青年会是一个以侨民为主的基督教青年组织，该会的会员不论国籍、种族和信仰，凡品行端正，年龄在11岁以上者均可加入，所以，中国的运动队也经常在这里举行各种排球、篮球联赛。

1941年太平洋战争爆发后，西侨青年会大楼被日军接管，改为东亚体育馆，抗战胜利后，西侨青年会收还了产权。1957年，该大楼改为上海市体育俱乐部对外开放。

除了西侨青年会外，上海还有一些其他国家或行当的外国人基督教青年会。第一次世界大战以后，美国是远离欧洲主战场的参战国，这使美国有机会成为世界的军事大国，美国的海军的军舰也驶进了上海黄浦江。在20世纪初，除了泊在江上的美国军舰外，美国海军在上海岸上也有几个会所，其中一个是设在北京路2号的海军事务所，还有一个则是在培开尔路53号(今惠民路临潼路一带)的“海军下士卒集合所”，这是一个美国海军下士和士兵的活动场所。已经渗透到美国海军的基督教青年会也在美国驻上海的海军中开展工作，而上海的西侨基督教青年会也注意到了这一情况，于是他们向“北美协会”申请资金，在驻上海的美国海军中开展工作，而此事也引起了美国海军部的关注。约1925年，美国政府拨款在四川路(今四川中路630~640号)兴建大楼，并在上海正式成立“美国海军基督教青年会”(Navy YMCA 或Army& Navy YMCA)，机关就设在此大楼里，于是该楼就被叫作“海军青年会大楼”，简称“海青大楼”。大楼为6层钢骨水泥建筑，因为是为青年会建造和使用的建筑，里面设有室内泳池、球场等运动设施。1959年后作为上海市青年宫四川路分馆。

英国驻上海的军队的营地在大西路(今延安西路601号)，这里也有一个“驻军青年会”(British Forces YMCA)，它则是英国基督教青年会国际部的一个分支机构(Affiliated to English National Council of YMCA)。1932年“一·二八”战争爆发，中国的第十九路军坚决对日军进行反击，英、美、法等国为了保护他们的侨民，决定向上海派兵，而南京国民政府也希望借助外国力量阻止日本的侵略行为，同意这些国家增加在上海的驻军。英国驻军(British Defence Force)的一个营地就设在沪西大西路63号(今延安西路601号)，于是，英国驻军青年会也设在这里。

这幢建筑很有特色，它就是一个英国的兵营(regiment)建筑，建筑为混凝土结构，西侧呈三层筒状，每层开很小的窗，与欧洲的城堡很像，顶层故意设计为battlement(雉堞墙)，外墙用斩毛的石块作贴面，许多不知情的人误以为这是战争中使用的碉堡；建筑的主立面朝南，面临操场，共二层，均设计为用古典柱支撑的宽敞的内廊，士官站在内廊上可以看到操场上士兵的训练。1947年，真如中学的创始人，时任中央银行总裁的张嘉璈将原设在真如镇的真如中学迁入此地，1954年，真如中学改称延安中学，是上海市重点中学。

上海还有一个日本基督教青年会(Japanese YMCA)，鲁迅先生的朋友，日本“内山书店”的老板内山完造就是日本青年会的干事，他初来上海时也兜售基督教书刊和宣传品。地址在老靶子路206号，这幢建筑在前几年延长乍浦路时被拆了。

二、上海基督教青年会

1876年上海基督教西侨青年会的建立，为基督教青年会在上海的工作和进展起了一定作用，但是该会的会名就表明是foreign，也就是“侨民”的团体，所以只有很少中国青年加入此会，或参加该会组织的活动。基督教青年会是世界性的组织，而到了近代以后，中国的许多开放城市中已出现了许多基督教教会学校或由传教士参与创办的学校，基督教青年会也势必会影响和渗透到这些学校中。到1885年时，全国的不少学校，如福州的英华书院、北京通州的潞河书院、杭州的育英书院、上海的圣约翰书院等已经出现了仿西方基督教青年会制度建立的学校基督教青年会，但是，大家各自为政，彼此没有联系。这一情况首先引起了世界基督教青年协会北美协会的注意，他们意识到这是“北美协会”向中国渗透的良机，于是他们即派出一位叫华石(luther D.Wishard)的干事到中国，调查中国的基督教青年会的动态、情况以及“北美协会”帮助中国筹建“中华基督教青年会”的可能性。华石在中国待了4年，考察了上海、杭州、福州等城市，并向他的总部提交了一份详尽报告——总之，他认为“北美协会”应该立即派人到中国，帮助中国建立基督教青年会。

1895年，“北美协会”派遣会来理博士(Dr.Willord lyon)到中国，他到中国后得出了另一

八仙桥基督教青年会。建筑外观有明显的中国化倾向

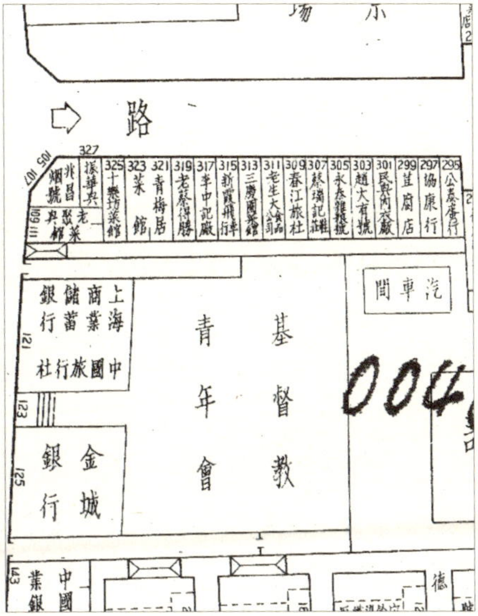

西藏路青年会地块图

个结论，他认为天津的基督教青年会已经有了一定基础，而天津又是北方的一个大城市，与中国的京畿——北京很近，计划先在天津建立青年会，再以天津为基地，建立中华全国的基督教青年会组织。不过，会来理博士在天津的工作并不顺利，有人讽刺他——“讲得比做的好”。

三年后，即1898年“北美协会”又派出一位叫路义思(R.E.lewis)的干事到中国，他选择了上海。他首先找到了美国基督教监理会信徒，并在中西书院执教的曹雪赓作助手，然后又找到有美国教会背景、并在上海有一定影响的人物，如宋嘉树是美国监理会派遣的传教士，颜惠庆是上海圣约翰书院的毕业生，也是该校创建人之一颜永京的儿子，并通过他们联系到上海教会学校的教师和学生。1900年1月6日，上海各校的代表假博物院路(今虎丘路20号)的亚洲文会召开大会，正式成立“上海基督教青年会”，为区别已经成立的Foreign YMCA (上海西侨青年会)，该会的英文名为Chinese YMCA，致使后人根据英文名将其误译为“中华基督教青年会”。大会推举黄佐庭、颜惠庆为正副会长，曹雪赓为首任华人总干事。当时还没制定出青年会的章程，只有约法三章——即不吸烟(指鸦片烟)、不赌博、不酗酒(后来又增加no sing-song-girl，即不嫖妓)。当时上海已经有与基督教背景有关的学校十几所，在读学生几千人，愿意入会的青年十分踊跃。

上海基督教青年会初创时没有属于自己的固定会所，最初只是租借北四川路美贤里(旧址在1923年被拆，建为邮政大楼)的民宅办公，并在这里建立简易的阅览室和收留暂无居所的青年的寄宿舍。不久，得到上海英籍犹太巨商哈同(Silas Aaron Hardoon)的帮助，将位于南京路附近的民宅无偿提供给上海基督教青年会使用。

1930年路义思回美国休假，当然他还带着其他任务，一是向“北美协会”汇报工作，二是到美国筹款，发展上海基督教青年会的事业。据说，他在美国到处演讲，确实也募集到不少资金。为了申请美国政府退还的“庚款”，他与美国陆军部长塔夫脱(William Howard)取得了联系。塔夫脱在年轻时也是“北美协会”的干事，是基督教青年会工作的积极推进者，他接见了路义思并同意给上海基督教青年会以支持，但是有一个先决条件，“庚款”是清廷扶植、支持义和团排外反洋所造成的损失的赔款，包括美国在内的“八国联军”有许多阵亡将士，所以，新建的上海基督教青年会大楼里必须建立一个“殉道堂”，把在镇压义和团中阵亡的中西基督教青年的名字刻在铜牌上，挂在“殉道堂”内。而事实上，当时上海的基督教青年本来就对清廷扶植的义和团持敌视心理，也理所当然地接受了这个条件，并从塔夫脱处获得了一笔巨款。

上海基督教青年会也得到上海商界和实业界的支持。朱葆三(1848~1926)，名佩珍，以字行。浙江定海(今舟山)人，1858年来上海，在上海协记五金店学徒，后来自开新裕五金号，成为上海五金业巨擘和商界，实业界领袖，创办和参与创办有上海华安水火保险公司，华商电车公司，上海内地自来水公司，华商水泥公司等，任中国通商银行总董，上海城厢内外总工程局总董(相当于上海华界的市长)、上海救火联合会会长等职。并积极投身慈善事业，创办上海时疫医院(今曙光医院前身)，他认为上海基督教青年会积极引导青年进步，有利于城市安定与进步，即愿意捐出一块位于闹市中心香港路与北京路之间的一块5亩的土地，用于建造上海基督教青年会大楼。有了土地和钱，上海基督教青年会大楼立即破土兴建。

大楼委托英商爱尔德公司(Algar & Beesley)设计，该公司长期行址在香港路60号，香港路60号大楼旧名Algar Builoling，即“爱尔德大楼”，即以该公司名义设计。爱尔德

(Albert Edmund Algar)是加拿大籍建筑师，主持设计的青年会大楼为四层砖木结构西洋建筑；楼共两幢，东楼临四川路(今四川中路595~607号)，建筑面积3870平方米，主要为青年会的办公用房，西楼建筑面积4605平方米，主要用于青年会的活动房。上海基督教青年会总结了中国青年的特点后，把青年会的工作方式向确定为——德、知、体、群四个方面，德即崇尚基督教精神，知为培养有知识的人才，体为在青年中组织和开展体育活动，群就是培养有志青年深入民众中开展扫盲，授课等活动，所以，活动楼内设有教室、室内运动房等。解放后，该楼归浦光中学使用。

四川路基督教青年会大楼于1907年落成，10月8日(农历九月初二)，美国陆军部长塔夫脱乘船抵达上海，主持大楼落成典礼，两江总督瑞方、江苏巡抚张曾敭派代表到场致辞；塔夫脱发表《青年会宗旨及利益》的演讲，表示对建设中的中国寄予同情和希望。晚上，上海各界在沪西愚园(旧址在沪西愚园路东端，愚园路即以该花园得名)举行隆重欢迎仪式，上海名流，中国红十字会的创始人沈敦和(仲礼)代表上海绅商赠银杯一只，上镌：“光

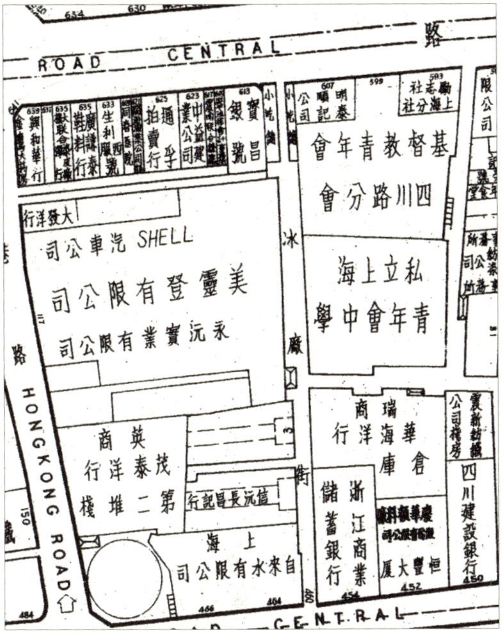

四川路基督教青年会地块图

四川路基督教青年会

绪三十三年九月初二日大美国兵部塔夫脱尚书莅华，寓沪绅商雅集愚园以礼欢迎，谨制银觥，永志纪念。”第二天，塔夫脱乘船离开上海去香港。

1909年，塔夫脱出任美国第27届总统，他也给中国的基督教青年会事业以更多的关心。1910年10月20日，塔夫脱在白宫召开了一次专门讨论亚洲和中国的基督教青年会的特别会议，他在会上发言：

> 通过我们的国务院，我们可以对其他国家在道德等方面的进步表示同情和关心；不过，国务院在这方面的工作要受限制，而且会受到严格的限制。但没有人会认为我们到中国去建立基督教青年会是抱着任何占领他们土地或干涉它们国家内政的野心的，我们可以通过提拔青年会的会员能在他们本国的政府内占有重要的位置，通过他们这些人，我们就能够使这些落后国家最终接受我们的文明和道德标准。

从塔夫脱的这段讲话中可以看出，美国政府已经认识到，通过军事手段或政治方式去影响和改变第三国的社会或政治制度，显然存在着许多困难，甚至会引发不必要的外交或军事冲突，而派人到中国扶植基督教青年会，争取把青年会骨干和人才送入中国的政府部门，同样可以达到效果。塔夫脱接着讲：

> 我们一方面要发展贸易，另一方面我们应负起更大的责任，那就是派遣基督教青年会和传教团的工作人员到那些国家去宣传美国的道德和文明。

在美国总统的号召下，美国的金融界和实业界慷慨解囊，而得到巨额资助和政府支持的基督教青年会北美协会则增派了更多得力干将们奔赴亚洲，奔赴中国，奔赴上海。

上海基督教青年会的事业发展很快，原来的会所又不敷使用了，20年代时，他们又得到“北美协会”转来的一大笔款子，购进了一块在法租界“八仙桥”的地块，在这里兴建“八仙桥”青年会大楼。

八仙桥青年会大楼于1929年破土动工，1931年建成。由担任上海建筑学会会长的范文照“范文照建筑事务所”设计，汪裕记营造厂承建。大楼为10层钢筋水泥结构，占地面积2211平方米，建筑面积20960平方米，是一幢杰出的中西混合式的大型建筑。建筑平面呈“凹”字形，主立面朝西临敏体尼荫路(今西藏南路123号)，一到三层设计为立面的一个层次，以人造石贴面，形式简洁明快，用花岗岩做的通层的正大门框才显得有些张扬，三层的檐线明显特出，以中国古器物中最传统和常见的“雷云纹”作图案；四层至八层为另一个层次，以棕色的高岭土机制墙砖作贴面，用白水泥勾缝，在八层至九层的檐线上设计为中国建筑最常见的重檐，以蓝色的琉璃瓦铺顶，这个形制与北京前门的箭楼很相似。同样，建筑的内装修也充分体现了中西合璧的艺术风格，如扶梯、大厅、走廊、藻井式的艺术气氛和魅力——上海基督教是地道的Chinese YMCA，但它为中国社会的道德和文明标准向西方靠近发挥了很大的作用。

三、上海基督教青年会的体育事业

综合各方面的资料，美国的基督教会是在上海创办学校最早和最多的，20世纪初，美国政府最先提出将“庚子赔款”的本息用于发展中国的教育文化事业，毫无疑问，在上海的美国教会或学校从“庚款”中获得了巨额补助，当然，在任的美国总统塔夫脱也积极支持“北美协会”帮助中国发展基督教青年会事业，这也使上海基督教青年会的事业进展得很顺利。

上海的圣约翰书院、英华书院和苏州的东吴大学都是美国的教会大学，盛宣怀在上海创办的南洋公学(今上海交通大学的前身)与美国也有极密切的关系，该校的第一任校监(即校长)福开森博士(John Calvin Ferguson , 1866~1945)也是美国传教士。“北美协会”支持和扶植的上海基督教青年会首先在有美国背景的学校建立学校青年会，1904年，又通过学校青年会组织上述各校的“中华大学联合体育会”以后，又有南京的金陵大学，杭州的之江大学，上海的沪江大学加入，改称“华东八大学体育联合会”，成为中国最早的校际体育团体，并定期举办校际运动会，为促进上海的体育运动事业起了很大作用。

1910年，“北美协会”派遣来上海的青年会干事爱克斯纳(D.T.Max Exner)通过上海基督教青年会向全国城市青年会和设有青年会的学校发出邀请和通知，准备举办“全国学校区分队运动会”(又称“全国学界运动会”)，并于10月18日至22日在南京劝业会操场正式成功

沈嗣良是圣约翰大学第一任华人校长，这是他和学生在校长楼前合影

举办。1914年中国正式独立举办全国运动会时，1910年南京举办的“全国学界运动会”被追认为“中国第一届全国运动会”，毫无疑问，这是基督教青年会的功绩。

20世纪后，上海已经成为全国的政治、经济、文化中心，是全国最大的城市，上海也有以跑马厅中心草坪建造的运动场和用虹口花园空地建的运动场，但是，这都是上海侨民俱乐部的产业，必须出钱租用，而且还得主人同意，这对上海基督教青年会努力开展活动带来很大的不便和困难。约1911年，在“北美协会”的帮助下，美国洛克菲勒财团愿意出资在上海购地建造一个运动场，并无偿提供给上海基督教青年会使用。最后，由上海基督教青年会体育部主任万雷(J.H.Gray)落实了此事，购进相当于今建国东路、黄陂南路、合肥路、淡水路相围的137亩土地兴建了一个体育场——中华运动场，大门开在建国东路上，而建国东路旧名康悌路，也被叫作“康悌路运动场”，运动场内建有一个设有两万人看台的足球场，以及田径场、网球场、篮球房、棒球场等，于是上海青年会有了自己的运动场，许多体育赛事就在这里举行。

早在1910年在南京举行“全国学界运动会”时，为了使运动会能继续举行，大会设立了一个董事会和评议会，美国耶鲁大学毕业生，上海基督教青年会干事王正廷(儒堂，1917年任广州护法军政府外交总长、财政总长；1927年任南京国民政府外交部部长，1936年任中国驻美大使)任名誉会长，张伯苓(名寿春，天津人，1948年任南京政府考试院院长)任董事长，1924年5月在武汉举行第三届全国运动会期间，华北、华东、华中、华南、华西五个地区性体育组织代表发出成立组织全国性体育组织的倡议；同年8月，由正在南京举行的“中华教育改进社”年会的各地体育联合会代表集会，正式宣布成立“中华全国体育协进会”(Chian National Amateur Athletie Federation)，总部设在上海，上海基督教青年会总干事沈嗣良当选为会长。

沈嗣良(1896~1967)，浙江鄞县人，1919年毕业于上海圣约翰大学，留校任体育部主任，旋赴美国留学，在斯普林菲尔德学院(旧译春田大学)和哥伦比亚大学体育系，获哥伦比亚大学教育管理硕士学位。回国后任圣约翰大学副校长兼教务主任，1939年，卜舫济辞去校长之职后，沈嗣良任校长。

中华全国体育协进会的总部就设在上海的中华运动场里。不过，在操作过程中却发生了许多问题，中华运动场的土地位于闹市，地价涨得飞快，而当时洛克菲勒财团购地建运动场是无偿提供给上海基督教青年会使用的，而如今，青年会的体育组织已经联合改建为“中华全国体育协进会”，洛克菲勒财团有权拒绝继续提供场地。后来由上海基督教青年会总干事联络“北美协会”与洛克菲勒财团驻上海代表协商，财团同意将运动场出租给“协进会”，有效期至1930年。而“协进会”也得到“申报”老板史良才和经理张竹平的资助，他也是上海基督教青年会的干事，才租用了中华运动场，1930年期满后，中华全国体育协进会又搬迁到延平路的一个旧的靶子场里。

1931年，中华全国体育协进会被国际奥林匹克运动委员会承认为中国国家奥委会，1936年率团参加德国柏林奥运会，1948年在北京召开理事会，宣布改组为中华全国体育总会(筹委会)，即中华人民共和国奥林匹克委员会的前身。

四、上海基督教青年会的社会文化活动

基督教青年会的事业可以归纳为德、智、体、群等几个大的方面。德育事业主要包括他们设立的宗教教育社、德育演讲会、音乐研究会等机构或社团，开展学术研究，发扬基督教精神；智育事业就是建立图书馆，创办学校。上海已经有许多学校，而上海基督教青年会已经争取在各学校设立青年会，于是作为上海的青年会总部，就针对城市的特点开展业余教育，设立“灯晚课馆”(即夜校)和“白昼课馆”(即日校)，1912年后改称“青年会中学”。1917年中华职业教育社在上海成立，基督教青年会总干事王正廷与黄炎培同为最主要的创始人，只是以后由于多种原因，我们不去提王正廷这个名字而已。所以，上海基督教青年会下设多处称之为School Principle (职业学校)和industrial work的机构；而“群”是

一个更宽泛的概念，其中包括培养知识青年适应群体活动，组织和领导群众的能力，养成深入群众，为广大民众服务和献身的精神，用现在的语言来讲，就是倡导知识青年成为一个愿意为社会事业服务的“志愿者”。

沪江大学是一所美国基督教浸礼会创办的教会大学，也是基督教青年会活动较活跃的学校。该校在沪东杨树浦底，而杨树浦地区是上海主要的工业区，估计有50%以上的工厂(以工人数计算)集中在这了。1917年，沪江大学青年会在杨树浦路84号(旧址在今杨树浦路兰州路东，今已不存)建立了一个叫“沪东公社”的机构，一方面组织学校在校学生到工厂里与工人同吃、同住、同生活，了解工人生活，调查社会现状，同时在工厂里创建夜校，成立形式多样的文化补习班，学生直接向工人上课，也经常组织一些社会募捐活动，给穷苦的工人以生活上的帮助。当时沪江大学的四周还是农村，于是学校青年会还成立一个叫“乡村改进所”的组织，要求青年学生深入农村，深入农民家庭中，学生们则利用自己的特长，在农村建立“识字班”或各种工艺补习班，使农民们学习和掌握文化知识和手工艺技术，改进农民的生活概念，改善他们的生活条件。毫无疑问，青年会为近代教育中理论与实践相结合提供了经验，走出了一条新路子。

而在沪西，上海基督教也在公共租界劳勃生路(今长寿路249号)建立“沪西公社”，在沪西工人集中的地段设立各种识字班，组织工人开展各种歌咏活动。

刘良模(1909~1988)，浙江镇海人。1932年毕业于沪江大学社会学系，后在上海基督教青年会任干事，负责青年会的歌咏会。“九一八”事变后，他教唱的歌曲大多是进步和爱国歌曲，如他自己作词谱曲的《救中国》，聂耳谱曲的《大路歌》、《开路先锋》、《毕业歌》，任光谱曲的《打回老家去》等。1935年《义勇军进行曲》创作出来后，也是从四川路青年会传唱开来的。青年会的歌咏会不收费，而且还组织起来进行歌咏比赛，吸引了很多青年参加，而许多音乐家如冼星海、吕骥等也经常到这里举办各种普及音乐的讲座，使上海的民众音乐活动开展得生气勃勃。1936年6月7日，上海基督教青年会在南市举办上海青年民众歌咏会第三届会唱，参加会唱的就有六七百人，其中有工人、学生、商人、士兵，到会的民众超过五千人，所咏唱的都是抗日救亡歌曲，每一支歌咏队歌唱的歌曲结束，全场即报以热烈的掌声，在群情激昂之下，刘良模干脆进入场地，指挥全体人员大合唱，嘹亮的歌声随空飘荡，以致引来警察前来干涉。

五、中华基督教女青年会全国协会

这里先作一个简短的说明，上海基督教青年会的英文名称为Chinese YMCA，它是为区别上海西侨青年会的英文名Foreign YMCA 而取的英文名，Foreign 即侨民的意思，而Chinese即“中国人的”；上海基督教青年会的英文中并没有“Shanghai”字样，使后来的一些学者常把Chinese YMCA 误作为“中华基督教青年会”。

中华基督教青年会的全称是“中华基督教青年会全国协会”，它的英文名为YMCA of China，总部设在上海博物院路(虎丘路)131号自建的中华基督教青年会大楼里。

1900年，上海基督教青年会成立后，推动了全国城市和学校青年会的发展，1902年在上海举行的基督教青年会第四次全国会议时，中国的青年会的活动范围扩大到了朝鲜，1906年又成立了“中华基督教留日学生青年会”，王正廷任干事；1909年又成立“中华基督教留美青年会”，王正廷任干事。1912年12月在北京召开的基督教青年会第六次全国会议中，正式成立中华基督教青年会全国协会，总部设在上海。此时全国已有城市青年会25处，学校青年会105处，到1922年时，全国有城市青年会40处，学校青年会200余处。中华基督教青年会全国协会首任总干事是美国人巴乐满(F.S.Brockman)，从1915年起，总干事一职由华人担任，王正廷是第一任华人总干事，1917~1935，余日章任总干事。

基督教女青年会的英文为Young Women' s Christian Association，简写Y.W.C.A. 1855年创建于英国伦敦，后来发展成为基督教跨宗派的世界性妇女团体。与基督教青年会是互不相属的两个组织。与基督教青年会相似，中华基督教女青年会全国协会简称“女青年协会”，它的英文名为Y. W.C.A.of China，它从属于世界基督教女青年会，是中国全国性的妇女组织；而上海基督教青年会简称“女青年会”，英文名为Chinese Y.W.C.A.是上海华人妇女组织，不从属于“女青年协会”。

昆山路中国基督教女青年会

女青年会是路义思夫人引进上海的，最初他们在公共租界圆明园路建立了一个“卡灵顿寄宿舍”(Clarendon Club)收留

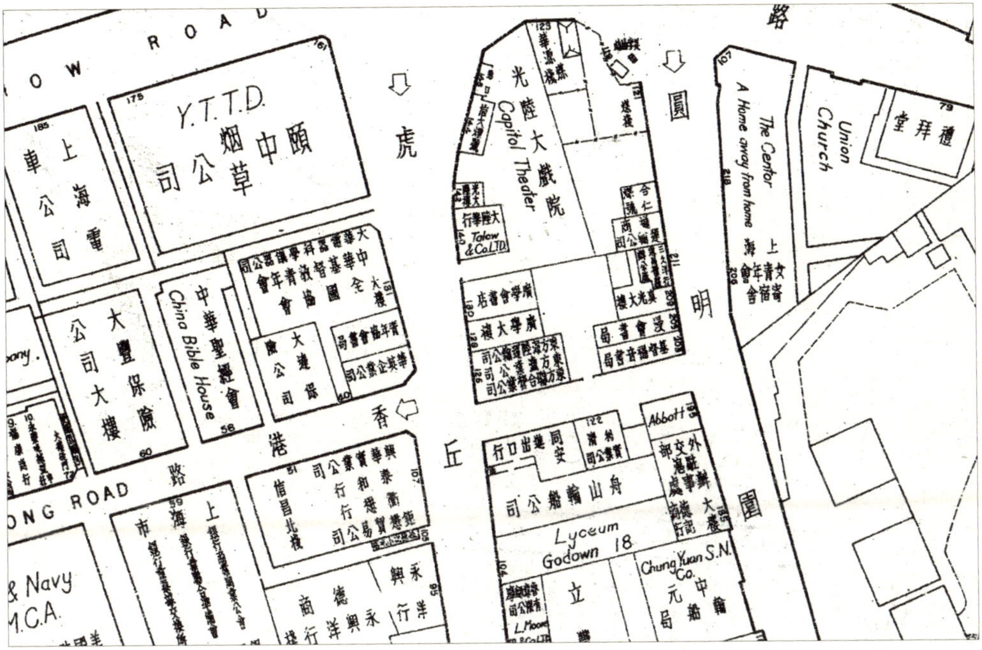

上海女青年会在圆明园路设立的"寄宿舍地块图

因逼婚、逃婚或受家庭暴力而出逃的妇女，并为她们提供求业或法律上的援助。1923年，全国的城市女青年会在杭州召开第一次基督教女青年会全国会议，正式成立中华基督教女青年会全国协会，总部就设在“卡灵顿寄宿舍”内，1932年搬迁到圆明园路133号自建的“女青年协会”大楼里。

上海基督教女青年会成立于1900年，是全国建立的第一个城市女青年会，她们的事业与青年会相似，但是根据当时中国妇女受歧视的特点，会把更多精力集中在帮助受困妇女上，如该会协助侨民组织的“天足会”，宣传反对缠足活动。上海社会五花八门，妇女被迫下海为妓的现状十分严重，上海也有许多帮助和解救妓女从良的机构，如朱葆三、严信厚、沈敦和联络各界设立的“济良所”就是这样的组织，只要妓女表示是受逼为娼，并有从良愿望者，济良所就会派专人收集证据，通过司法途径帮助到底，有的妓女从妓院出逃，他们也给以生活上的帮助。1912年以后，全国的女子学校数不断增加，不少接受过近代教育的女子不满封建的包办婚姻，就会出逃上海。在举目无亲的上海生活依然艰难，于是，上海女青年会在上海多地设立“寄宿舍”(hostel)，为受困妇女解决住宿和其他生活困难，规模较大的就有静安寺路(今南京西路999号，该会的总部也设在该楼内)，还有慕尔鸣路(今茂名北路323号)二处，同时可以解决数百名妇女的住宿和生活。

上海还有一个“妇孺接济会”的机构，他们在收留出逃妇女的同时，还建立习艺所，教妇女手工艺，一则可以增加救济会的收入，同时可以培养妇女一门手艺，走上自谋生活之路，不少妇女在被解救之前已受到多种伤害，纠集所还在劳勃生路(今长寿路170号)建立Door of Hope，直译为“希望之门”，而中文名为“上海济良所新心学校和医院”，现在该地是普陀区妇婴保健院。拯救妇女的工作除了依靠慈善团体，走司法途径外，大量的工作还得由受过良好教育的女性担任，而上海基督教青年会就承担了这些工作。

宝山路“希望之门”

《民间影像》（第一辑）
ISBN 978-7-5608-4832-7

《民间影像》（第二辑）
ISBN 978-7-5608-5011-5

《民间影像》（第三辑）
ISBN 978-7-5608-5272-0

《民间影像》（第四辑）
ISBN 978-7-5608-5448-9

《民间影像》（第五辑）
ISBN 978-7-5608-5607-0

《民间影像》（第六辑）
ISBN 978-7-5608-5876-0

一本另类的史料抢救丛刊，以第一手的历史影像为线索，来呈现一个个历史片段，关注细节、关注过程，关注日常生活。建筑、人物、事件，工作、学习、生活、家庭、师友，点点滴滴，呈现鲜活的民间生活场景。既有大历史的瞬间，又有普通人的日常记忆，提供过往宏大叙事传统里难得一见的历史细节，公开部分珍稀史料。每辑256页，213×170，定价58.00元。

《民间影像》（第七辑）
ISBN 978-7-5608-6519-5